汽车润滑材料

孙志强　王向中　袁志勇　编著

黄河水利出版社

图书在版编目(CIP)数据

汽车润滑材料/孙志强,王向中,袁志勇编著.—郑州:黄河水利出版社,2009.8

ISBN 978-7-80734-675-3

Ⅰ.汽…　Ⅱ.①孙…②王…③袁…　Ⅲ.①汽车-润滑油②汽车-润滑脂　Ⅳ.U473.6

中国版本图书馆 CIP 数据核字(2009)第108546号

出 版 社:黄河水利出版社

地址:河南省郑州市顺河路黄委会综合楼14层　邮政编码:450003

发行单位:黄河水利出版社

发行部电话:0371-66026940、66020550、66028024、66022620(传真)

E-mail:hhslcbs@126.com

承印单位:黄河水利委员会印刷厂

开本:890 mm×1 240 mm　1/32

印张:9.25

字数:266千字　　印数:1—1 000

版次:2009年8月第1版　　印次:2009年8月第1次印刷

定价:25.00元

前　言

2001 年以后，中国汽车工业一直以每年两位数的增长率高速增长，至 2008 年底中国汽车保有量已接近 6 500 万辆。汽车作为一种技术先进、机械结构复杂的交通运输工具，在其使用过程中用到了多种润滑材料。这些润滑材料包括发动机润滑油、齿轮油、液力传动油和多种型号的润滑脂，它们对汽车各机械零件的安全可靠工作、汽车的使用寿命、汽车的使用经济性以及使用过程中对环境的影响都起着非常重要的作用。汽车润滑材料是高技术含量的产品，随着汽车技术的不断进步，对汽车排放法规的日益严格，汽车对各种润滑油脂的性能要求也不断提高。汽车润滑材料的重要性也越来越受到汽车制造厂家、车辆使用和维修人员的重视与关注。

本书系统介绍了摩擦学的基础知识，汽车上使用的各种润滑油脂的组成、规格型号、性能要求、产品技术标准，论述了这些产品的正确与合理使用对汽车性能的良好发挥有着密不可分的重要作用。

本书可供汽车生产、使用单位，汽车润滑材料生产、使用等部门的科研、管理技术人员以及车辆驾驶、维修人员阅读，也可供有关院校相关专业师生参考。

本书的第 1、2、3 章由华北水利水电学院的孙志强博士编著，第 4 章由河南农业大学的王向中博士编著，第 5、6 章由平煤集团泰克公司袁志勇编著。

由于作者水平有限，虽尽全力，但错误和不妥之处在所难免，恳请读者批评指正。

作　者

2009 年 4 月

目　录

第1章 摩擦、磨损与润滑

1.1 摩擦

1.1.1 概述

两个相互接触的物体，在外力作用下发生相对运动或具有相对运动趋势时，在接触面上发生阻碍相对运动的现象称为摩擦。

人们对摩擦规律的认识是逐步深入的。自1508年开始，意大利达·芬奇(Leonard da Vinci)和法国阿蒙顿(G. Amontons, 1699)、法国库伦(C. A. Coulomb, 1785)先后由实验证实了滑动摩擦定律，即阿蒙顿－库伦外摩擦定律，其内容如下：

(1)摩擦力与名义接触面积无关。

(2)摩擦力与法向载荷成正比，即

$$F = \mu N \tag{1-1}$$

式中 F——摩擦力，其方向总是与两接触表面的相对运动方向相反；

N——法向载荷；

μ——摩擦系数，$\mu = \dfrac{F}{N}$。

(3)在动摩擦的场合下，摩擦力与滑动速度几乎无关。

滑动摩擦定律一般适用于干摩擦的情况下。

1704年帕朗(A. Parent)注意到静止物体在水平面或倾斜面开始滑动时的摩擦力 F 与法向载荷 N 的比值为 $\tan\theta$，此比值即摩擦系数 μ：

$$\mu = \frac{F}{N} = \tan\theta \tag{1-2}$$

如图 1-1 所示，可以利用平面逐渐倾斜的方法求出两个相互接触的物体间的摩擦系数。方法是改变 θ 角，使 θ 角逐渐增大，至物体开始在斜面上滑动时的 θ 角的正切，即为摩擦系数。

表 1-1 列举了部分材料的摩擦系数。

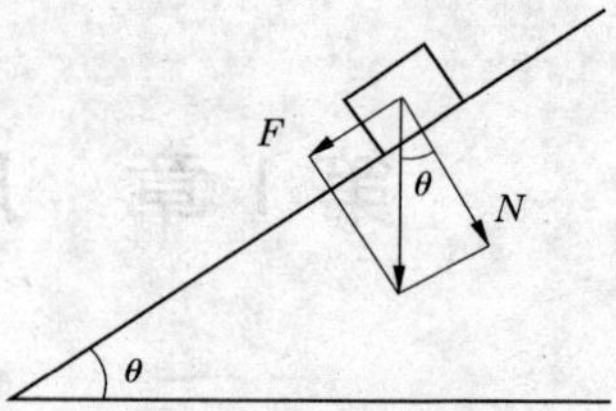

图 1-1　利用平面倾斜方法测量摩擦系数

表 1-1　部分材料的摩擦系数

摩擦副材料		摩擦系数	
Ⅰ	Ⅱ	无润滑	有润滑
钢	钢	0.15 0.1	0.1～0.12 0.05～0.1
	软钢	0.2	0.1～0.2
	T8 钢	0.15	0.03
	铸铁	0.2～0.3 0.16～0.18	0.05～0.15
	黄铜	0.19	0.03
	青铜	0.15～0.18	0.1～0.15 0.07
	铝	0.17	0.02
	轴承合金	0.2	0.04
	夹布胶木	0.25～0.4	0.05～0.10
	软钢纸	0.22	
	塑料		0.016～0.03
	冰	0.027 0.014	
	粉末冶金	0.35～0.55	

续表 1-1

摩擦副材料		摩擦系数	
Ⅰ	Ⅱ	无润滑	有润滑
铸铁	铸铁	0.15	0.15～0.16 0.07～0.12
	青铜	0.28 0.15～0.21	0.16 0.07～0.15
	皮革	0.55 0.28	0.15 0.12
	橡胶	0.8	0.5
黑色金属	毛毡	0.22	0.18
	石棉基材料	0.25～0.40	0.08～0.12
软钢	铜、镉、磷青铜	0.2 0.18	0.07～0.15
	铅、银、钼、锌、镍	0.4	
软木	铸铁或钢	0.30～0.50	0.15～0.25
木材	铸铁或钢	0.20～0.35	0.12～0.16
	木材	0.4～0.6 0.2～0.5	0.1 0.07～0.10
	麻绳	0.5～0.8 0.5	
	皮革	0.4～0.5 0.03～0.05	

1.1.2 摩擦的类型

1.1.2.1 按摩擦副的运动形式分类

(1)滑动摩擦：两接触物体作相对滑动时的摩擦。

(2)滚动摩擦：两接触物体沿接触表面滚动时的摩擦。

(3)自旋摩擦:物体沿垂直于接触表面的轴线作自旋转运动时的摩擦。在分类时此类摩擦有时不作为单独的摩擦形式出现。

1.1.2.2 按摩擦副的运动状态分类

(1)静摩擦:当物体在外力作用下对另一物体产生微观预位移(如弹性和塑性变形等),但尚未发生相对运动时的摩擦。在即将开始相对运动的瞬间的静摩擦,称为最大静摩擦,或称极限静摩擦。此时的摩擦系数,称为静摩擦系数。

(2)动摩擦:具有相对运动的两表面之间的摩擦。此时的摩擦系数,称为动摩擦系数。

1.1.2.3 按摩擦副表面的润滑状况分类

(1)干摩擦:通常是指两物体表面间名义上无任何形式的润滑剂存在时的摩擦。严格地说干摩擦时在接触表面上无任何其他介质,如自然污染膜、润滑剂膜及湿气等。

(2)边界摩擦:作相对运动的摩擦副表面之间的摩擦磨损特性与润滑剂膜体积、黏度特性关系不大,而主要是由表面性质与极薄层(约为0.1 μm以下)的边界润滑剂性质所决定的摩擦状况。

(3)流体摩擦:摩擦副表面被一层连续的润滑剂薄膜完全隔开时的摩擦。这时流体摩擦发生在界面的润滑剂膜内,摩擦阻力由流体黏性阻力或流变阻力所决定。

(4)混合摩擦:在摩擦副表面之间同时存在着干摩擦、边界摩擦和流体摩擦的混合状况下的摩擦。混合摩擦一般以半干摩擦或半流体摩擦形式出现。

半干摩擦:在摩擦副表面上同时存在着边界摩擦和干摩擦的混合摩擦。

半流体摩擦:在摩擦副表面上同时存在着流体摩擦和边界摩擦或干摩擦的混合摩擦。

1.1.2.4 外摩擦与内摩擦

(1)外摩擦:两个相互接触的物体界面之间发生的摩擦,即一般所指的摩擦。

(2)内摩擦:同一物体内诸部分之间发生的摩擦。内摩擦一般发生在润滑剂之类的流体内,但也可能发生在固体内,如石墨、二硫化钼等固体润滑剂内。

1.1.3 摩擦的机理

摩擦的分子-机械理论认为:外摩擦具有双重特性,即不仅要克服对偶表面间分子相互作用的连接力,而且还要克服使表面层形状畸变而引起的机械阻力(变形阻力)。具体地说,作相对运动的对偶表面在法向载荷下接触时,由于表面粗糙,首先是表面上的微凸体凸峰接触,相互啮合,较硬表面微凸体嵌入较软表面,接触点的压力增高,实际接触面积增加,当压力达到压缩屈服点 σ_{sy} 以后,将产生塑性变形。在表面作切向运动时,这些微凸体将"犁削"表面,使表面层畸变。与此同时在表面间存在分子相互作用的连接力,使表面黏附,生成结点,严重者生成微小的固相焊合点,在表面作切向运动时将这些黏附连接剪断,如图 1-2 所示。

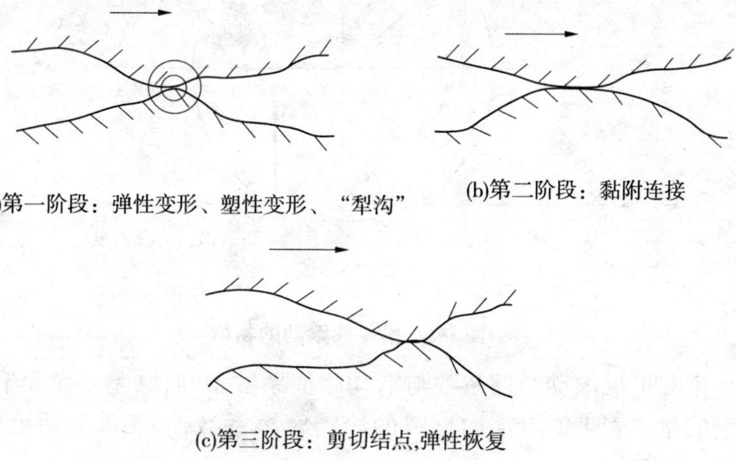

图 1-2 单个微凸体的摩擦过程

1.1.4 滚动摩擦

滚动接触通常可分为 4 种类型:①自由滚动;②同时承受切向牵引

力的滚动;③在槽形滚道中的滚动;④沿曲线滚道滚动。实际上对于某一具体滚动体的滚动来说,常常是一种综合型的滚动。如车辆的传动轮是①、②两类滚动的综合,径向球轴承是①、②、③三类滚动的综合等。

1.1.4.1　滚动摩擦系数

对于圆柱滚动体沿固定平面基础滚动时的摩擦,如图 1-3 所示。通常将滚动摩擦系数 k 定义为其驱动力矩 M 与法向载荷 P 之比,即

$$k = \frac{M}{P} = \frac{F_0 R}{P} \tag{1-3}$$

式中　F_0——对滚动体施加的力;

　　　R——滚动体半径。

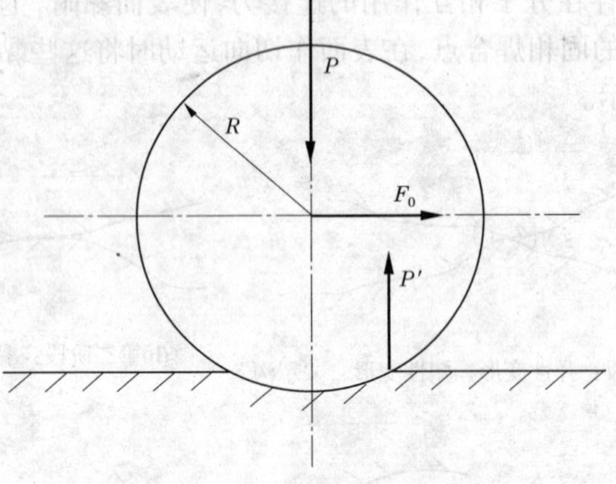

图 1-3　沿平面滚动的物体

由此可见滚动摩擦系数与滑动摩擦系数不同,它是一个具有长度量纲的量。表 1-2 为常用材料的滚动摩擦系数,表 1-3 为轴承(有润滑)的摩擦系数。

另外也可用无量纲量的滚动阻力系数 f 来表征滚动摩擦。它等于驱动力 F_0 在单位距离上所做功与法向载荷之比

$$f = \frac{A_\varphi}{P\Delta l} = \frac{k}{R} \tag{1-4}$$

式中　A_{φ}——驱动力 F_0 在单位距离上所做功，$A_{\varphi}=M\Delta\varphi$；

Δl——滚动体所走过的距离，$\Delta l=Rd\varphi$。

表 1-2　常用材料的滚动摩擦系数

摩擦副材料	滚动摩擦系数(cm)
淬火钢 - 淬火钢	0.001
铸铁 - 铸铁	0.05
木材 - 钢	0.03 ~ 0.04
木材 - 木材	0.05 ~ 0.08
铁或钢质车轮 - 木面	0.15 ~ 0.25
钢质车轮 - 钢轨	0.05

注：表中滚动摩擦系数是试验数据。由于实际工作条件和试验条件不同。表中数据只能作近似计算参考。

表 1-3　轴承(有润滑)的摩擦系数

轴承名称		摩擦系数
滚动轴承	深沟球轴承	0.001 2
	推力球轴承	0.001 2 ~ 0.001 8
	调心球轴承	0.001 1
	调心球子轴承	0.001 8
	无挡边的圆柱滚子轴承	0.001 1
	圆柱滚子轴承	0.001 5
	滚针轴承	0.002 5
	推力调心滚子轴承	0.002 5
	圆锥滚子轴承	0.001 7 ~ 0.002 5
	液体摩擦	0.001 ~ 0.01
	半液体摩擦	0.01 ~ 0.1
	半干摩擦	0.1 ~ 0.5

续表 1-3

轴承名称		摩擦系数
轧辊轴承	青铜轴瓦(用于热轧辊)	0.07 ~ 0.1
	青铜轴瓦(用于冷轧辊)	0.04 ~ 0.08
	层压胶木轴承	0.004 ~ 0.005
	特殊密封的液体摩擦轴承	0.003 ~ 0.005
	特殊密封的半液体摩擦轴承	0.005 ~ 0.01
	圆柱滚子轴承	0.002 ~ 0.005

1.1.4.2 自由滚动

滚动体在平面上自由滚动时,假定接触区无滑移发生,滚动摩擦阻力主要来自滚动过程中材料内部的弹性迟滞。滚动体接触区的前半部发生弹性压缩,后半部因卸载而由压缩状态复原。如果材料弹性良好,则前半部弹性压缩所做功与后半部复原所消耗功几乎相等,而几乎无净能量损耗,但实际上在弹性应力循环中总是由于弹性迟滞损耗而有能量净损耗,因此可由滚动中的能量损耗推导出自由滚动阻力 F

$$F = \frac{\varepsilon \times 2P}{300\pi R} \tag{1-5}$$

比值$\frac{F}{P}$可以定义为滚动阻力系数 k,其意义与滑动摩擦系数相当。因此

$$k = \frac{F}{P} = \frac{2a}{300} \times \frac{\varepsilon}{\pi R}\left(\frac{4PR}{\pi l E'}\right)^{\frac{1}{2}} \tag{1-6}$$

式中 ε——迟滞损耗百分比;

l——接触区长度;

$2a$——接触区宽度;

E'——综合弹性模量。

当 P 值较小及 R 值较大时,圆柱体的自由滚动阻力将很小,这可以很清楚地解释轮子在地面上滚动时在减摩上的好处。

1.1.4.3　同时承受切向牵引力的滚动

作这类滚动的有机车或汽车的驱动轮、制动轮等。为驱动车辆，必须在运动方向对车轮施加牵引力 F_T，而且此牵引力必须小于 μF，否则此车轮将打滑，在牵引力的作用下，则车轮与轨道的接触中发生相对蠕滑。这是由于接触表面产生不相等的切向位移，出现微观滑移的结果。

1.2　磨损

磨损是指摩擦副的对偶表面相对运动时工作表面物质不断损失或产生残余变形的现象。磨损过程主要因对偶表面间的机械、化学与热作用而产生。

一般说来，机械零件表面磨损后，往往造成设备精度丧失，需要进行维修，造成停工损失、材料消耗与生产率降低。因此，人们对磨损问题极为重视，不断对磨损现象进行分析研究，找出影响磨损的因素和磨损机理，从而寻求提高零件耐磨性和使用寿命以及控制磨损的措施，减少制造和维修费用。

在机械零件正常运行过程中的磨损，一般可分为三个阶段（见图1-4）。

（1）跑合阶段。也称磨合阶段 Oa，新的摩擦副表面具有一定的粗糙度，真实接触面积较小。经过短时间跑合后，表面逐渐磨光，真实接触面积逐渐增大，磨损速度减缓，为正常运行稳定磨损创造条件。为了缩短跑合期，可以采用适当的加工与装配工艺，使用合适的润滑油，或是选用适当的试车规范等方法，在跑合结束后重新换油，进入稳定磨损阶段。

（2）稳定磨损阶段。这一阶段磨损缓慢稳定，ab 线段的斜率就是磨损速度，ab 由曲线上各点的坐标，可以找到某一工作时间内（或某一摩擦行程内）零件的磨损量。

（3）剧烈磨损阶段。b 点以后磨损速度急剧增长，机械效率下降，精度丧失，还有可能产生异常噪声及振动，摩擦副温度迅速升高，最终导致零件失效，必须进行维修。这是一段较为典型的工况恒定的磨损过程，在实际运行中可能会有意外情况发生。

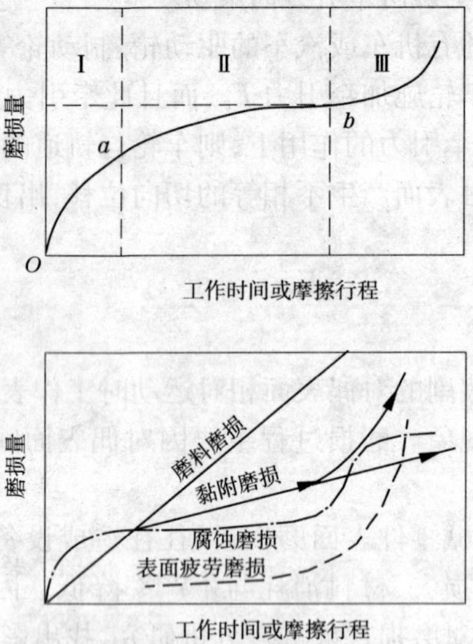

Ⅰ—跑合阶段；Ⅱ—稳定磨损阶段；

Ⅲ—剧烈磨损阶段

图 1-4　正常磨损的过程

1.2.1　磨损的类型

磨损的分类取决于许多因素，例如磨损量的大小、相对运动和载荷类型、摩擦表面形貌和表层破坏形式、磨损机理等，因此有许多分类方法，存在着不同的理论。

契可斯（H. Czichos）于 1985 年提出了图 1-5 所示的磨损分类，表明了摩擦学的相互作用关系与磨损机理。

1.2.2　磨损的机理

1.2.2.1　黏附磨损

黏附磨损是接触表面相对运动时，由于分子间的吸引力作用而产生黏附连接（固相局部焊合），致使材料从一个表面转移到另一个表面而造成的一种磨损。根据黏附磨损机理，阿恰尔德（J. F. Archard）提出

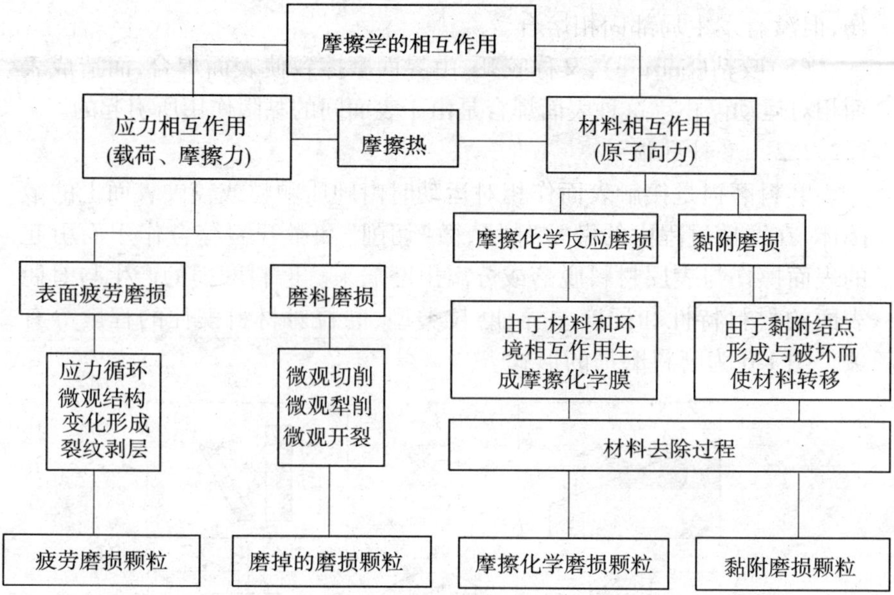

图 1-5　摩擦学的相互作用与磨损机理的分类

了一个计算发生黏附磨损时所去除的材料体积的宏观规律：

$$V = K\frac{Nl}{H} \tag{1-7}$$

式中　V——黏附磨损所去除的材料体积；

N——法向载荷；

l——滑动距离；

H——较软材料的布氏硬度；

K——量纲为 1 的磨损系数，其与摩擦副材料和工作条件有关。

黏附磨损有以下形式的磨损：

(1)涂抹(Smearing)，即一个表面的材料(通常是会软化或熔化的材料)发生迁移(转移)，并以薄层重新涂敷到表面上。

(2)擦伤(Scratching)，由表面局部固相焊合或磨料磨损所引起的沿滑动方向形成的微细擦痕或“犁痕”。

(3)刮伤(Scoring)，又称划伤，是同上原因形成的严重擦痕。

(4)胶合(Scuffing),两滑动表面间发生固相焊合而引起的局部损伤,但没有发生局部固相熔合。

(5)咬粘(Seizure),又称咬死,由界面摩擦致使表面焊合,而造成表面相对运动停止。这种表面焊合是由于表面间的黏附作用所引起的。

1.2.2.2　磨料磨损

磨料磨损是接触表面作相对运动时由硬质颗粒或较硬表面上的微凸体,在摩擦过程中的微"犁削"、微"切削"和微开裂综合作用而引起的表面擦伤与表层材料脱落或分离出磨屑来。磨料磨损的产生与对偶表面的材料特性和硬度差异、磨粒类型、磨粒对材料楔住的程度等有关。图1-6为磨料磨损的形式。

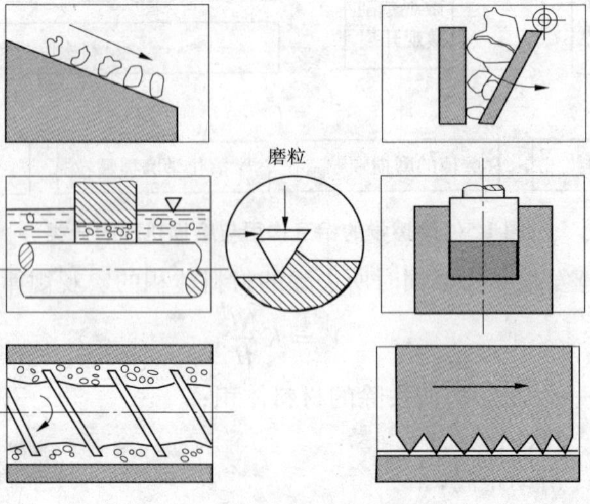

图1-6　磨料磨损的形式

在滑动表面间存在第三种物质,如泥沙、矿石粉之类硬质颗粒物质时产生的磨料磨损称为三体磨料磨损或称高应力磨料磨损,常见于农业机械、工程机械、矿山及球磨机械中。在滑动表面间不存在第三种物质时的磨料磨损称为二体磨料磨损或称低应力磨损。另一种形式的磨料磨损是磨粒侵蚀,即磨粒随同液流或气流冲击机械零件工作表面,造成磨损或产生疲劳裂纹。常见于喷砂机喷嘴、汽轮机或水轮机叶片、搅拌机推进器等。有的磨粒侵蚀有时又称冲击磨损。

磨料磨损的机理一般认为是磨粒的微观“犁削”与“切削”过程，伴随着挤压剥落与疲劳破坏。常用的基本模型是拉宾诺维奇在1965年首先提出的，以一个半球形或棱形顶部的圆锥体或微凸体嵌入并犁削较软表面，可由下式计算磨损所去除的材料体积 V：

$$V = \frac{2}{\pi}\cot\varphi\,\frac{Nl}{H} \tag{1-8}$$

或

$$\frac{V}{l} = K_M\,\frac{N}{H}$$

式中 N——法向载荷；

l——滑动距离；

H——较软材料的布氏硬度；

φ——圆锥体顶角1/2；

K_M——磨料磨损常数，根据磨粒硬度、形状和起切削作用的磨粒数量等因素而定。

1.2.2.3 *表面疲劳磨损*

表面疲劳磨损是指两个相互作滚动或滚动兼滑动的摩擦表面，在交变接触应力重复作用下，由于表层材料疲劳，产生微观裂纹并分离出磨粒或碎片而剥落，形成凹坑，造成磨损。有时又称点蚀(pitting)或接触疲劳磨损。常见于滚动轴承、齿轮、凸轮、钢轨与车轮等摩擦副表面。

表面疲劳磨损的产生，具有随机性质，在同一批试件的疲劳寿命之间有很大差异。比较流行的表面疲劳磨损计算模型是苏联克拉盖尔斯基等提出的，公式如下：

$$I_h = i_h\frac{A_r}{A_a} = \frac{K}{n}\sqrt{\frac{h}{r}}\,\frac{P_a}{P_r}\alpha \tag{1-9}$$

式中 I_h——线磨损率；

i_h——单位磨损率；

A_r——实际接触面积；

A_a——名义接触面积；

h——嵌入深度；

r——微凸体曲率半径；

P_a——名义压力；

P_r——实际压力；

α——重叠系数，$\alpha = \frac{A_a}{A_r}$；

n——引起变形体积破坏的循环次数；

K——系数，$K = \frac{1}{2(\nu+1)}\sqrt{\frac{\nu}{2\alpha}}$，$\nu$ 为支撑面曲线的幂近似参数。

对于球状微凸体，在弹性接触下 $\alpha = 0.5$，当 ν 值范围为 1～3 时，$K = 0.25 \sim 0.21$；在塑性接触下 $\alpha = 1$，当 ν 值范围为 1～3 时，$K = 0.1 \sim 0.15$。

英国哈林(J. Halling)提出的疲劳磨损计算模型如下：

$$V = C\frac{\eta\nu}{(\bar{\varepsilon}_1)^m H}Nl \tag{1-10}$$

式中 ν——规定颗粒尺寸的常数；

η——微凸体的直线分布；

$\bar{\varepsilon}_1$——在一个加载循环内失效时的应变值；

m——疲劳失效判据常数，对于金属可取 $m = 2$；

C——材料屈服应力与材料硬度之比，对金属 C 约为 2.8；

其他符号含义同前。

1.2.2.4 腐蚀磨损

腐蚀磨损是金属表面在摩擦过程中与周围介质在化学和电化学反应作用下产生的磨损。腐蚀磨损的产生是由于第三者——环境介质包括润滑介质变质产生的酸性油泥、手汗、潮湿空气中的氧、二氧化硫、硫化氢及二氧化碳等均可引起腐蚀磨损。

1.2.2.5 微动磨损

两个作微小振幅重复摆动的接触表面所产生的磨损称为微动磨损。它是一种黏附磨损、腐蚀磨损和磨料磨损并存的复合磨损形式。在载荷作用下，接触表面的中心区将产生较高接触应力，而其周围区域接触应力较低，将会发生滑移。这种黏滑状况表现为微小位移的微动磨损，在黏附区将随着所作用的切向力的增加而收缩，在黏滑边界区将出现应力峰值，使接合面上实际承载的微凸体峰顶塑性变形，产生黏附，而微振幅摆动将黏附结点剪切脱落，露出基体金属表面，这些初生表面和脱落的颗粒与大气中的氧发生反应而被氧化，生成红褐色的氧化铁，这些氧化物颗粒留在接合面上起着磨料作用，引起磨料磨损。当切向力反复作用时，在接触区内形成应力的反复作用，使疲劳裂纹集聚和增长，最终导致表面完全破坏。

微动磨损常发生在名义上静止但相互间有微幅摆动运动的摩擦副上，例如飞机的机翼操纵绳换向机构上的滚动轴承，以及行走机械和车辆上受振动影响的螺钉连接的螺纹接合面上、搭接接合等。

1.2.2.6 剥层磨损

剥层磨损(Delamination)的基本论点如下：当摩擦副两个相互滑动表面进入接触时，由黏附与“犁削”作用而通过接触点传递法向与切向载荷。由于载荷的反复作用，较软表面的微凸体易于变形并首先断裂，形成小的磨损颗粒。而硬的微凸体则以较慢速度变形及去除。由此开始产生了较为光滑表面，更多的成为硬微凸体在软平面上滑动。

在接触点由硬微凸体作用的表面牵引力导致每一个加载循环中塑性变形不断增加，并随着反复加载而不断积聚，但与该循环中发生的总塑性变形相比，残余永久变形增加得不多。

当次表面继续变形时，裂纹在表面下集聚，当裂纹一旦出现后，继续加载与产生变形将引起裂纹扩展及延伸，在次表层裂纹达到临界长度时，就将变得不稳定，并将剪切至表面，产生长而薄的磨损碎片而剥离。

1.2.2.7 其他磨损

除了以上几种磨损类型外，下面简介几种常会遇到的磨损形式和磨损机理。

(1)侵蚀(Erosion)。侵蚀是由于固体、液体、气体、含有硬固体颗粒的液体或气体与固体相对运动时对固体表面的冲蚀作用而产生的磨损。通常侵蚀磨损的机理是由冲击应力造成的表面疲劳破坏和(或)磨料磨损，但液体的化学和电化学作用加速了侵蚀的破坏作用。这种作用或是使表面脆裂，或是使屈服应力降低；反之，当这种化学作用使表面韧性提高时将降低侵蚀磨损。

侵蚀的类型很多，如颗粒侵蚀、电侵蚀、冲击侵蚀、化学侵蚀、腐蚀侵蚀及热侵蚀等。

(2)气蚀(Cavitation、Erosion)。又称气穴侵蚀，是指固体与液体相对运动时，由于液体中气泡在固体表面附近破裂时产生局部高冲击压力或局部高温引起的磨损。

(3)聚合物的磨损。聚合物的滑动磨损机理与金属相似，即由于硬颗粒或较硬表面微凸体的犁削作用，在接触表面间的黏附作用以及微凸体的变形等引起的磨损。主要差别在于金属的变形为弹性或塑性变形，而聚合物为黏弹性-塑性变形，而且弹性模量、硬度与熔点较低，导热性较差，因而对所加载荷、温度与滑动速度较为敏感。此外，聚合物还会由于光、热、氧、高能射线、介质以及各类应力长期作用而引起老化、蠕变等而加速磨损过程。

(4)陶瓷的磨损。陶瓷的磨损机理在很多方面与金属相似，所不同的是陶瓷比较脆，易产生裂纹，导热性差，因此摩擦热不易散逸而使界面产生极高温度。陶瓷的优点是强度与硬度较高、耐热、化学稳定性好。陶瓷的磨损有两种形式，即黏附磨损与磨粒磨损。通常在大气或者润滑的条件下，陶瓷的黏附磨损率是非常低的。当两个表面接触时，如果其中之一的硬度显著低于另一表面，将发生磨料磨损。

(5)第三体磨损。第三体磨损理论认为两相对运动表面接触时，磨屑首先由两表面之一的第一体脱落，过些时候在接触中又被截住，最后由通路中消失。但在多次循环的通路中有可能重新反复循环停留在表面，这种理论的研究重点集中于界面的作用上。

1.3 润滑

1.3.1 润滑的作用

润滑的目的是在机械设备摩擦副相对运动的表面间加入润滑剂以降低摩擦阻力和能源消耗，减少表面磨损，延长使用寿命，保证设备正常运转。润滑的作用有以下几方面：

(1)降低摩擦。在摩擦副相对运动的表面间加入润滑剂后，形成润滑剂膜，将摩擦表面隔开，使金属表面间的摩擦转化成具有较低抗剪强度的油膜分子之间的内摩擦，从而降低摩擦阻力和能源消耗，使摩擦副运转平稳。但对于汽车自动变速装置和制动器等，润滑的作用则是控制摩擦。

(2)减少磨损。在摩擦表面形成的润滑剂膜，可降低摩擦并支撑载荷，因此可以减少表面磨损及划伤，保持零件的配合精度。

(3)冷却作用。采用液体润滑剂循环润滑系统，可以将摩擦时产生的热量带走，降低机械发热。

(4)防止腐蚀。摩擦表面的润滑剂膜可以隔绝空气、水蒸气及腐蚀性气体等环境介质对摩擦表面的侵蚀，防止或减缓生锈。目前有不少润滑油脂中还添加有防腐蚀剂或防锈剂，可起减缓金属表面腐蚀的作用。

此外，某些润滑剂可以将冲击振动的机械能转变为液压能，起阻尼、减振或缓冲作用。随着润滑剂的流动，可将摩擦表面上污染物、磨屑等冲洗带走。有的润滑剂还可起密封作用，防止冷凝水、灰尘及其他杂质的侵入。

由于各种润滑剂的种类、组成、理化性能特别是黏度、稠度等的不同，所起润滑作用也有所不同。

1.3.2 润滑的类型

机械摩擦副表面间的润滑类型或状态，可根据润滑膜的形成机理和特征分为以下5种：①流体动压润滑；②弹性流体动压润滑；③流体静压润滑；④边界润滑；⑤无润滑或干摩擦状态。①~③有时又称流体润滑。

这5种类型的润滑状态，通常可根据所形成的润滑膜的厚度与表面粗糙度综合值借助斯特里贝克(Stribeck)摩擦曲线进行对比，正确地判断其润滑状态。

图1-7是典型的斯特里贝克摩擦系数。由图可以看到，根据两对

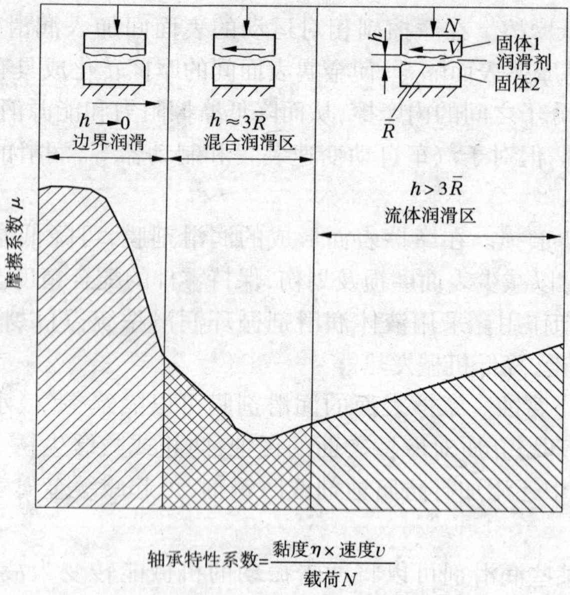

图 1-7　斯特里贝克曲线与润滑类型

偶表面粗糙度综合值$\bar{R}$与油膜厚度 h 的比值关系，可将润滑的类型区分为流体润滑、混合润滑和边界润滑。表面粗糙度综合值可计算而得：

$$\bar{R} = (\overline{R_1}^2 + \overline{R_2}^2)^{1/2}$$

式中　$\overline{R_1}$、$\overline{R_2}$——两对偶表面的相应粗糙度值 R_a 或 R_z。

（1）流体润滑。包括流体动压润滑、流体静压润滑与弹性流体动压润滑，相当于曲线右侧一段。在流体润滑状态下，润滑剂膜厚度 h 和表面粗糙度综合值$\bar{R}$的比值 λ 约为 3 以上，典型膜厚 h 为 1 ~ 100 μm。对弹性流体动压润滑，典型膜厚 h 为 0.1 ~ 1 μm。摩擦表面完全为连续的润滑剂膜所分隔开，由低摩擦的润滑剂膜承受载荷，磨损轻微。

（2）混合润滑。几种润滑状态同时存在时，相当于曲线中间一段，比值 λ 约为 3，典型膜厚 h 在 1 μm 以下，状态摩擦表面的一部分为润滑剂膜分隔开，承受部分载荷，也会发生部分表面微凸体间的接触，以及由边界润滑剂膜承受部分载荷。

(3)边界润滑。相当于曲线左侧一段,比值 λ 趋于0(小于0.4~1)时,典型膜厚 h 为0.05~0.001 μm,此状态摩擦表面微凸体接触较多,润滑剂的流体润滑作用减少,甚至完全不起作用,载荷几乎全部通过微凸体以及润滑剂和表面之间相互作用所生成的边界润滑剂膜来承受。

(4)无润滑或干摩擦。当摩擦表面之间、润滑剂之间润滑剂的流体润滑作用已经完全不存在,载荷全部由表面上存在的氧化膜、固体润滑膜或金属基体承受时的状态称为无润滑或干摩擦状态。一般金属氧化膜的厚度在0.01 μm以下。

由图1-7可以看到,随着工况参数的改变,可能导致润滑状态的转化,润滑膜的结构特征发生变化,摩擦系数也随之改变,处理问题的方法也有所不同。例如在流体润滑状态下,润滑膜为流体效应膜,主要是计算润滑膜的承载能力及其他力学特征。在弹性流体润滑状态时,还要根据弹性力学和润滑剂的流变学性能,分析在高压力下接触变形和有序润滑剂薄膜的特性。而在干摩擦状态下,主要是应用弹塑性力学、传热学、材料学、化学和物理学等来考虑摩擦表面的摩擦与磨损过程。

1.3.3 流体动压润滑

1.3.3.1 流体动压润滑的特性

流体动压润滑是依靠运动副两个滑动表面的形状,在其相对运动时形成一层具有足够压力的流体效应膜,从而将两表面分隔开的一种润滑状态。

流体动压润滑的主要特性有以下两点。

1)流体的黏度

在流体动压润滑系统中,对运动的阻力主要来自流体的内摩擦,流体在外力作用下流动的过程中,在流体分子之间的内摩擦力,即流体膜的剪切阻力,称为黏度。

17世纪牛顿首先提出了黏性流动定律(见图1-8),认为黏性流体的流动是许多极薄的流体层之间的相对滑动,由于流体的黏滞性,在相互滑动的各层之间将产生切应力,也就是流体的内摩擦力,由它们将运动传递到各相邻的流体层,使流动较快的流体层减速,而流动较慢的流

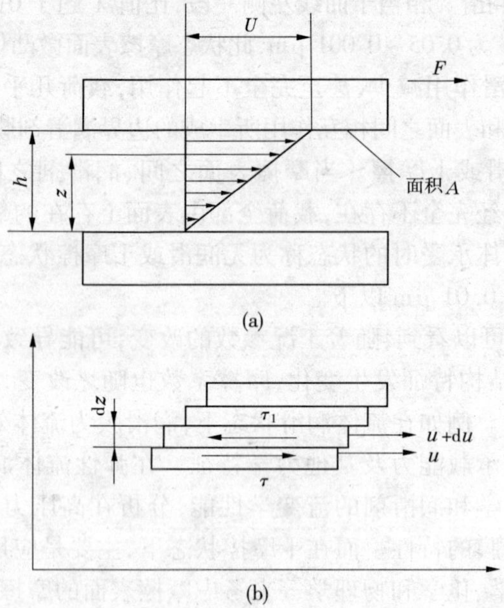

图 1-8　绝对黏度模型

（两块平行板间的黏性牵引力）

体层加速，形成按一定规律变化的流速分布。按图 1-8(a)所示，在两块距离为 h 的平行板中间有黏性流体时，如下表面保持固定，而上表面在 F 力作用下以流速 v 平行于下表面移动。当速度不太高时，流体分子黏附在表面上，流体相邻层的流动是相互平移的层流状流动，这时为保持上表面移动所需要的力 F 与表面面积 A 以及所发生的切应变率 $\frac{U}{h}$ 成正比。

由此可得：

$$\frac{F}{A} = \eta \frac{U}{h} \tag{1-11}$$

即流体层间的切应力与切应变率成正比。

按图 1-8(b)所示模型，如果在垂直高度 dz 间每一层流体按线性增加一个速度增量 du，上表面上的切应力 τ 与切应变率(或速度梯度)

成正比。由此得：

$$\tau = \eta \frac{du}{dz}$$

$$\eta = \frac{\tau}{\frac{du}{dz}} \tag{1-12}$$

式中　η——动力黏度。

在法定计量单位或国际单位制(SI)中，动力黏度的单位为 Pa · s（帕斯卡 · 秒），亦可用 mPa · s 或 N · s/m^2。

常用润滑油的动力黏度范围为 2 ~ 400 mPa · s，水的黏度为 1 mPa · s，空气的黏度为 0.02 mPa · s。

一般称遵从黏性切应力与切应变率成比例的规律的流体为牛顿流体，而不遵从此规律的流体为非牛顿流体。常用的矿物润滑油均属于牛顿流体。

动力黏度 η 与流体密度 ρ 的比值称为运动黏度 ν，即

$$\nu = \frac{\eta}{\rho} \tag{1-13}$$

在法定计量单位或国际单位制(SI)中，运动黏度的单位为 m^2/s，常用的单位是 mm^2/s。

2）楔形润滑膜

流动动压润滑的第二个主要特性是依靠运动副的两个滑动表面的几何形状在相对运动时产生收敛型流体楔，形成足够的承载压力，以承受外载荷，从而将两表面分隔开，不会互相接触，减少表面的摩擦与磨损。在图 1-9 中，倾斜上表面 AB 是静止的，下表面以速度 U 沿 x 方向作相对运动，两表面间充满黏性流体即润滑剂，两表面间的入口间隙为 h_1，出口间隙为 h_0，在中间任意点的间隙或流体膜厚为 h。当下表面以速度 U 向右运动时，若入口处 A 点流体层速度（速度梯度）按直线性变化，则单位表面宽度内（与纸面垂直）的流量 q_{x1} 为$\left(\frac{U}{2}\right)h_1$。流体平均速度为$\frac{U}{2}$。同理，若在出口处 B 点流体层速度亦按直线性变化，单位表

面宽度内的流量 q_{x0} 为 $\left(\frac{U}{2}\right)h_0$。因为 $h_1 > h_0$，故流入的流体比流出的流体要多一些，这种流动显然不可能连续。而且流体实际上可被看成是不可压缩的，因此只能是在两表面间的流体楔中产生压力而自动补偿流量。也就是在入口的流体层速度分布曲线向内凹入，产生压力限制流体流入，流量小于 $\frac{Uh_1}{2}$；而出口的流体层速度分布曲线向外凸出，压力升高推动流体流出，流量大于 $\frac{Uh_0}{2}$。只有在流体楔中间某点的速度分布图是直线，压力梯度为零，即 $\frac{dp}{dx}=0$，流量为 $\frac{U\bar{h}}{2}$，这就是流体动压润滑的主要特点。

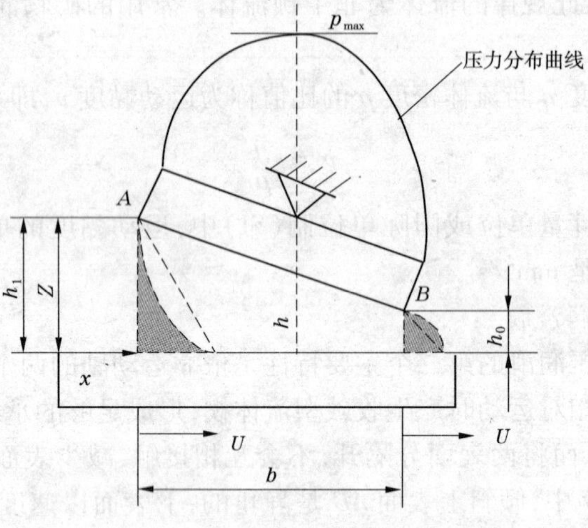

图 1-9　收敛楔的速度分布曲线

根据以上分析，假设无侧向流动，单位表面宽度的流量 q_x 必然有两项，基本项为 $\frac{Uh}{2}$，另一项是根据压力梯度 $\frac{dp}{dx}$、流体膜厚度 h 和黏度 η 等的变化而修正的流量 $f(p)$。因此，流量 q_x 的方程为：

$$q_x = \frac{Uh}{2} - f(p) \tag{1-14}$$

式中,用负号表示正压力梯度下必然限制流体流入,流量应有所减少。

$$f(p) = h^{a}\left(\frac{\mathrm{d}p}{\mathrm{d}x}\right)^{b}\eta^{c} \tag{1-15}$$

式中　a、b、c——常数,由量纲分析得到 $c=1$,$b=1$,$a=3$。

因此,流量方程为:

$$q_x = \frac{Uh}{2} - k\frac{h^3}{\eta}\left(\frac{\mathrm{d}p}{\mathrm{d}x}\right)$$

式中　k——比例常数,由以后的推导可知 $k=\frac{1}{12}$。

如上所述,在流体楔中有某点的压力梯度$\frac{\mathrm{d}p}{\mathrm{d}x}$为零,此点的流体膜厚度为$\bar{h}$,则这时的流量 q_x 为:

$$q_x = \frac{U\bar{h}}{2} = \frac{Uh}{2} - k\frac{h^3}{\eta}\left(\frac{\mathrm{d}p}{\mathrm{d}x}\right)$$

整理后可得

$$\frac{\mathrm{d}p}{\mathrm{d}x} = \frac{U\eta}{2k}\left(\frac{h-\bar{h}}{h^3}\right) = 6U\eta\left(\frac{h-\bar{h}}{h^3}\right) \tag{1-16}$$

此式即为一维雷诺方程,表达了压力梯度、黏度与间隙或流体膜厚度的关系。

将式(1-16)积分可得任意点的压力 p,即流体膜压力的分布曲线:

$$p = 6U\eta\frac{h-\bar{h}}{h^3}\mathrm{d}x + C \tag{1-17}$$

式中　C——积分常数。

可用此式评价任意给定 x 值的压力 p 和$\bar{h}$值。通常利用流体膜压分布曲线的起点与终端,即可定出 C 与$\bar{h}$,而完成此方程。

由式(1-17)可看到,流体楔几何形状为楔形是非常必要的,如果对偶表面是完全平行的,h 不随 x 而变化,则压力梯度$\frac{\mathrm{d}p}{\mathrm{d}x}=0$,因此不能产生流体动压力来承受载荷。而且为了承受载荷,还必须有足够的切向运动速度 U 和流体黏度 η。例如当轴承温度升高时,会使表面受热膨胀而变形,引起流体膜承载压力发生变化,这正是在前文所提到的流体动压润滑的特性之一。

1.3.3.2 雷诺方程

在进行流体润滑基本计算时，为了计算润滑膜的承载力，需要计算其压力分布。为了计算其摩擦阻力，需要计算切应力分布。为了计算流体的流量，需要计算润滑膜内的速度分布。有时还要计算润滑腔中的温度分布和热变形。

对于刚性表面，流体润滑理论基于下列的基本方程：

(1) 运动方程，代表动量守恒原理，亦称纳维－斯托克斯方程(Navier－Stokes)；

(2) 连续方程，代表质量守恒原理；

(3) 能量方程，代表能量守恒原理；

(4) 状态方程，建立密度与压力、温度的关系；

(5) 黏度方程，建立黏度与压力、温度的关系。

对于弹性表面的润滑问题，还需要加上弹性变形方程。

雷诺方程是流体润滑理论最基本的方程，它是由运动方程和连续方程推导的二阶偏微分方程。过去依靠解析方法求解十分困难，必须经过许多简化处理才能获得近似解。从而使理论计算具有较大误差。直到20世纪中叶以后，依靠电子计算机辅助计算，已可对复杂的润滑问题进行数值解算。此外，先进的测试技术也可在润滑现象的试验研究中进行深入细致的观察，从而建立了更加符合实际的物理模型。这样，许多工程问题的润滑计算大大接近于实际。但为了寻求雷诺方程的通解，仍然需要进行繁杂的计算，通常还要作一些简化假设。

1) 假设

(1) 忽略体积力的作用，即流体不受外力场如磁力、重力等的作用，这一假设对磁流体动力润滑不适用。

(2) 沿流体膜厚度方向，流体压力不变，因为当流体膜薄至百分之几毫米时，流体压力一般不可能有显著变化。对于弹性流体，流体压力可能有较大变化，这一假设将不适用。

(3) 与流体膜厚度相比较，轴承表面的曲率半径很大，因此不需要考虑流体速度方向的变化。

(4)流体吸附在表面上,即流体在界面上没有滑动,因此在邻近界面上的流体层速度与表面速度相同。

(5)润滑剂是牛顿流体,即切应力与切应变率成正比。这对一般工况条件下使用的矿物油是合理的。

(6)流体的流动是层流。对于高速大型轴承及采用低黏度润滑剂的轴承,则应考虑到可能出现涡流或紊流。

(7)与黏性力相比,可忽略流体惯性力的影响。有些研究表明,即使雷诺数高达 1 000 左右,压力也只改变了 5%。然而,对于高速大型轴承,则需考虑惯性力的影响。

(8)沿流体膜厚度方向黏度数值不变。实际上并非如此,提出这个假设,只是为了简化数学运算。

(9)润滑剂是不可压缩的。对于气体润滑剂,这是不正确的。

以上假设(5)~(9)主要是为了简化计算,只能有条件地使用。

2)普遍形式的雷诺方程

运用上述假设,由连续方程和纳维-斯托克斯方程可以直接导出雷诺方程。

由于从纳维-斯托克斯方程和连续方程直接推导出雷诺方程是较为复杂的,此处采用流体力学中微元体分析方法推导雷诺方程,应用流体柱流动的连续条件,分析微元体的受力的平衡条件,求出流体沿膜厚方向的流速分布和流量,最后推导出普遍雷诺方程如下:

$$\frac{\partial}{\partial x}\left\{(U_1+U_2)\frac{h}{2}-\frac{h^3}{12\eta}\frac{\partial p}{\partial x}\right\}+\frac{\partial}{\partial y}\left\{(V_1+V_2)\frac{h}{2}-\frac{h^3}{12\eta}\frac{\partial p}{\partial y}\right\}+(W_h-W_o)=0$$

稍加整理后,可写成

$$\frac{\partial}{\partial x}\left(\frac{h^3}{\eta}\frac{\partial p}{\partial x}\right)+\frac{\partial}{\partial y}\left(\frac{h^3}{\eta}\frac{\partial p}{\partial y}\right)=6\left\{\frac{\partial}{\partial x}(U_1+U_2)h+\frac{\partial}{\partial y}(V_1+V_2)h+2(W_h-W_o)\right\} \tag{1-18}$$

式中 U、V、W——沿坐标 x、y、z 方向的流速分量;

η——黏度;

x、y、z——单位质量的流体在 x、y、z 方向所受的体积力分量。

当密度 ρ 随时间变化的场合，雷诺方程可写成

$$\frac{\partial}{\partial x}\left(\frac{\rho h^3}{\eta}\frac{\partial p}{\partial x}\right)+\frac{\partial}{\partial y}\left(\frac{\rho h^3}{\eta}\frac{\partial p}{\partial y}\right)=6\left\{\frac{\partial}{\partial x}\left[(U_1+U_2)\rho h\right]+\frac{\partial}{\partial y}\left[(V_1+V_2)\rho h\right]+2\rho(W_h-W_o)\right\} \tag{1-19}$$

这就是普遍形式的雷诺方程。左端表示流体润滑膜压力在润滑表面上随坐标 x、y 的变化，右端表示产生润滑膜压力的各种效应，各项的物理意义为：

(1) $U\rho\dfrac{\partial h}{\partial x}$、$V\rho\dfrac{\partial h}{\partial y}$——流体楔动压效应；

(2) $\rho h\dfrac{\partial U}{\partial x}$、$\rho h\dfrac{\partial V}{\partial y}$——伸缩效应；

(3) $\rho\dfrac{\partial h}{\partial t}$或 $\rho(W_h-W_o)$——挤压效应；

(4) $Uh\dfrac{\partial p}{\partial x}$、$Vh\dfrac{\partial p}{\partial y}$——变密度效应。

流体楔动压效应在前面已介绍过，此处不重复。

伸缩效应是当固体表面由于弹性变形或其他原因使表面切向速度随位置而变化时，将引起各断面的流量不同而破坏流量连续条件，因此产生的压力流动。在稳定运转的情况下，切向速度 U 和 V 一般不随 x 的变化而变化，故伸缩效应项可不考虑。

挤压效应是两个平行表面在法向力作用下相互接近，使润滑膜厚度逐渐减薄而产生的压力流动。在内燃机轴承等受冲击载荷的轴承和往复运动的润滑表面，挤压效应具有重要的作用。但是当两个表面相互分离而形成的低压常导致润滑膜破坏和产生气蚀现象。

变密度效应是当润滑剂密度沿运动方向逐渐降低时，虽然各断面的容积流量相同，但质量流量不同，也将产生压力，这就是变密度效应。虽然变密度效应产生的流体压力并不高，但是这种作用有可能使相互平行的表面具有一定的承载能力。密度的变化可以是润滑剂通过间隙时，由于温度逐渐升高所造成的，也可以是外加热源使固体温度不同而

造成的。

此处雷诺方程式(1-18)与式(1-19)是根据一些假设推导出来的,适合于一般工况条件的润滑计算。在特殊工况条件下,当某些假设不能成立时,必须针对具体情况对雷诺方程的推导作相应的调整。例如对于采用低黏度润滑剂的高速大型轴承,应考虑流体惯性力和紊流的影响;当采用润滑脂作为润滑剂时,应考虑到润滑脂的非牛顿性质和流变关系等。在某些润滑计算中,润滑剂的黏度随温度的变化而有较大的改变,此时应采用黏度三维变化的雷诺方程。

1.3.4 流体静压润滑

流体静压润滑是指利用外部的流体压力源(如供油装置),将具有一定压力的流体润滑剂输送到支撑的油腔内,形成具有足够静压力的流体润滑膜来承受载荷,并将表面分隔开这样一种润滑状态,又称外供压润滑。

流体静压润滑的主要特点是支撑在很宽的速度范围内以及静止状态下都能承受外力作用而不发生磨损。流体静压润滑的优点有:①起动摩擦阻力小,节能;②使用寿命长;③可适应较广的速度范围;④抗振性能好;⑤运动精度高;⑥能适应各种不同的要求。但需要专用的流体压力源,增大了设备占有空间。

从20世纪40年代末期起,液体静压轴承开始在机床中应用,近20年来已在许多重型机床、精密机床、高效率机床和数控机床中得到日益广泛的应用。在测试仪器、重型机械、冶金机械、发电设备、某些通用机械和液压元件中也得到了应用。

流体静压润滑系统的类型很多,一般可按供油方式和轴承结构进行分类,其中按供油方式划分的基本类型有两种,即定压供油系统与定量供油系统。

(1)定压供油系统。这种系统供油压力恒定,一般包括三部分:一是支撑(轴承)本体。二是节流器,如小孔式、毛细管式、隙缝式、薄膜式和内部节流器等。三是供油装置或流体动力源,压力大小由溢流阀调节,集中由一个泵向各个节流器供油,再分别送入各油腔。依靠油液流过节流器时的流量改变而产生的压力调节各油腔的压力,以适应载荷的变化。

(2)定量供油系统。这种系统的油量恒定,随油膜厚度变化自动调节油腔压力,来适应载荷的变化。定量供油方式有两种:一是由一个多联泵分别向油腔供油,每个油腔由一个泵单独供油;二是集中由一个油泵向若干定量阀或分流器供油后再送入各油腔(见图1-10)。

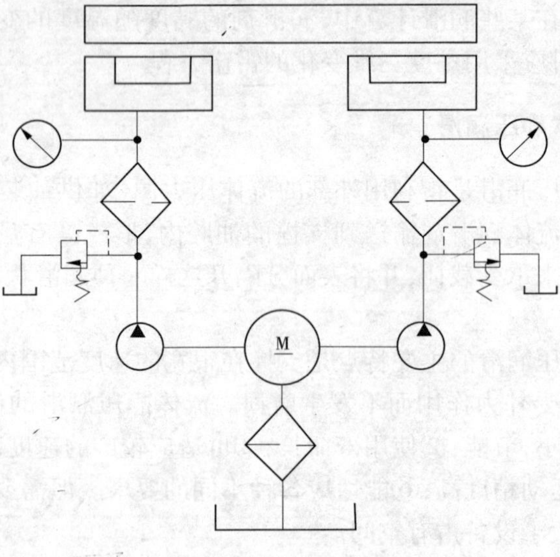

图1-10 定量供油静压润滑系统

1.3.5 弹性流体动压润滑

当滚动轴承、齿轮、凸轮等高负荷接触时,名义上点、线接触,实际上受载后承载面积窄小。由于载荷的集中作用,接触区内产生极高压力,其峰值有时可达到几千兆帕,在承载面产生较大的弹性变形。而接触表面间的油膜厚度又较薄,有时仅为接触长度的1‰。同时由于接触压力极高,润滑剂的黏度也随着改变,不再是恒定值,比正常室温下的黏度要大许多倍。在这种情况下,相对运动表面的润滑状态如何是近40年来人们所关注的弹性流体动压润滑的研究领域。概括起来说,弹性流体动压润滑就是两相对运动表面间的弹性变形与润滑剂的压-

黏、温－黏效应对其摩擦与油膜厚度起着重要作用的润滑状态。

由于弹流润滑计算中必须在考虑到接触表面的弹性变形的情况下，求出润滑油膜几何形状和其中的压力分布情况，同时又要考虑到润滑油黏度随压力和温度变化对润滑的影响，而且相互之间也有影响，因此不能用一般计算方法进行计算，只有用迭代法并借助于电子计算机采用数值计算求解，计算较为复杂。这也是过去虽然有不少人在研究弹流润滑理论，但一直进展迟缓的原因之一。

早在1916年，马丁提出了计算齿轮接触面间润滑油膜厚度的公式，但没有考虑到轮齿的接触变形和润滑油黏度变化的影响，而且在重载下所算得的油膜厚度远小于实际膜厚。1945年苏联的艾特尔和1949年格鲁宾等探讨了重载弹性接触点的油膜厚度近似方程，检验了高压力对润滑剂黏度的影响和形成接触的固体弹性变形的复合影响，格鲁宾等首次对线接触的等温全膜弹流求得了近似解。1951年彼得鲁谢维奇求得了第一个线接触等温全膜弹流润滑的数值解。1959年以后，英国道森与希金森对等温线接触弹流问题进行了系统的数值计算，并在此基础上提出了适合实际使用的膜厚计算公式，并已被实验所验证。1970年郑绪云对于椭圆接触弹流得出了格鲁宾型解。1972年塔廉又提出了部分弹流润滑理论。目前弹流润滑理论在滚动轴承、齿轮、凸轮和人工关节的球形支承等领域内获得了广泛应用。在弹流润滑中热效应、表面粗糙度的影响、微观弹流润滑与非稳态弹流润滑、薄膜润滑、弹流润滑特性测试技术等领域内有了较大进展。

弹流润滑理论在工业中的应用还处于发展阶段，这是由于弹流润滑计算过程较为复杂，计算公式存在各种限制，而且机械零件的接触表面形状相当复杂。在分析中需进行简化，使计算带有一定的局限性。

1.3.6 边界润滑

1.3.6.1 边界润滑的特点

从斯特里贝克摩擦曲线（见图1-7）中左面一段可以看到，随着运动副摩擦表面相对滑动速度降低和载荷的增加，以及润滑剂膜厚度 h 与表面粗糙度综合值$\overline{R}$的比值 λ 的减小，摩擦表面靠近，摩擦表面之间已不能被润滑剂膜完全分隔开。在作相对运动时就会在摩擦表面上同时混合存在着一部分流体效应膜的润滑作用,一部分表面微凸体直接发生接触,这样一种润滑状态称为混合润滑。此时所产生的总摩擦力,一部分是由润滑剂黏度所决定的黏性摩擦力,一部分是表面微凸体接触时产生的摩擦力,因此是一种不稳定的润滑状态。在混合润滑状态下,λ 值在 3 以下、0.4 ~ 1 以上。膜厚大于 30 μm,当此时流体动压力以光滑表面的弹性流体动压润滑理论为起点时,称为微弹流润滑。

如果摩擦表面过分靠近,λ 值小于 0.4 ~ 1 时,表面微凸体接触增多,润滑剂膜的流体动压作用和黏度对降低摩擦所起作用很小,甚至会完全不起作用,摩擦系数急剧增大,从而进入边界润滑状态。这时决定摩擦表面之间摩擦学性质的将是润滑剂和表面之间的相互作用及所生成的边界膜的性质。当接触表面温度急剧升高等原因而导致边界膜破裂时,将产生金属直接接触,磨损加剧,甚至表面胶合。

1922 年英国学者哈迪第一次提出"边界润滑"的概念,他和达勃代注意到在对置固体表面靠得很近时,决定表面摩擦磨损特性的主要是吸附在固体界面的薄层分子膜的化学特性和润滑剂的物理特性的影响,他们称这种润滑状态为"边界润滑"。以后有许多学者陆续对边界润滑的机理与特点进行研究,近代新型表面微观分析技术的进展,使我们对边界润滑的特点有了较深入的了解。

(1)边界润滑状态下,涉及冶金学、表面粗糙度、物理和化学过程,如物理吸附、化学吸附、化学反应、腐蚀、催化和温度效应,以及反应时间等因素的作用和影响。

(2)边界润滑下最重要的因素是在金属上生成表面膜以降低固体对固体接触时的损伤。

(3)表面膜的形成取决于润滑剂与表面的化学特性。而环境介质如氧、水与对表面活性起对抗作用的介质会影响膜的生成。

(4)边界润滑的有效性由膜的物理性能所决定,包括厚度、硬度、抗剪强度、内聚力、黏附力、熔点以及膜在基础油中的熔解度等。

(5)表面相对运动时的工况,如速度、载荷大小与性质和加载速率、温度、加热或冷却速度、是往复滑动还是单向滑动等都对边界润滑性能有影响。

在各种机械中的大多数运动副并不是在完全流体润滑状态下运转。特别是在启动、停止、慢速运转、载荷或速度突变的瞬间往往处于边界润滑状态下。因此,研究摩擦状态的转化过程以及采用有效的边界润滑剂来减少接触表面的磨损是十分必要的。

1.3.6.2 边界润滑的机理

在法向载荷的作用下,作相对运动的表面微凸体接触增加,其中一部分接触点处的边界膜破裂,产生金属-金属接触及黏附,另有很小部分表面由流体效应膜润滑,承受部分载荷,即

$$N = N_A + N_B + N_S \tag{1-20}$$

式中 N——法向载荷;

N_A——产生直接接触的表面承受的载荷;

N_B——金属表面边界膜承受的载荷;

N_S——由流体效应膜承受的载荷。

通常在边界润滑状态下,流体效应膜几乎不起作用。这时 N_S 一项可略去不计。

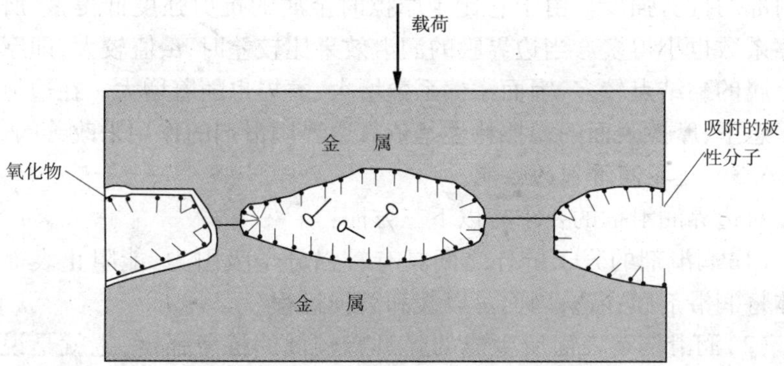

图 1-11 边界润滑机理模型

图 1-11 是边界润滑机理模型,摩擦力 F 可看成是剪断表面黏附部分的剪切阻力与边界膜分子间的剪切阻力以及微凸体之间空腔中产生的液体摩擦力之和,即

$$F = \alpha A\tau + A(1 - \alpha)\tau_1 + F_1$$

式中 α——在承受载荷的面积内发生金属直接接触部分占承载面积的百分数；

A——承受全部载荷的面积；

τ——金属黏附部分的抗剪强度；

τ_1——边界膜的抗剪强度；

F_1——液体摩擦力，通常可略去不计。

由此

$$F = \alpha A\tau + A(1 - \alpha)\tau_1 \tag{1-21}$$

在边界润滑中，当边界膜能够起很好的润滑作用时，α 值较小，摩擦力 F 和摩擦系数 μ 可以近似地表示为

$$F = A\tau_1$$

$$\mu = \frac{\tau_1}{\sigma_{sy}}$$

式中 σ_{sy}——较软金属的抗压屈服强度。

由此可知，当边界膜能起很好的润滑作用时，摩擦系数决定于边界膜内部的抗剪强度。由于它比干摩擦时金属的抗剪强度低得多，所以摩擦系数也小得多。当边界膜的润滑效果比较差时，α 值较大，即摩擦面金属的黏结点较多，因而摩擦系数增大，磨损也随着增大。在边界润滑状态下，摩擦表面的摩擦特性是依靠边界润滑剂的作用来改善的。

1.3.6.3 边界润滑剂的性能

对边界润滑剂的要求有以下三方面：

(1)润滑剂的分子链环之间具有较强分子吸引力，能阻止表面微凸体将润滑剂膜穿透，因而可以缓和磨损过程。

(2)润滑剂在表面所生成的膜具有较低的抗剪强度，也就是说摩擦力较小。

(3)润滑剂在表面所生成膜的熔点要高，以便在高温下也能产生保护膜。

常用的边界润滑剂有固体润滑剂和添加有油性、极压与抗磨等类添加剂的流体润滑剂。如硬脂酸($C_{17}H_{35}COOH$)就是一种常添加在润

滑油中的长链型的极性化合物。它的一端 COOH 称为极性团，这种分子的极性团可以牢固地吸附在金属表面上，形成边界吸附膜。如遇摩擦时产生的高温，它与表面金属形成金属皂（$C_nH_{2n+1}COOM$），它也是极性物质，同样在金属表面上形成膜，但金属皂膜的熔点却比纯脂肪酸高，在边界润滑状态下的摩擦是指金属皂膜接触并发生相对滑动时的摩擦，它的摩擦系数比干摩擦低。如果金属皂膜破裂，金属表面立即直接接触而造成润滑失效，因此金属皂的熔点是边界润滑失效指标之一。

除脂肪酸外，油酸、氯化油脂、硫化油脂也是油性添加剂。

极压添加剂一般用于接触温度较高和高压工作场合下，它与表面金属在一定的接触温度下形成化学反应膜，使摩擦表面不致发生胶合磨损。常用的极压和抗磨添加剂有氯化石蜡、二苄基二硫化物及二烷基二硫代磷酸锌等。

1.3.6.4 形成边界膜的物理－化学过程

在润滑剂与固体表面之间产生保护性边界膜的相互作用机理有以下三种（见图 1-12）。

1）物理吸附

当润滑剂中具有轻微极性的分子在范德华（Van－Der Waals）表面力作用下吸附在表面上，形成定向排列的单分子层或多分子层的吸附膜时，这种吸附称为物理吸附。物理吸附时，分子的结合较弱，没有化学作用产生，所生成膜可以脱附，又可重新吸附，是可逆的吸附作用。通常极性分子特别是长链烃的分子垂直定向吸附在表面上，分子之间有内聚力存在，互相吸引，靠的很紧，在表面凝聚生成一层薄膜，有能力抵抗微凸体将膜击穿，从而制止金属之间接触。而在表面吸附膜的最外层，是一个低抗剪强度区，有降低摩擦的作用。

具有物理吸附的边界润滑系统对温度较为敏感，因为热能引起解吸、位向消失或膜的熔化，因此只限于体积平均温度及摩擦生热较低，也就是低载荷与低滑动速度的工况下使用。

2）化学吸附

当润滑剂分子通过化学键的作用而吸附在表面上时，称为化学吸附。通常化学吸附的分子之间也有内聚力，吸附作用不完全是可逆转的。化学吸附比物理吸附作用要强得多，由于需要更多活化能量，因此具有较高的吸附热，物理吸附为 8 374 ~ 41 868 J/mol，而化学吸附为 41 868 ~ 418 680 J/mol。例如硬脂酸与氧化铁在有水参与的情况下发生反应，在表面上形成硬脂酸铁的金属皂膜(见图 1-12(b))，这些金属皂不只是有好的剪切性能，熔点也比硬脂酸高。

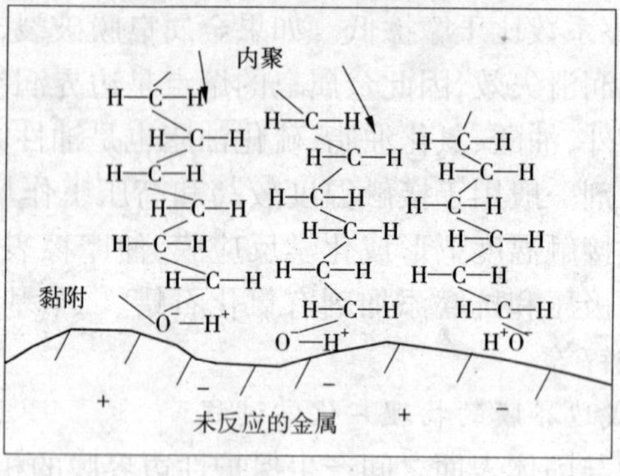

(a)物理吸附膜

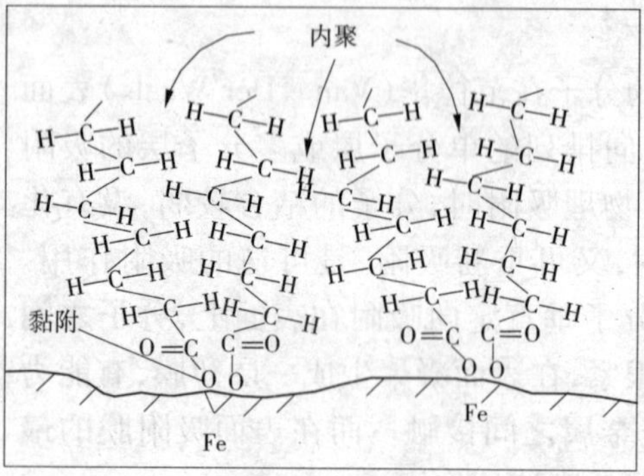

(b)化学吸附膜

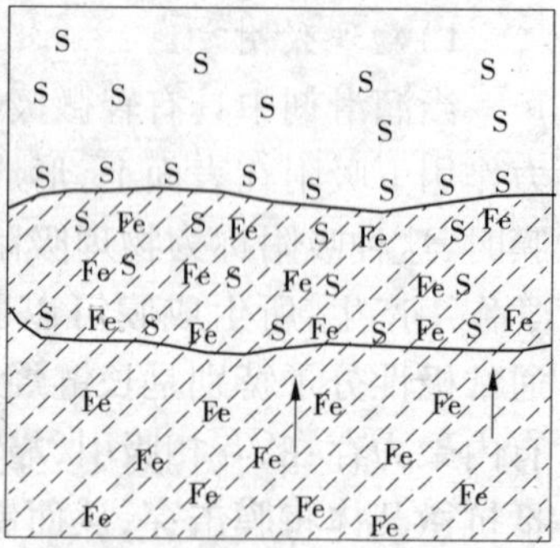

(c)化学反应膜

图 1-12　边界润滑示意图

化学吸附可在其熔点以下保持有效润滑，一般可在中等的载荷、温度与滑动速度下起润滑作用。在更严酷的工况下，由于吸附膜的位向消失，变软或熔化而失效。

3）化学反应

当润滑剂分子与固体表面之间有化合价电子交换时就发生化学反应并生成一种新化合物膜。化学反应膜的厚度只受通过晶体晶格扩散的过程支配，它具有较高活性与键能，而且完全不可逆转。大多数产生化学反应膜的边界润滑剂分子中含有硫、磷与氯原子，它们可在边界上生成抗剪强度低但熔点高的金属盐膜，如硫化物、磷化物或氯化物等，这些薄膜比物理或化学吸附膜更为稳定。有时在同一分子中含有几种活性元素，效果更好一些。

产生化学反应膜的边界润滑剂适合在重载荷、高温度和高滑动速度下，也就是在称为极压的工况下使用。但限于能与表面产生反应，而且应当是在最适宜的工况（如极压工况）才产生反应的润滑剂，以免加速摩擦时的化学磨损过程。摩擦表面的突出部位承受重载荷时，可能使膜破裂而在相对运动过程中将突出部位磨平，然后在局部高温下又再次生成新的化学反应膜。

1.3.6.5　影响边界膜润滑性能的因素

一般认为，影响干摩擦的因素也直接影响边界摩擦，而边界摩擦具有更为普遍的意义，要考虑到由平稳滑动过渡到干摩擦以至于金属严重咬粘、焊合整个摩擦过程的影响因素。

在边界润滑系统中，首先要考虑到除黏度作用外润滑剂降低摩擦与磨损的能力即油性的作用。油性好的润滑剂易于形成吸附膜，在摩擦副相对运动时摩擦阻力与磨损较小。对于吸附膜，极性分子链的结构、极性分子的吸附量、极性分子膜的层数等，都会影响吸附膜的润滑效果。在一般情况下，随着极性分子链长增加，摩擦系数将下降，达到一定值后不再变化。在润滑剂中加入适量油性添加剂可改善其摩擦性能，例如在基础油中添加1%油酸，可使摩擦系数由0.28降到0.12左右。但再增加添加量，效果则不大。

温度是边界润滑膜的重要影响因素，通常用图1-13表示摩擦系数 f 与温度 T 的关系。曲线Ⅰ表示非极性基础油润滑的系统，由于弱的

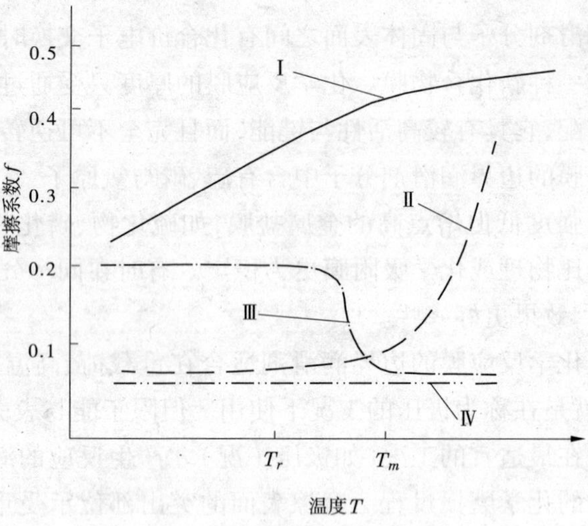

图 1-13　边界润滑系的摩擦特性

物理吸附键的松解，随温度的升高而摩擦系数增大。曲线Ⅱ表示基础油中溶有脂肪酸，这种润滑剂与金属表面起反应，表面上形成一种容易剪切的金属皂，在金属皂的熔点 T_m 以内，摩擦系数低且为一常量。但超过了 T_m 点，摩擦系数就急剧上升，T_m 可看做润滑剂膜的临界温度。曲线Ⅲ表示基础油中溶有极压添加剂，在反应温度 T_r 以下，添加剂的反应很慢，摩擦系数较大，当达到 T_r 后，就开始化学反应，形成边界润滑膜，摩擦系数就下降，直到高温都能有效润滑。曲线Ⅳ是由Ⅱ和Ⅲ有效组合的理想化的曲线，在 T_r 以下脂肪酸起着良好的润滑作用，而在 T_r 以上，在很大程度上由极压添加剂起着润滑作用。表 1-4 列出了极性物质的摩擦系数和临界温度。

速度是边界润滑膜的影响因素之一。在平稳的摩擦状态下，边界润滑膜的摩擦系数一般不随滑动速度改变而改变，在低速下，在由静摩擦向动摩擦过渡时，吸附膜的摩擦系数随滑动速度的增加而下降，直到某一定值。化学反应膜的摩擦系数随速度增加而增大，直到某一定值。

表 1-4　极性物质的摩擦系数和临界温度

极性物质			摩擦副	在临界温度以下的摩擦系数 f	临界温度（℃）
	名称	熔点（℃）			
醇类	乙醇	-117.3	钢-钢	0.14~0.5*	
	丁醇	-79.9	钢-钢	0.39*	
	乙二醇	-17.4	钢-钢	0.08*	
	丙三醇（甘油）	17.9	钢-钢	0.08* ~0.1	
	丙三醇（甘油）	17.9	铸铁-铸铁	0.27* ~0.05	
胺类	辛胺		钢-铸铁	0.01~0.13*	20
	庚胺		钢-铸铁	0.11	70
脂类	甲酸乙酯	-80.5	钢-钢	0.25*	
	硬脂酸乙酯	33.7	钢-钢	0.17*	
	辛酸	16	钢-铸铁	0.11	70
			钢-钢	0.20* ~0.13	
	十二酸	44	铸铁-铸铁	0.15~0.20	40~50
			铜-铜	0.10	97
			钢-钢	0.09	84
	十六酸	64	钢-钢	0.08	91
			铜-铜		105
不饱和脂肪酸	油酸	14	钢-钢	0.03	
			铜-钢	0.11~0.04	
	蓖麻油	-17.5	钢-钢	0.02	

注：* 静摩擦系数。

在吸附膜的允许承载压强限度内，吸附膜的摩擦系数不因载荷变化而变化，保持稳定值。当载荷超过允许值时，边界膜将随着载荷的增加而发生破裂或脱吸，将导致摩擦表面接触，使摩擦系数急剧升高。在高速重载的条件下，某些化学反应膜有较强的抗黏附能力。

此外，边界摩擦系数与摩擦表面的粗糙度有关。随着表面粗糙度的提高，摩擦系数随之增大（见表 1-5）。

表 1-5 摩擦系数

表面	超精加工	磨削	磨削	磨削	磨削
表面粗糙度 R_a(μm)	2	7	20	50	65
矿物油	0.128	0.189	0.360	0.372	0.378
矿物油+质量分数为2%的油酸	0.116	0.170	0.249	0.261	0.230
油酸	0.099	0.163	0.195	0.222	0.238

1.4 润滑剂

润滑就是在相对运动的摩擦接触面之间加入润滑剂,使两接触表面之间形成润滑膜,变干摩擦为润滑剂内部分子间的内摩擦,以达到减少摩擦,降低磨损,延长机械设备使用寿命的目的。因此,润滑剂的正确使用和发挥功能对于保护机械设备的正常、持久运转至关重要,要正确使用,就必须深入了解润滑剂的基本功能、性能特点、优点和缺点,才能用其所长、避其所短。

1.4.1 润滑剂的基本功能

润滑剂的基本功能可归纳为下列五个方面:

(1)控制摩擦。在摩擦面之间加入润滑剂,形成润滑膜,减少摩擦面之间金属直接接触,从而降低摩擦系数(见表 1-6),减少摩擦阻力,减少功率消耗。

(2)减少磨损。摩擦面间具有一定强度的润滑膜,能够支承负荷,避免或减少金属表面的直接接触,从而可减轻接触表面的塑性变形、熔化焊接、剪断再黏结等各种程度的黏着磨损。同时流体润滑剂在润滑过程中不断流动,可将摩擦面上的磨屑及污染物冲走,有利于防止或减轻磨粒磨损和腐蚀磨损。

表 1-6　不同摩擦种类的摩擦系数

摩擦种类	摩擦系数
干摩擦	0.1 ~ 0.5
流体摩擦	0.001 ~ 0.01
边界摩擦	0.01 ~ 0.1

(3)冷却降温。润滑剂能够降低摩擦系数,减少摩擦热产生。在有些系统中,当摩擦热或工艺过程产生的热量必须除去,而又不可能使用其他冷却介质时,冷却将成为润滑剂不可缺少的功能,如金属切削过程,燃气涡轮发动机中介轴承等。要完成这种功能,要求润滑剂具有尽可能小的黏度、尽可能大的比热容和导热系数。

(4)密封隔离。润滑剂特别是润滑脂,覆盖于摩擦表面或其他金属表面,可隔离水气、湿气和其他有害介质与金属的接触,从而减轻腐蚀磨损,防止生锈,保护金属表面。

(5)阻尼振动。润滑剂能将冲击振动的机械能转变为液压能,起到减缓冲击、吸收噪音的作用。

1.4.2　对润滑剂的基本性能要求

针对上述润滑剂的基本功能,一般要求润滑剂应具有下列基本性能:

(1)摩擦性能。一般要求润滑剂具有尽可能小的摩擦系数,保证机械运行敏捷而平稳,减少能耗。对于某些特殊机械,如液力传动系统、摩擦传动和摩擦制动系统,则要求有较高的摩擦系数。

(2)适宜的黏度。黏度是液体润滑剂的最重要的性能,因此选择润滑剂时首先考虑黏度是否合适。高黏度易于形成动压油膜,油膜较厚,能支承较大负荷,防止磨损。但黏度太大,即内摩擦太大,会造成摩擦热增大,摩擦面温度升高,而且在低温下不易流动,不利于低温启动。低黏度时,摩擦阻力小,能耗低,机械运行稳捷,温升不高。但如黏度太低，则油膜太薄，承受负荷的能力小，易于磨损，且易渗漏流失，特别是容易渗入疲劳裂纹，加速疲劳扩展，从而加速疲劳磨损，降低机械零件寿命。

(3)极压性。处于边界润滑状态时，黏度作用不大，主要靠边界膜强度支承载荷，因此要求润滑剂具有良好的极压性，以保证在边界润滑状态下，如启动时和低速重负荷时，仍有良好的润滑。

(4)化学安定性和热稳定性。润滑剂从生产、销售、储存到使用有一个过程，因此要求一般润滑剂具有良好的化学安定性和热稳定性，在储存、运输、使用过程中不易被氧化、分解变质。对某些特殊用途的润滑剂还要求耐强化学介质和耐辐射。

(5)材料适应性。润滑剂在使用中必然与金属和密封材料相接触，因此要求其对接触的金属材料不腐蚀，对橡胶等密封材料不溶胀。

(6)纯净度。要求润滑剂不含水和杂质。因为水能造成油料乳化，使油膜变薄或破坏，造成磨损，而且使金属生锈；杂质可堵塞油滤和喷嘴，造成断油事故，杂质进入摩擦面能引起磨粒磨损。因此，一般润滑油的规格标准中都要求油色透明，且不含机械杂质和水分。

1.4.3 润滑剂的分类和选择

1.4.3.1 润滑剂的分类

按照润滑剂的物理状态，可分为液体润滑剂、半固体润滑剂、固体润滑剂和气体润滑剂四大类，见图1-14，每类各有其性能特点和适用范围。

1)液体润滑剂

这是用量最大、品种最多的一类润滑材料，包括矿物油、合成油、动植物油和水基液体等。由于这些液体润滑剂有较宽的黏度范围，对不同的负荷、速度和温度条件下工作的运动部件提供了较宽的选择余地。液体润滑剂可提供低的、稳定的摩擦系数，低的可压缩性，能有效地从摩擦表面带走热量，保证相对运动部件的尺寸稳定和设备精度，而且多数是价廉产品，因而获得广泛应用。矿物油是目前用量最大的一种液体润滑剂。

- 润滑剂
  - 液体润滑剂
    - 动植物油—茶籽油、菜籽油、蓖麻油、鲸鱼油等
    - 矿物油
      - 馏分矿物油
      - 残渣润滑油
    - 合成油
      - 酯类油
      - 合成烃
      - 聚醚
      - 硅油、硅酸酯
      - 磷酸酯
      - 氟油
    - 水基液体
      - 水
      - 乳化液
      - 水乙二醇
  - 润滑脂
    - 皂基脂—锂基脂、钙基脂、钠基脂、铝基脂等
    - 无机脂—膨润土脂、硅胶脂等
    - 烃基脂—工业凡士林等
    - 有机脂—酰胺脂、聚脲脂等
  - 固体润滑剂
    - 软金属—Pb、Sn、Ag、Au 等
    - 金属化合物—PbC、CaF_2、MoS_2 等
    - 无机物—石墨、氮化硼等
    - 有机物—聚四氟乙烯、酚醛树脂等
  - 气体润滑剂—空气、氦、氮、氯等

图 1-14　润滑剂分类

水具有良好的导热性，资源丰富，价廉易得，但其黏度太小，因此必须加添增黏剂或油性剂。目前大量使用的有水基切削液和水－乙二醇液压液，这是一类很有发展前途的润滑材料，设想将来世界石油资源缺乏时，这将是代替矿物油的重要润滑材料。

动植物油脂中主要是植物油，如菜籽油、茶籽油、蓖麻油、花生油和葵花籽油等，其优点是油性好，生物降解性好。缺点是氧化安定性和热稳定性较差，低温性能也不够好。目前仍为某些切削液的重要组分，随着石油资源的逐渐短缺及环保要求的日益苛刻，人们又重新重视动植物油脂作为润滑材料的开发应用，希望通过化学方法改善其热氧化稳定性和低温性能，作为未来代替矿物油的重要润滑材料。

合成油是在第二次世界大战中发展起来的。合成油又包含多种不同类型、不同化学结构和不同性能的化合物,多使用在条件比较苛刻的工况下。首先用于军用,逐渐向民用推广,这也是未来取代矿物油的重要润滑材料。

2)半固体润滑剂

这是在常温、常压下呈半流体状态,并且有胶体结构的润滑材料,称为润滑脂。一般分为皂基脂、烃基脂、无机脂、有机脂四种。它们除具有抗摩、减磨性能外,还能起密封、减震等作用,并使润滑系统简单、维护管理方便、节省操作费用,从而获得广泛使用。其缺点是流动性小,散热性差,高温下易产生相变、分解等。润滑脂产量占整个润滑剂总产量的比例虽然不大(约2%),但在润滑领域中所起的作用却很大,据统计,大约90%的滚动轴承是使用脂润滑的,而且目前滚动轴承的失效中,大约43%是由于不适当的润滑所引起的。因此,必须重视润滑脂的质量和产品构成。锂基脂具有多方面的优良性能,因而获得大量使用。先进工业国家的锂基脂产量一般占其润滑脂总产量的60%以上。

3)固体润滑剂

这类润滑材料虽然历史不长,但其经济效果好,适应范围广,发展速度快,能够适应高温、高压、低速、高真空、强辐射等特殊使用工况,特别适合于给油不方便、装拆困难的场合。当然,它也有摩擦系数较高、冷却散热不良等缺点。

固体润滑剂包括软金属、金属化合物、无机物和有机物四类。按其形状可分为固体粉末、薄膜和自润滑复合材料三种。固体粉末可分散在气体、液体及胶体中使用;薄膜有喷涂、真空沉积、火焰喷镀、离子喷镀、电泳、烧结等多种;至于复合材料的生产工艺则更是多种多样,是新兴的重要润滑材料。

4)气体润滑剂

气体可以像油一样成为润滑剂,适用于流体动力润滑的物理定律也可应用于气体。气体的黏度很低,意味着其膜厚也很薄。所以,流体动力气体轴承(气体动力轴承)只用于高速、轻载、小间隙和公差控制得十分严格的情况下。由于这种缘故,一般较常用的是气体静力轴承,它能承受较高的载荷,对间隙和公差的要求不太苛刻,还能用于较低速度下,甚至于零速时。

气体润滑可以用在比润滑油和润滑脂更高或更低的温度下,可在 -200 ~ 2 000 ℃范围内润滑滑动轴承,其摩擦系数低到测不出的程度,轴承稳定性很高。在高速精密轴承中可获得高刚度(例如医用牙钻、精密磨床主轴和惯性导航陀螺等),且没有密封与污染问题。其缺点是承载能力很低,要求轴承的设计和加工难度很高。在开车、停车瞬间极易损伤轴承表面。

常用气体润滑剂有空气、氦、氮、氯等。要求清净度很高,使用前必须进行严格的精致处理。

1.4.3.2　润滑剂的选择

综上看来,这四类润滑剂各有优缺点和自己的适用范围,见表 1-7。所以,在机械设计时必须慎重选择。究竟如何选择,下面提出一些指导意见。

表 1-7　四类润滑剂的性能优劣

润滑剂性能	液体润滑剂	半固体润滑剂	固体润滑剂	气体润滑剂
流体动力润滑	优	一般	无	良
边界润滑	差至优	良至优	良至优	差
冷却	很好	差	无	一般
低摩擦	一般至良	一般	差	优
易于加入轴承	良	一般	差	良
保持在轴承中的能力	差	良	很好	很好
密封能力	差	很好	一般至良	很好
防大气腐蚀	一般至优	良至优	差至一般	差
温度范围	一般至优	良	很好	优
蒸发性	很高至低	通常低	低	很高
闪火性	很高至很低	通常低	通常低	决定于气体
相容性	很差至一般	一般	优	通常良
润滑剂价格	低至高	相当高	相当高	通常很低

续表 1-7

润滑剂性能	液体润滑剂	半固体润滑剂	固体润滑剂	气体润滑剂
轴承设计复杂性	相当低	相当低	低至高	很高
寿命决定于	衰败和污染	衰败	磨损	保持气体供给能力

润滑系统应尽可能简单化,只要能保证机械适当的润滑即可。最简单的可能技术通常是最可靠的和最便宜的。

因而选择润滑剂和润滑系统的最佳途径之一是从最简单的可能安排入手,只改变必须克服某些问题的地方。

润滑的最简单形式是在轴承部位有少量纯矿物油,没有加油系统,这可满足很宽范围润滑要求,从门斗、锁到纺织机械、自行车,当速度、负荷或温度太高、寿命要求太长或者磨损碎片及其他污染使油变得太脏时会出现问题。只有当这种情况发生时,才开始提出润滑剂或加润滑剂的系统的选择问题。如表 1-8 所示。

表 1-8　当用纯矿物油不能满足轴承要求时可考虑采取的解决方案

问题	可能解决办法	问题	可能解决办法
负荷太大	较黏的油 极压油 润滑脂 固体润滑剂	温度太低	较低黏度油 合成油 固体润滑剂 气体润滑
速度太高（可能造成温度太高）	增加润滑油量或润滑油循环量 黏度较小的油 气体润滑	太多磨损碎片	增加油量或油循环量
		污染	油循环系统 润滑脂 固体润滑剂
温度太高	添加剂或合成油 较黏的油 增加油量或油循环量 固体润滑剂	需要较长寿命	较黏的油 添加剂或合成油 油量较多或油循环 润滑脂

影响选择润滑剂类型的两个主要因素通常是速度和负荷,图1-15表示不同类型润滑剂的速度和负荷极限。可作为选择润滑剂类型的一般指导原则。

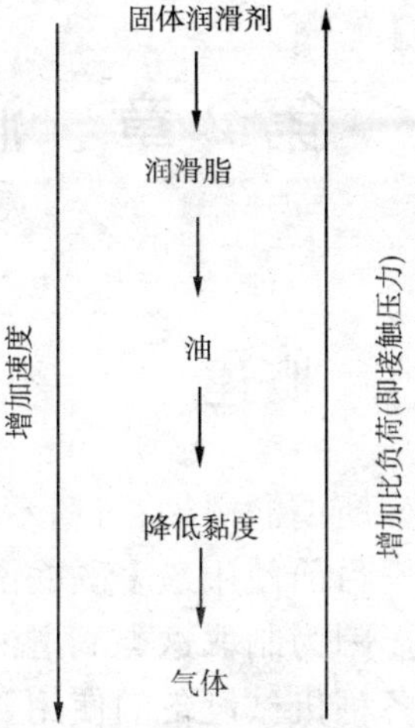

图1-15　速度和负荷对润滑的选择

图1-15中的边界是相当粗略的,因而画出的边界线很宽,对于特殊用途的实际负荷和速度的极限取决于零件的类型和特定润滑剂的性质。例如,润滑脂在低速下的最大比负荷可从纯软脂的2 000 kN/m^2到极压脂或二硫化钼的6 000 kN/m^2。

同样,所示固体润滑剂的速度上限为500 mm/s,因其通常是导热性较差,在较高速度下容易产生过热,而如铅一类的固体润滑剂具有较好的导热性,就可在较高速度下使用。

气体润滑剂在图中没有标明,一般规律是气体润滑倾向于在高速和低负荷条件下使用。

实际上一般倾向是高速下较低黏度,高负荷下较高黏度。但这是过于简化的一般指导原则,在某些情况下必须考虑上述原则之外的其他因素。在高真空条件下,固体润滑剂是唯一的选择,因为它不蒸发,在纺织和食品机械中可能必须采用白色固体润滑或气体润滑,以避免污染产品的事故发生。

第 2 章　润滑油基础油与添加剂

2.1　概述

所谓润滑油,可简示之:基础油 + 添加剂 = 润滑油。

目前使用最多的润滑油是从石油中提炼出来的,通称为矿物润滑油。因为制取这类润滑油的原料充足,价格相对比较便宜,质量上能满足各种机械设备的使用要求,且可以利用加入各种添加剂的方法,进一步提高其质量,因而得到广泛应用。矿物润滑油的产量已达到 4 000 万 t 以上,约占全部润滑油的 97%。矿物润滑油的品种繁多,生产特别是应用这些润滑油已演变成一门特殊的技术科学。涉及摩擦化学和润滑剂化学,而总的又归并于摩擦学学科之列。既要懂得化学和物理等基础知识,又要懂得或掌握机械的运行特性和各种机械零部件在摩擦过程中的性状与变化(包括物理和化学的)。因此,合理润滑和设备维护等成为生产与使用部门共同关注的技术。

矿物润滑油是一个很复杂的含有各种碳氢化合物——称做“烃类”的混合物,另外,还含有硫、氮、氧等元素。作为矿物润滑油的原料,一般取自石油中沸点高于 300 ℃或 350 ℃的馏分,或相当于烃类分子中碳原子数为 20 ~ 40 的各种烃类。

在矿物润滑油中的烃类化合物中,主要为烷烃、环烷烃和芳香烃;另外,还含有少量的烯烃,以及含硫、氮、氧等非烃类化合物。这些化合物的不同构成、相对分子质量的大小不同,以及沸点范围馏分温度和在常温下的外观,便形成了润滑油黏度的不同,有的含有一定数量在常温下呈固体状的蜡,蜡的析出乃至形成无法流动的半固体状液体;有的含有高度缩合的多环芳烃或杂环芳烃,外观呈黑色的沥青状物质,这便是润滑油原料中含有的沥青和胶质等。这些物质一多,润滑油便呈深褐色,而且容易结焦生成沉淀,使润滑油非常不安定,不能承受机器运转过程所生成的热。也有的烃类化合物,常温下能流动,黏性也足,属于非常适用的黏性润滑油,颜色也不深,可是,温度一高却似水一样稀薄,对机器一点润滑性也没有。对于这种油的黏度随温度而大变的烃类化合物,我们称之为低黏度指数组分。

上述这些对合理润滑有害的烃类化合物——蜡、沥青、胶质、不安定组分和低黏度指数组分等,均必须在从原油中提取润滑油时加以除去。但是,这些有害组分的含量随原油种类的不同而不同。一般来说,石蜡基原油的润滑油原料中,具有高黏度指数和低的残炭(即沥青和胶质含量少),但油的凝点较高。环烷基原油中的润滑油料,凝点很低,但黏度指数较低。中间基原油则黏度指数中等并会有一定的残炭且凝点也偏高。

按沸点高低把石油中的润滑油分成若干馏分的方法,可以得到黏度合适的润滑油料。但是,它的凝点均偏高,在常温下无法使用,高沸点馏分的残炭也较高,相应地具有色深和不安定性,也无法正常使用,均需要进一步加工精制。这种按沸点分割各个馏分的方法一般称为分馏。分馏有常压分馏和减压分馏两种。润滑油馏分由于沸点高,必须利用减压方法。因为在常压下只能蒸出 350 ℃以前的馏分,无法蒸出高于 350 ℃的高黏度馏分。而常压下蒸馏的温度不能超过 400 ℃,不然会引起组分的热分解,只能生成汽油和焦炭等二次分解产物。而在减压下,由于沸点相应降低,便可以在较低温下蒸出高沸点的高黏度组分。利用减压分馏,可以得到相当常压的 525 ℃以前的高沸点或高黏度组分,但还是残留下沸点更高的残渣油。对于此部分残渣油,还得采用脱沥青、脱胶质等特殊加工工艺,才能得到更高黏度的馏分。

在叙述润滑油的基本生产方法以前,还得着重讲清:润滑油原料的性质决定了所得润滑油基础油的性质。因为,从 20 世纪 30 年代建立的润滑油加工方法,主要对所选原油中的润滑油原料进行反复的物理的加工步骤,例如分馏、溶剂精制、溶剂脱蜡、白土补充处理等。这些加工步骤的基本思路,仅限于最大限度地取出合理的或所谓的理想组分,而同时则除去蜡、沥青、胶质、低黏度指数,以及不安定的非理想组分。

所以，最终所得的润滑油基础油性质，受原油性质所限。从表2-1、表2-2中可以看出，石蜡基油中可以制得黏度指数高、残炭低的润滑油，而此种结果，与石蜡基油中的烃类组成的性质直接有关。

表 2-1　各种原油中所得润滑油的性质

原油类型	密度(20 ℃)(g/cm³)	黏度指数	残炭(%)	苯胺点(℃)
芳香基原油	0.920～0.950	40～80	<1.6	60～85
环烷基原油	0.900～0.930	30～80	<0.4	80～100
石蜡基原油	0.860～0.900	90～110	<0.35	100～130

表 2-2　各种原油中烃类组成的黏度指数

原油类型	饱和烃的黏度指数	单环芳烃黏度指数
石蜡基原油	120 以上	80
混合基原油	100	30
环烷基原油	70	<0

2.2　润滑油基础油

2.2.1　基础油的定义

基础油的定义可以概括为：主要用生产润滑油或其他产品的精制油品；可以单独直接使用，也可以和其他油品或添加剂掺和使用。由于它占油品的主要部分并对油品的主要性能或基础性能起到主导作用，人们习惯称它为基础油。另外，以当今世界的发展情况来看，各类油品均由基础油与添加剂调制而成，基础油在油品中的重要性显而易见。因为基础油在油品中占到80%～90%，视油品种类和性能要求而有所调节。

中性油是指经过精制但未加添加剂的各种低、中黏度基础油的统称，可以用做调制各种润滑油的基础油；但是，中性油尚不能包括黏度更稠的光亮油。润滑油原料，经过了丙烷脱沥青、溶剂精制、溶剂脱蜡、白土补充精制后，便得到了润滑油基础油（或称做中性油）。其中从残渣油中制得的特高黏度的残渣润滑油基础油，称做光亮油。基础油的作用从宏观上讲，是为润滑油的理化性质和使用性能提供最基本的作用，但是，还无法满足机械设备对润滑油品所追求的各项特定要求，必须依赖调入各种添加剂后，才能满足油品的性能要求。

2.2.2 API 与 ATIEL 基础油分类与特性

20 世纪 90 年代，由于设备制造商对于油品的规格要求不断提高，各项环保法规和环保要求也日益严格，再加上加氢技术生产的基础油增长迅速，API（美国石油学会）和 ATIEL（欧洲润滑剂工业协会）正式把基础油划分成 5 大类（见表 2-3）。这个分类办法及时满足了时代发展的需要，使基础油质量提高到一个新的高度，为油品开发奠定了基础。

表 2-3　API 和 ATIEL 基础油分类

类别	饱和烃含量①（%）	硫含量②（%）	黏度指数③
Ⅰ	<90	>0.03	95～105
Ⅱ	≥90	≤0.03	80～120
Ⅲ	≥90	≤0.03	≥120
Ⅳ	聚 α－烯烃（PAO）		
Ⅴ	不包括在Ⅰ类、Ⅱ类、Ⅲ类、Ⅳ类在内的其他所有基础油		

注：①ASTM D2007。

②ASTM K2622/ASTM D4294/ASTM D4927/ASTM D3120。

③ASTM D2270。

这个分类中的 API 第Ⅰ类基础油属于常规溶剂精制法生产的基础油，而第Ⅱ、Ⅲ二类要用加氢工艺生产，利用低分子烯烃齐聚生产的合成烃油（PAO）属于 API 第Ⅳ类基础油，API 第Ⅴ类基础油实际上是以酯类油为主的非烃型合成油基础油，也可能涵盖某些环保型基础油，它的具体理化性质尚待明确。

Ⅰ类常规基础油的理化性质较一般，黏度指数在95～105，烃含量较高，视原油种类和加工深度，基础油中芳烃达4%～30%，硫含量较高，蒸发损失波动范围在18%～35%，曲轴箱低温黏度(CCS黏度)的波动范围在1 300～1 500。此外，具有一定的氧化安定性。这类基础油目前大量用于调制各种润滑油品，但是，由于燃料经济性和环保立法等要求使设备制造商对油品提出了更高要求，因此这类基础油的使用已开始减缓，有的油品例如SH、CF－4以上高级油品，以及10 W/30以上跨度的多级油品，以及性能优越的工业润滑油中，已经无法满足了。预计，这类基础油在今后20年内，将从目前占基础油总量90%递减至仅占50%左右或以下。

Ⅱ、Ⅲ二类加氢工艺所得基础油共同的特点是硫含量很低，芳烃含量较常规基础油低，一般在10%以下，有的只有5%左右，故饱和烃含量可达90%～95%，且饱和烃中含有一定比例的异构烷烃，这点是常规基础油所少见的。加氢基础油中的Ⅲ类油黏度指数可达145，而Ⅱ类一般为120，因此Ⅲ类的基础油的曲轴箱低温动力黏度远低于Ⅱ类基础油，可以在少加黏度指数添加剂(有时可以不加)的情况下调制大跨度多级油品，而且Ⅲ类基础油的蒸发损失率也优于Ⅱ类基础油。这二类基础油对于抗氧剂的感受性较好，所调制的油品氧化安定性优良，可以满足长寿命油品的使用要求。

Ⅳ类PAO基础油中几乎不含芳烃、硫、氮等化合物，饱和烃含量达100%，而且含有较多异构烷烃，所以油的倾点远低于Ⅱ、Ⅲ二类基础油，黏度指数高的油(VI＝125以上)倾点可达－50 ℃，且蒸发损失率也稍优于Ⅲ类基础油。尽管Ⅳ类基础油的价格约为Ⅲ类基础油的25倍以上，但是在特需油品研制中仍占有一定优势。过去，已有一些大石油公司以全合成型油品出售，在高档油品市场中闯出了一条新路子。

但是，有一种现象值得注意，已经有人指出，在价格－性能的联合观察中，发现PAO类基础油与Ⅲ类加氢基础油除了倾点指标较低(－50℃)、优越于Ⅲ类基础油外，在蒸发损失率、曲轴箱低温动力黏度几个主要理化性质方面二者非常接近。故有人预计，Ⅲ类加氢基础油是今后基础油的主要发展方向，而且Ⅲ类基础油在加氢工艺的开发中尚有一定潜力，以便得到倾点较低的油。另外，由于在技术上，Ⅱ类和Ⅲ类油的加氢工艺几乎可以互相转换，生产Ⅱ类油的工艺可以改进为生产Ⅲ类基础油，故Ⅲ类基础油将是今后加氢基础油发展的重点。

据以上分析，世界润滑油基础油的生产正向着加氢方法生产Ⅱ、Ⅲ类基础油的方向发展，即使作为优良基础油原料的石蜡基油，为了适应油品质量更高的要求，也将逐步改为利用加氢裂化方法生产。据统计，已有20%石蜡基润滑油通过加氢裂化法生产，另外，约有18%石蜡基基础油将通过异构脱蜡或其他催化脱蜡的技术生产。应予强调的是：采用加氢技术生产的基础油质量接近或达到PAO合成烃基础油（Ⅳ类基础油的）性能而在成本或价格方面优势明显，可以预计，21世纪加氢型基础油的质量和技术得到进一步的改进与提高，它的应用也将越来越广泛，2005年全球加氢基础油已占基础油的40%～50%。

目前，我国共有21座润滑油基础油生产厂，分属两大石油化工集团，总生产量超过400万t（4×10^6 t）。其中90%以上属于常规Ⅰ类基础油水平，即使用溶剂精制、溶剂脱蜡、白土或加氢补充精制工艺加工所得。这些Ⅰ类基础油依照我国国内基础油规格指标，实际上分属于石蜡基的高黏度指数、中间基的中黏度指数和环烷基的低黏度指数3种基础油。但是，中黏度指数基础油严重不足。另外，由于国内原油的润滑油组分中，氮含量过多、硫含量不足，以及稠环芳烃和胶质含量不易除尽，因此从原油加工的Ⅰ类基础油与国外同类基础油相比，氧化安定性和添加剂持久性方面相对差距较大，已经影响高档油品的开发。

为了满足大跨度多级油和低挥发损失环保的要求，20世纪90年代中期，国内已经着手加氢基础油Ⅱ类、Ⅲ类两类油的生产建设。其中兰州石化公司的40万t/a加氢处理装置已于1997年正式投产，大庆石化总厂的36万t/a异构脱蜡装置于1998年正式投产。克拉玛依炼油厂的30万t/a加氢处理装置，可以在生产Ⅱ类基础油基础上，生产少量Ⅲ类基础油。在基础油数量上，加氢类基础油在21世纪初可以占到15%左右，迎合21世纪国内市场上对新一代高质量润滑油的要求。

2.3 润滑油添加剂

2.3.1 添加剂的分类、名称和符号

添加剂是这样一种物质，在润滑油中加入少量这种物质，能改善油品的一种或多种物质，甚至赋予润滑油以崭新的特性而得到更满意的使用性能。添加剂大致可分成两大类：一类为影响润滑油物理性质的添加剂，例如降凝剂、增黏剂、黏度指数改进剂、抗泡剂等；另一类在化学方面起作用的添加剂，如各种抗氧剂、防锈剂、清净分散剂、极压抗磨剂等。润滑油的添加剂化学名称、统一命名和统一符号见表2-4。

表2-4 石油添加剂的化学名称和统一符号

组别	化学名称	统一命名	统一符号
清净剂和分散剂	低碱值石油磺酸钙	101 清净剂	T101
	中碱值石油磺酸钙	102 清净剂	T102
	高碱值石油磺酸钙	103 清净剂	T103
	低碱值合成磺酸钙	104 清净剂	T104
	中碱值合成磺酸钙	105 清净剂	T105
	高碱值合成磺酸钙	106 清净剂	T106
	硫化聚异丁烯钡盐	108 清净剂	T108
		108A 清净剂	T108A
	烷基水杨酸钙	109 清净剂	T109
	环烷酸镁	111 清净剂	T111
	环烷酸钙（TBN = 250）	114 清净剂	T114
	单烯基丁二酰亚胺	151 分散剂	T151
	双烯基丁二酰亚胺	152 分散剂	T152
	多烯基丁二酰亚胺	153 分散剂	T153
	汽油机油分散剂（高氮）	154 分散剂	T154
	柴油机油分散剂（低氮）	155 分散剂	T155

续表 2-4

组　别	化学名称	统一命名	统一符号
抗氧抗腐剂	硫磷烷基酚锌盐	201 抗氧抗腐剂	T201
	硫磷烷丁辛基锌盐	202 抗氧化腐剂	T202
	硫磷双辛基碱性锌盐	203 抗氧化腐剂	T203
极压抗磨剂	氯化石蜡	301 极压抗磨剂	T301
	酸性亚磷酸二丁酯	304 极压抗磨剂	T304
	硫磷酸含氮衍生物	305 极压抗磨剂	T305
	磷酸三甲酚酯	306 极压抗磨剂	T306
	硫代磷酸胺盐	307 极压抗磨剂	T307
	硫代异丁烯	321 极压抗磨剂	T321
	二苄基二硫	322 极压抗磨剂	T322
	环烷酸铅	341 极压抗磨剂	T341
	二丁基二硫代氨基甲酸锑	352 极压抗磨剂	T352
	二丁基硫代氨基甲酸铅	353 极压抗磨剂	T353
	硼酸盐	361 极压抗磨剂	T361
油性剂和摩擦改进剂	硫化鲸鱼油	401 油性剂	T401
	二聚酸	402 油性剂	T402
	油酸乙醇酯	403 油性剂	T403
	硫化棉籽油	404 油性剂	T404
	硫化烯烃棉籽油－1(含硫 8%)	405 油性剂	T405
	硫化烯烃棉籽油－2(含硫 10%)	405A 油性剂	T405A
	苯三唑脂肪酸胺盐	406 油性剂	T406
	磷酸酯	451 摩擦改进剂	T451
	硫磷酸铜	461 摩擦改进剂	T461
抗氧剂和金属减活剂	2,6－二叔丁基对甲酚	501 抗氧剂	T501
	2,6－二叔丁基混合酚	502 抗氧剂	T502
	N－苯基－α－萘胺	531 抗氧剂	T531
	含苯三唑衍生物复合剂	532 抗氧剂	T532
	苯三唑衍生物	551 金属减活剂	T551
	噻二唑衍生物	561 金属减活剂	T561

续表 2-4

组　别	化学名称	统一命名	统一符号
黏度指数改进剂	聚乙烯正丁基醚	601 黏度指数改进剂	T601
	聚甲基丙烯酸酯	602 黏度指数改进剂	T602
	聚异丁烯(内燃机油用)	603 黏度指数改进剂	T603
	聚异丁烯(液压油用)	603A 黏度指数改进剂	T603A
	聚异丁烯(用做密封剂)	603B 黏度指数改进剂	T603B
	聚异丁烯(齿轮油用)	603D 黏度指数改进剂	T603C
	聚异丁烯(拉拔油用)	611 黏度指数改进剂	T603D
	乙丙共聚物	612 黏度指数改进剂	T611
	乙丙共聚物(6.5%浓度)	612A 黏度指数改进剂	T602
	乙丙共聚物(8.5%浓度)	613 黏度指数改进剂	T612A
	乙丙共聚物(11.5%浓度)	614 黏度指数改进剂	T613
	乙丙共聚物(13.5%浓度)	631 黏度指数改进剂	T614
	聚丙烯酸酯		T631
防锈剂	石油磺酸钡	701 防锈剂	T701
	石油硫酸钠	702 防锈剂	T702
	十七烯基咪唑烯基丁二酸盐	703 防锈剂	T703
	环烷酸锌	704 防锈剂	T704
	二壬基萘磺酸钡	705 防锈剂	T705
	苯并三氮唑	706 防锈剂	T706
	烷基磷酸呐咪啉盐	718 防锈剂	T708
	N-油酰肌胺酚十八胺盐	7113 防锈剂	T771
	氧化石油脂钡皂	743 防锈剂	T743
	烯基丁二酸	746 防锈剂	T746
降凝剂	烷基萘		
	聚α-烯烃-1(用于浅度脱	801 降凝剂	T801
	蜡油)	803 降凝剂	T803
	聚α-烯烃-2(用于深度脱	803A 降凝剂	T803A
	蜡油)		
抗泡沫剂	甲基硅油	901 抗泡沫剂	T901
	丙烯酸酯与醚共聚物	911 抗泡沫剂	T911

2.3.2 添加剂的作用

添加剂概括起来有如下作用：

(1)可减少发动机部件上有害沉积物的形成与聚集，保持润滑部件的清洁。如清净剂、分散剂、抗氧抗腐剂。

(2)可中和油品使用中生成的酸性物质，减少部件的锈蚀和腐蚀，如清净剂、防锈剂。

(3)抑制油品的氧化，延长油品的储存和使用寿命，如抗氧剂、金属减活剂。

(4)提高润滑油的黏度指数，改善油品的黏温性能，如黏度指数改进剂。

(5)降低油品的凝点或倾点，改善油品的低温使用性能，如降凝剂。

(6)减少油品的发泡倾向，如抗泡剂。

(7)在各种边界润滑条件下，防止两滑动表面间的摩擦、磨损或擦伤，延长设备和部件的使用寿命，如摩擦改进剂(或油性剂)、极压抗磨剂。

(8)能使油水形成稳定的乳液或促使油－水分离，如乳化剂或破乳剂。

(9)提高油品黏附能力，改善油品的滞留时间，减少油品的流失和飞溅，如黏附剂。

总之，添加剂是提高油品的质量和增加油品品种的重要手段之一。值得提出的是，添加剂也不是万能的，它不能使劣质油品变成优质油品，添加剂只是提高油品质量的主要因素之一。添加剂的贡献不仅取决于它的特殊组分，而且取决于基础油的质量(即基础油要有一定的精致深度)和加入油的添加剂配方技术，这二者缺一不可。

润滑油添加剂品种繁多，国外书刊上的分类均各有异，现仅能将其主要品种按作用分类列于表 2-5。不同的润滑油需要的添加剂列于表 2-6中。

表 2-5　润滑油添加剂类别及其作用

添加剂的类型	代表性化合物	主要作用
清净剂	磺酸盐、烷基酚盐、水杨酸盐、硫代磷酸盐	防止内燃机油形成烟灰、漆状物沉积,中和酸性物质,减少腐蚀磨损
无灰分散剂	丁二酰亚胺、丁二酸酯、酚醛胺缩合物	与清净剂复合,有协同作用,特别在防止低温油泥方面效果突出
抗氧抗腐剂	二烷基二硫代磷酸锌盐、二烷基二硫代氨基甲酸盐	具有抗氧化、抗腐蚀及极压抗磨作用,主要用于内燃机油及液压油、齿轮油
极压抗磨剂	硫化异丁烯、氯化石蜡、烷基磷酸酯、硫代磷酸酯胺盐、磷酸酯和有机硼化物	改善油品在高温高载荷下抗擦伤、抗磨损的性能
摩擦改进剂(油性剂)	脂肪酸及其皂类、动植物油或硫化动植物油,磷酸酯或油酸酯类,二烷基二硫代磷酸钼、烷基二硫代氨基甲酸钼	提高油品的润滑性,降低摩擦及磨损
抗氧剂和金属减活剂	屏蔽酚类,2,6-二叔丁基对甲酚芳胺、β-萘胺等,苯三唑衍生物,噻二唑衍生物	抗氧剂能延缓油品氧化,延长油品使用期,金属减活剂防止金属氧化的催化作用,二者复合后效果更显著,此类剂多用于工业润滑油
黏度指数改进剂	乙丙共聚物、甲基丙烯酸酯、聚异丁烯、苯乙烯与异戊二烯或丁二烯共聚物	能显著改善油品黏温性能,主要用于多级内燃机油、齿轮油、液压油和自动传动液
防锈剂	磺酸盐,烯基丁二酸及其酯类、羧酸盐、有机胺类	提高油品阻止水分和氧分子对金属的腐蚀作用,保护金属表面延缓锈蚀
降凝剂	聚甲基丙烯酸酯、烷基萘、聚α-烯烃	使油品中的蜡晶细化,降低油品凝点,改善低温流动性

续表 2-5

添加剂的类型	代表性化合物	主要作用
抗泡沫剂	甲基硅油、丙烯酸酯与烷基醚共聚物	降低油品泡沫表面的张力,阻止泡沫形成
乳化剂及抗乳化剂	烷基磺酸盐、脂肪醇聚氧乙烯醚类、山梨醇月桂酸酯等	是一类不同结构的表面活性剂,改变结构用于不同场合时,分别具有乳化及抗乳化性能,根据情况通过试验选用

表 2-6 不同润滑油所需的添加剂

项目	清净剂	分散剂	抗氧抗腐剂	抗氧剂	油性剂	极压剂	防锈剂	黏度指数改进剂	抗泡剂	降凝剂	乳化剂	破乳剂	防腐剂	pH值剂	杀菌剂	偶合剂	光亮剂
内燃机油	√	√	√	√	√			√	√	√							
齿轮油				√	√	√	√	√	√	√		√					
液压油				√	√	√	√	√	√	√		√					
自动传动液	√	√		√	√	√	√	√	√	√							
金属加工液				√	√	√	√			√	√	√	√	√	√	√	
压缩机油				√	√		√	√		√							
汽轮机油				√	√		√		√	√							
轴承油				√	√		√	√	√	√		√					
热处理油				√			√	√	√	√							
机床用油				√	√	√	√	√	√	√							

2.3.3 清净剂

清净剂(Detergent)是现代润滑剂的五大添加剂之一,以前把清净剂和分散剂统称为清净分散剂,有时为了区别它们,把含金属的称为有灰剂清净分散剂，把不含金属的称无灰清净分散剂。目前一些文献把这二者统称为沉积控制的添加剂（Deposit control aditives）。而清净剂和分散剂在润滑油中的作用还是有区别的，因此在20世纪70年代以后把清净分散剂分别称为清净剂和分散剂两个品种。

清净剂从脂肪酸和环烷酸皂开始，发展到今天的磺酸盐（Sulfonates）、烷基酚盐（Alkylphenates）及硫化烷基酚盐（Sulfurized alkylphenates）、硫代磷酸盐（Phosphonothiolate）、烷基水杨酸盐（Alkylsalicylates）和环烷酸盐（Naphthenates）等品种，五类清净剂最初应用的都是中性盐。20世纪40年代末和50年代初，伴随着高功率增压柴油机的日益增多和含硫燃料的增加，以及对清净剂中和作用机理的了解和认识的提高，各种清净剂开始向碱性盐或高碱性盐方向发展，目前各种清净剂中高碱性的产品用量占大多数。

2.3.3.1　作用原理

清净分散剂是油溶性表面活性剂，它主要是通过将无机酸、氧化中间产物和含氧酸中和及增溶，以阻止进一步缩合而生成漆膜和积炭；同时还可将已经生成的漆膜分散在油中，阻止其黏附在活塞上，或将开始黏附在活塞上的漆膜和积炭洗下来，因此它的主要作用是酸中和、增溶、分散和洗涤四种。

（1）酸中和作用。多数清净分散剂带有碱性，有的甚至是高碱性，一般用总碱值表示（Total Base Number），简称TBN，它们可以中和润滑或燃料氧化生成的含氧酸，阻止进一步氧化缩合，因而使漆膜减少，同时还可以中和含硫燃料产生的氧化硫，以阻止其磺化润滑油；也可以中和汽油燃烧生成的HCl、HNO_3等，阻止对烃类的进一步作用，也阻止了这些无机盐对汽缸中金属的腐蚀。但是并非碱度越大越好，因为添加剂中的碱性都是将碳酸盐（$CaCO_3$、$BaCO_3$、$MgCO_3$等）和金属氢氧化物（$Ca(OH)_2$、$Ba(OH)_2$、$Mg(OH)_2$等）的超粒子状态的胶体分散在中性的金属型清净剂中，具有较大的碱性储备，有的是将$CaCO_3$粒子分散在油中而得，因此使用不含硫燃料而用较多的高碱性添加剂，反而会引起气缸的磨损。

（2）增溶作用。清净分散剂都是油溶性的表面活性剂，在油中常以 5 ~ 20 个分子集中而成胶束(Micelle),它可以将一些油溶或油不溶的固体和液体溶解到胶束中心去,这叫增溶作用(Solubilization)。在使用过程中,它可以溶解含有羟基、羧基的含氧化合物、含硝基化合物、水分等。这些都是生成漆膜与积炭中间体,它们被增溶到胶束中心去,外面包围了形成此胶束的添加剂分子,因而阻止了进一步的氧化与缩合,减少了漆膜与积炭的生成。

(3)分散作用。清净分散剂能将已经生成的漆膜及积炭等固体小颗粒加以吸附,分散在油中,防止它们聚集起来形成大颗粒而黏附在气缸上或沉降为油泥。吸附方式有物理吸附、氢键吸附等。金属清净剂,特别是磺酸盐,形成两类屏障,对 0 ~ 20 nm 直径的粒子,它将形成延迟凝聚的吸附膜,而对 500 ~ 1 500 nm 粒子,它将导致离子表面获得同类电荷,它们相互排斥而分散在油中,一般称这种现象为双电子效应。防止凝聚则主要靠胶束上双电层的静电排斥,或是清净分散剂将固体颗粒包围起来后由于烃基分子太大,形成主体障碍。不同添加剂防止凝聚作用机理是不一样的,一般说来,有灰添加剂主要靠双电层效应,无灰清净分散剂主要靠烃基大分子产生的主体障碍。往往后者比前者的效果好。金属清净剂的作用见图 2-1。

(4)洗涤作用。清净分散剂对漆膜与积炭有很强的吸附性能,因此当无外力或有外力(搓洗)时,它均能将已经黏附在活塞上的漆膜与积炭洗涤下来而分散在油中。一般地说,分散性越强,这种性能就越强。但活塞与气缸的金属材质不同,间隙又小,易形成电场,在电场下洗涤性能因清净分散剂对金属表面电性能的改变不同。要求既可以使漆膜与积炭不易黏附上去,同时又容易把已经黏附上去的洗涤下来。

以上四种作用除酸中和性外,主要是表面活性剂溶液的胶体性能及在金属表面的吸附性能,由于在发动机中,清净剂本身受到高温氧化、气缸壁间的剪切作用等,因此清净剂的稳定性也对清净剂分散性能影响很大,但就清净分散作用来说基本上是以上四种。

2.3.3.2 清净剂的组成

清净分散剂和表面的活性剂相似,基本上是由亲油、极性和亲水三个基团组成。

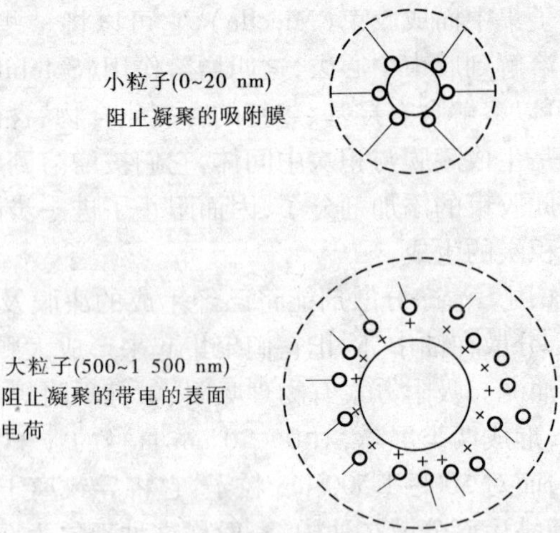

图 2-1　金属清净剂的作用

(1)亲油基团。亲油基团基本上是烃类,有烷基和烷基芳基两大类。它们的分子量一般在 350 ~ 2 000,分子量大则油溶性好,空间障碍也大,故分散作用也好一些。对聚合型分散剂其分子量也有达几十万的。分散作用好坏还要看亲油基团和亲水基团的平衡而定,分子量并不是越大越好,因为分子量增大,清净性有降低的趋势。

(2)极性基团。它是连接亲油与亲水两大基团的过渡基团,一般有羧基、羟基、水杨酸基、磺酸基、硫代磷酸基等。它们本身的酸性强弱直接影响盐类的稳定性。它们本身的耐热耐氧化程度直接影响添加剂的热稳定性。

(3)亲水基团。亲水基团分为离子型(含金属盐的有灰剂)和非离子型(无灰剂)。离子型所用的金属一般为 Ca、Ba、Mg 等。非离子型一般用多胺、多元醇、聚醚(如环氧乙烷及环氧丙烷聚合物)等。它们的性能直接影响到清净性与分散性。有灰剂清净性较好,无灰剂分散突出。

有关金属清净剂的结构组成见表 2-7,主要清净剂、分散剂的清净分散性能见表 2-8、表 2-9。

2.3.3.3　清净剂的使用与管理

清净剂主要用于汽油机油、柴油机油及船用汽缸油中。它们与其

表 2-7　主要清净剂结构

类别	亲油集团	极性基团	亲水基团	分子结构示意
磺酸盐	烷基芳基 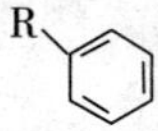 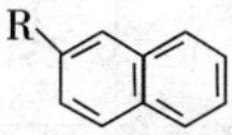	磺酸基 （$—SO_3H$）	钙、镁、钡、钠 （Ca、Mg、Ba、Na）	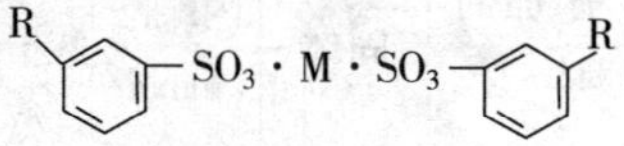 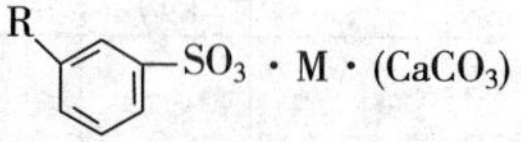 M=Ca、Mg、Ba、Na R=$C_{18\sim25}$烷基
烷基酚盐和硫化烷基酚盐	烷基芳基 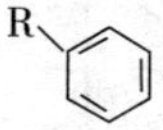	酚型羟基 （—OH）	钙、钡 （Ca、Ba）	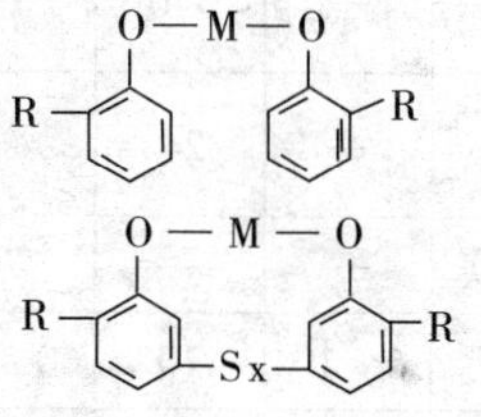 M=Ca、Ba R=$C_{9\sim12}$烷基 X=1～4
烷基水杨酸盐	烷基芳基 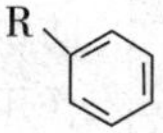	水杨酸基 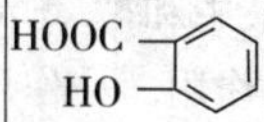	钙、钡、镁 （Ca、Ba、Mg）	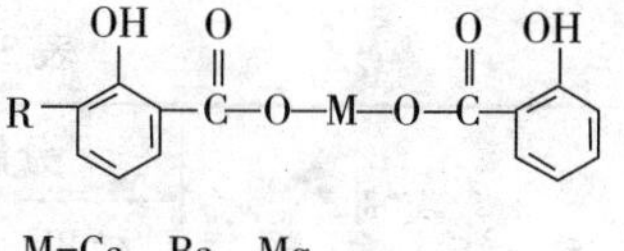 M=Ca、Ba、Mg R=$C_{14\sim18}$烷基
硫代磷酸盐	聚异丁烯 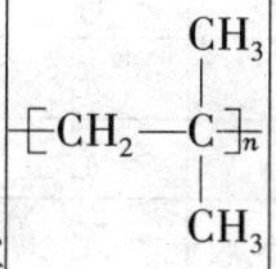 $n=17\sim20$	硫代磷酸或磷酸基 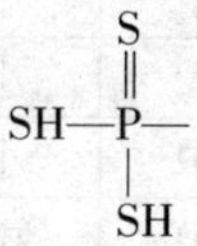 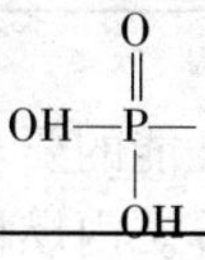	钙、钡 （Ca、Ba）	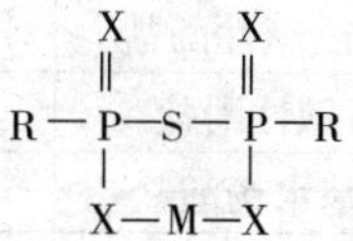 M = Ba, Ca R = $C_{60\sim70}$烷基 X = S 或 O

表 2-8　主要清净剂和分散剂的清净分散性能

添加剂	增溶能力		分散能力			洗涤能力		
	增溶固体(%)	增溶丙酮酸(mmol/kg)	分散有机酸分解产物(%)	分散沥青(%)	分散炭黑(%)	防止炭黑吸附(%)	洗涤已吸附的炭黑(%)	电场下防止炭黑吸附(%)
烷基水杨酸钙	0~3	37	—	30~60	10	10	2~4	90~100
烷基酚盐	3.6	32	30~70	30~50	20~30	—	3	90
硫代磷酸钡	—	346	—	—	40	—		90
硫化烷基酚钙	—	24	—	—	38	—	—	50
磺酸镁	—	—	70	—	90	—	—	20
磺酸钙	6~10	20	60~100	70~90	100	34	6	10
丁二酰亚胺	8~20	360	—	80~100	100	85	53	0

表 2-9　主要清净剂性能比较

类别	分散作用		酸中和作用	增溶作用	防锈作用	抗氧化作用
	效果	机理				
中性、碱性磺酸盐	中	电荷相斥	中	中	有	无
高碱磺酸盐	中	电荷相斥	大	中	有	无
中性、碱性酚盐	小	电荷相斥	中	小	无	有
高碱性酚盐	小	电荷相斥	大	小	无	有
烷基水杨酸盐	小	电荷相斥	中	小	无	有
硫代磷酸盐	中	电荷相斥	中	中	无	有

他各种添加剂一样，使用时要根据油品性能的要求，进行一系列的试验评定，以至发动机台架试验和行车试验等。内燃机油的分类较细，不同

的发动机要求油品的性能也不同，而且各有一套严格的试验程序。

在汽油机油及柴油机油中，清净分散剂与抗氧防腐剂一起复合使用，根据汽油机及柴油机工作的要求，在这两种油中的添加剂用量及配方有所不同。从国内的使用情况来看，一般汽油机油及柴油机油中，金属清净剂用量（柴油机略高于汽油机油的用量）约3%（质量），抗氧防腐剂为0.5%左右。高级汽油机油和增压柴油机中添加剂的用量比一般油中为高，具体数量及配方尚需要通过试验来确定。

清净剂很少在油中单独使用，为配制性能较好的油品，大多数由几种添加剂复合使用。一般是清净剂、分散剂和抗氧抗腐蚀剂复合使用，即使是清净剂本身也是几个品种复合使用。清净剂的用量也由性能要求不同而异。

总之，发动机的操作随环境越来越苛刻，热负荷越来越大，这就要求清净剂在苛刻的使用条件下能够发挥优异的性能。因此，清净剂本身的耐热性是不可缺少的，今后需要发展耐热性优异的清净剂。

清净分散剂的品种繁多，使用特性各有差异，因此保管时要分装分放，注明品种牌号。存放时要注意密封，不能进水及砂土等污物，以防发生沉淀变质不能使用，储存期一般不宜太长，以防变质。调油温度以不超过60～70 ℃为宜，注意防止过热。

清净分散剂也用于船用汽缸油，除起到清净分散作用外，主要是提高油的碱值，以中和由于船用高硫燃料燃烧后生成的SO_2和SO_3酸性氧化物对零件的腐蚀，为此，一般都采用高碱性烷基酚盐及高碱性磺酸盐。这些剂的总碱值（TBN）在250以上，有的高达300～400。添加剂用量比较大，在20%～30%（质量）。通过加入添加剂调整汽缸油的碱值合乎要求。目前，国外汽缸油的总碱值多数为50～70。

2.3.4 无灰分散剂

早期广泛应用的内燃机油清净分散剂，例如磺酸盐、烷基酚盐及后来发展的硫磷酸盐和烷基水杨酸盐，都属于长链有机酸（或酚）的金属盐，因而燃烧或使用后都残留一定的灰分，故也称它们为“有灰”添加剂。20世纪50～60年代广泛发展和应用了另外一种内燃机油添加剂，它们有优异的分散性能，但分子中不含金属，燃烧和使用后几乎不残留灰分，故称为无灰分散剂（Ashless Dispersant），分散剂也是现代润滑剂的五大添加剂（清净剂、分散剂、黏度指数改进剂、抗磨剂和抗氧剂）之一。

2.3.4.1　无灰分散剂的发展与应用

无灰分散剂（Ashless Dispersant）的发展与现代汽车工业的发展是分不开的，20 世纪 40 ~ 50 年代，国际上汽车、拖拉机工业有了很大发展。汽油机压缩比从 6 增加到 10 左右，负荷大大增加；大马力柴油机和增压柴油机的汽车、拖拉机广泛应用，致使内燃机油的使用条件更加苛刻，因而要在油品中加入更多的清净分散剂以满足增压重负荷条件下的使用要求。例如，当时出现的开特皮勒（Caterpillar）系列Ⅲ增压柴油机油中添加剂量达 15% ~ 20%。在油品中加入如此多的添加剂又带来另外一个问题：油品使用后因“灰分”过多而造成排气阀门等部件的过度磨损甚至烧坏；燃烧室沉积物过多，尤其是汽油机，因火花塞污染引起提前点火并要求提高汽油辛烷值。因而迫切需要降低内燃机油的“灰分”。另一方面，由于小轿车剧增，城市交通阻塞，发动机时停时开，经常达不到正常的操作温度，使燃烧过程中所产生的大量水汽部分冷凝下来而渗入曲轴箱内，和未燃燃料及油的氧化产物等聚集而生成大量的油泥，造成阻堵管道及滤网，严重影响曲轴箱油的正常使用。而当时广泛使用的金属清净剂无法解决这一问题。

降低灰分及克服乳化油泥造成的困难，这两项任务大大促进了无灰分散剂的研究。20 世纪 60 年代开始大量使用非聚合型丁二酰亚胺无灰剂，满意地解决了低温油泥问题。加有丁二酰亚胺无灰剂的汽油机油，经过较长的使用期后换油时曲轴箱仍光洁如新。同时发现丁二酰亚胺对于内燃机油高温操作条件下所产生的烟灰及润滑油的氧化产物也有较好的分散增溶作用，可以大大提高内燃机油质量。而且与金属清净剂复合使用时还可以大大降低金属清净剂的用量。例如，系列Ⅲ柴油机油使用无灰分散剂后，添加剂量可从 15% ~ 20% 降至 10% ~ 12.5%。由于这些优点，丁二酰亚胺型清净剂就获得了广泛的应用和发展。可以说，非聚合型丁二酰亚胺无灰分散剂的应用是近 40 年来内燃机油添加剂最重要的一个发展,同时大大提高了内燃机油质量水平。各种等级的内燃机油中几乎都使用了无灰分散剂。在20世纪80年代出现了所谓黑油泥(Black Sludge)问题,要求内燃机油兼有优异的高温清净性和油泥分散性,为了适应这一要求,新型高分子量分散剂应运而生,目前已成为配制高档内燃机油的主要添加剂。

2.3.4.2　无灰分散剂的作用

目前分散剂以多胺为基础的丁二酰亚胺为主流,其使用量占分散剂总量的80%以上,其化学结构由亲油基、极性基和连接部分组成。这样的结构,在润滑油中极易形成胶团,保证了它对液态的初期氧化产物具有极强的增溶作用,以及对积炭、烟灰等固态微粒具有很好的胶溶分散作用。因而,可有效地保证内燃机油的低温性能,特别有效地解决了汽油机油的低温油泥问题。

无灰分散剂在内燃机油中如何起作用?这是一个还没有完全解决的问题。现将一些看法简述如下。

(1)氢键作用。由于发动机油泥及漆膜来源于燃料及润滑油氧化产物的聚合,氢键理论认为丁二酰亚胺的胺基或酰胺基与这些含氧化合物之间形成氢键而使含氧化合物“钝化”,难于进一步聚集沉淀。红外光谱的研究指出:醇中的羟基在3 630 cm^{-1}处有一尖而强的吸收峰,当加入无灰剂后此吸收峰减弱,而在3 500 cm^{-1}和3 100 cm^{-1}之间以3 375 cm^{-1}为中心出现了一个新的宽谱带,这个谱带正是形成氢键的羟基的振动光谱。这种变化随添加剂浓度增加而加强。金属清净剂则无氢键生成。

(2)吸附理论(分散作用)。渗入发动机油中的积炭或树脂状聚合物的外部吸附了一层分散剂,其机理有膜障碍、电荷斥力及化学吸附等不同说法。但不管其具体作用如何,这一层吸附膜对沉积物的进一步聚集,使其成了更大的粒子并沉淀到发动机零件上,使其分散,悬浮于油中。这一点与金属清净剂有相似之处。

(3)胶体溶合作用或增溶作用。不溶于油的极性物质,由于存在着和分散剂之间的相互作用而被分散到油中,犹如溶质的溶解现象。丁二酰亚胺的优良增溶作用在于它的含氮极性基与极性物质间形成络合物。有人认为这是因为分散剂在介质中生成了胶团结构,而丁二酰亚胺能形成胶束的临界浓度较其他分散剂低,故胶溶分散作用好。也有人认为分散剂能与生成油泥的羰基、羧基、羟基、硝基、硫酸酯等直接作用,并溶解这些极性基团。丁二酰亚胺分散剂有能力与上述不溶于油的液体形成胶束,并且与它们络合成油溶性的液体而分散于油中。分散剂的增溶作用最好,比清净剂高出约10倍。

各种类型清净剂和分散剂作用的比较见表2-10。

表2-10　几种类型清净剂与分散剂的作用

作用	中性金属盐	碱性金属盐	聚合无灰剂	丁二酰亚胺
增溶作用	尚好	尚好	无效	优
分散作用	好	不好	优	很好
中和作用	无效	优	无效	好

2.3.4.3　无灰分散剂的种类及性能

无灰分散剂按其结构不同主要分为聚合型和非聚合型两大类。而聚合型分散剂目前已被列入黏度指数改进剂,就不在此叙述。

非聚合型分散剂种类很多,有聚异丁烯丁二酰亚胺(Polyisobutylene Succinimide)、聚异丁烯二酸酯(Polyisobutylene Succinate)、苄胺(Benzyl amine)、硫磷化聚异丁烯聚氧乙烯酯(Polyoxyethylene ester of phosphosulfrized polyisobutylene)或叫无灰磷酸酯(Ashless phosphonate ester)等四种。四种分散剂的亲油基全部是聚异丁烯(PIB),因为PIB的价格低廉,可以得到各种分子量的PIB,而且油溶性好。

1)丁二酰亚胺

丁二酰亚胺是用得较广泛和使用量最多的一种分散剂,20世纪60年代就开始大量使用,根据性能和用途不同,丁二酰亚胺有单丁二酰亚胺(Momo－Succinimide)、双丁二酰亚胺(Bis－Succinimide)、多丁二酰亚胺(Poly－Succinimide)和高分子量分散剂(High Molecular Weight Dispersant)。单丁二酰亚胺的低温分散性能特别好,多用于汽油机油和API CC级以下的柴油机油;双丁二酰亚胺和多丁二酰亚胺热稳定性能好,更多地用于增压柴油机油中。丁二酰亚胺的结构如图2-2所示。

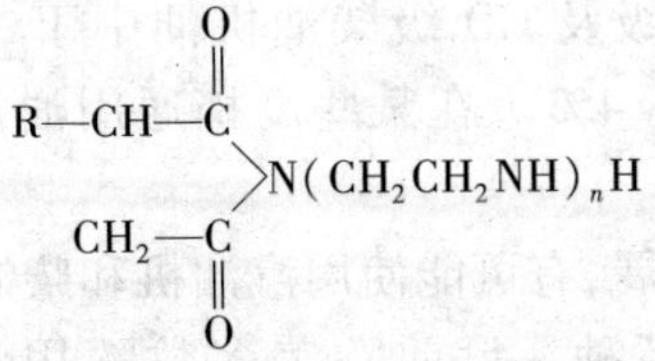

单聚异丁烯丁二酰亚胺

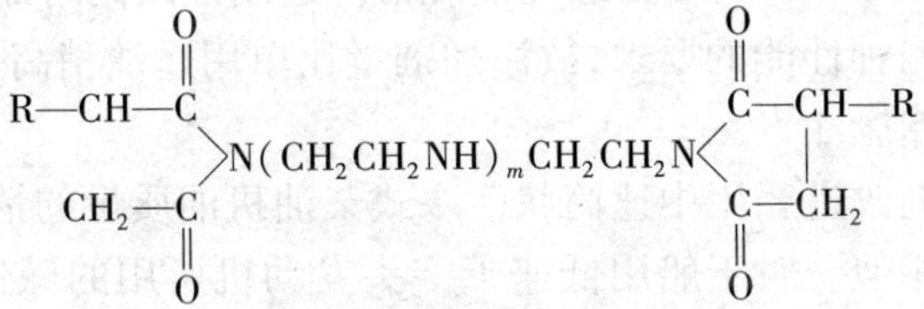

双聚异丁烯丁二酰亚胺

图 2-2　丁二酰亚胺结构式示意图

2）丁二酸酯

丁二酸酯（Succinate）是 20 世纪 70 代发展起来的新型分散剂，具有很好的抗氧化和高温稳定性，在高强度发动机运转中（如 1G－2）可有效控制沉淀物生成。应用于汽油机油和柴油机油中，多数是与丁二酰亚胺复合同时使用，产生协合作用。

3）无灰磷酸酯

无灰磷酸酯（Ashless Phosphonate Ester）具有优良的耐热性，主要用于柴油机油、涡轮汽油机专用油等。其分散油泥的能力较丁二酰亚胺差一些，但生成漆膜的倾向小。

4）苄胺

苄胺（Benzyl Amine）是酚醛胺型的缩合物，所得的分散剂，在汽、柴油机油中具有较好的分散性和沉积控制，还具有一定的抗氧化性能。

2.3.4.4　无灰分散剂的应用

1）在汽油机油及柴油机油中

目前在国内广泛应用的 SD 级、SE 级或更高级汽油机油中分别加有 2%～8% 及 3%～4% 的无灰剂，分别占总剂量的 1/3～1/2，油的硫酸灰分约 1%。为减少排气污染，趋向采用低灰分油。

在增压柴油机油和铁路内燃机车用机油中常用热稳定性较好的双

丁二酰亚胺。在CC级及CD级柴油机油中丁二酰亚胺用量分别为1.5%~2.0%及3%~4%。在某些高档通用油及低灰分油中无灰剂用量更高。

由于无灰剂的发展,有可能使用汽油机和柴油机通用油,这就简化了混合车队的用油品种。目前欧美多数军用油规格如MIL-L-2104B、2104C、46152等均为通用油规格。通用油因同时需要满足汽油机和柴油机两种性能的要求,故添加剂量比单用途油稍高一些。

2)在船用油中

用无灰剂改进船用中速筒状活塞式柴油机油质量的情况与陆用增压柴油机油相似。对于船用低速十字头发动机所用的碱性气缸油,加入无灰剂不但可以进一步提高气缸油的清净分散性,而且还可以大大减少高碱性添加剂的用量,降低成本。例如在总碱值(TBN)为70的气缸油中可用5%的双丁二酰胺代替8%的更加昂贵的高碱性硫化烷基酚钙,使汽缸油更经济好用。

3)在活塞式航空发动机油中

过去,航空发动机都不使用清净分散剂,而只用深度精制的润滑油,因为燃烧室中有灰分残渣易引起故障,故美军规格上规定航空润滑油灰分应控制在0.002 5%以下,这在加金属清净剂的情况下无论如何是达不到的。但无灰剂的出现使其成为可能。加入无灰清净分散剂后改进了发动机的清净性,延长了换油期。1963年以后美国空军相继使用了这种油。

4)在其他发动机油中

近年来,在其他发动机中,例如小型两冲程汽油机、天然气发动机以及转子发动机用油中也广泛应用了无灰剂。由于这些发动机要求灰分更低,无灰剂成了它们的主要添加剂。例如天然气发动机,要求从润滑油中带入的灰分尽量少,故天然气发动机的基本配方就是无灰分散剂加抗氧抗腐剂。

2.3.4.5 使用过程中应注意的几个问题

现代发动机油多半是复合使用几种添加剂,每一种添加剂各有其长短,各种添加剂又相互作用和相互影响,故复合使用时应注意其混溶性及相互作用,搭配适当是很重要的。

无灰分散剂的低温分散性特别好,在一般增压柴油机油操作条件下的高温清净性也好。但其高温稳定性一般不如金属清净剂好。

丁二酰亚胺与二烷基(或二烷基芳基)二硫代磷酸锌的协合效应较好,大部分内燃机油配方中均有两种添加剂。但使用中要注意新制备的单丁二酰亚胺与其混溶性不好,甚至产生絮状沉淀。双丁二酰亚胺或经加温储存后的单丁二酰亚胺与二烷基二硫代磷酸锌的混溶性就好。另外,复合使用时还需经试验确定其最佳加入量,过多使用某种添加剂反而不利。

在大量使用丁二酰亚胺配制汽油机油时还应注意它对防锈性的不良影响,甚至有时不能通过 MS 程序Ⅱ试验,而需加入防锈剂。

2.3.5 抗氧剂及抗氧防腐剂

添加抗氧剂或抗氧防腐剂的作用在于抑制润滑油的氧化过程,钝化金属的催化作用,减少油品氧化变质,延长使用寿命,同时保护机件金属表面(例如轴瓦)不受酸的腐蚀等。在石油产品添加剂中抗氧剂的产量仅次于清净分散剂和黏度指数改进剂而居第三位。

2.3.5.1 作用原理

润滑油的氧化是由于光、热、过渡金属等的作用,产生了游离基而开始进行的,游离基与氧反应产生过氧基[ROO·],过氧基与其他分子反应产生过氧化氢[R·]。过氧化氢进一步分解产生氧化游离基[R·]和过氧基[ROO·]。连锁反应的结果最后生成酮、醛、有机酸,最后进行缩合反应,生成了油泥和漆膜,同时黏度也增加了。

润滑油的氧化过程是先生成过氧化基,再经游离基链索反应的过程,将本体烃氧化。其中有关的反应方程式如下:

链的起始　　$RH \longrightarrow R\cdot + H\cdot$　　(1)

$R\cdot + O_2 \longrightarrow ROO\cdot$ 或 $+ R\cdot$　　(2)

链的增长　　$ROO\cdot + RH \rightarrow ROOH + R\cdot$　　(3)

$R\cdot + O_2 \rightarrow ROO\cdot$　　(4)

$ROOH \rightarrow RO\cdot + OH\cdot$　　(5)

$$2ROOH \rightarrow RO\cdot + ROO\cdot + H_2O \quad (6)$$

链的终止
$2ROO\cdot$
$ROO\cdot + R\cdot$ → 稳定的产物 (7)
$2R\cdot$

终止或减弱上述氧化过程的最好办法是当过氧化物一形成,即加以破坏,以消除链的增长;或分解过氧化基,使链反应中断。故根据作用机理不同,可把抗氧剂分成两类:一是链索反应终止剂,即干扰方程式(3);一是过氧化物分解剂,即干扰方程式(5)、(6)。

酚及胺型抗氧剂属于链索反应终止剂一类。这类抗氧剂都有一活泼的氢原子,可先于润滑油中烃的原子而与过氧化基作用生成稳定产物:

$$ROO\cdot + AH \rightarrow ROOH + A\cdot$$

$$ROO\cdot + A\cdot \rightarrow ROOA$$

因而链增长反应被破坏。这类抗氧剂使用温度低,在 100 ℃以下最有效,主要用于变压器油、液压油中。

二烷基二硫代磷酸盐(酯)、氨磺酸盐、有机硒等抗氧剂属于过氧化物分解剂这一类。对其作用机理目前尚无统一看法,有的认为,二烷基二硫代磷酸锌在热分解中生成碱性盐$[(RO)_2PS_3]Zn_2OH$和双-(二烷基硫代磷酸酯)二硫化物$[(RO)_2P(S)_2]_2S_2$及三硫化物$[(RO)_2P(S)_2]_2S_3$,这些硫磷酸酯分解过氧化物。还有人认为,二烷基二硫代磷酸锌分解为硫醚(R_2S)和亚砜(R_2SO),而这些硫化物能分解过氧化物如:

$$R_2S + ROOH \rightarrow R_2SO + ROH$$

$$R_2SO + ROOH \rightarrow R_2SO_2 + ROH$$

这类抗氧剂主要用于内燃机油中,使用温度较高,本身热分解温度一般为 160~180 ℃。

在应用时,如果联合使用链索反应中止剂和过氧化物分解剂,能得到较好的抗氧化安定性。

至于抗腐蚀作用,一般认为是添加剂于金属表面生成保护膜,既消除了金属催化作用,又防止了金属表面的腐蚀和磨损。如二烷基二硫代磷酸锌在热分解过程中产生了偏磷酸盐的无机络合物，在铜铅轴承上形成了保护膜。酚型、胺型则没有抗腐蚀作用。

为了防止氧化反应，一种方法是捕捉游离基，另一种方法是使过氧化物分解，得到稳定的化合物。酚型和胺型抗氧剂捕捉游离基，是游离基终止剂；而ZDDP主要具有后者的作用，是过氧化物分解剂；也有文献介绍认为ZDDP除具有过氧化物分解作用外，还具有捕捉游离基和游离基分解的作用。

按作用机理，抗氧剂分为四种，即游离基捕捉剂、过氧化物分解剂、金属减活剂及紫外线吸收剂。作为游离基捕捉的有2,6-二叔丁基对甲酚，4,4′-亚甲基双(2,6-二叔丁基酚)；作为过氧化物分解剂的有硫化萜烯、二烷基甲硫化物、硫化烯烃、二烷基(芳基)二硫代磷酸锌、二烷基二硫代氨基甲酸锌；作为金属减活剂的有苯并三氮唑；作为紫外线吸收剂的有2-羟基-4-正辛氧基二苯甲酮。

2.3.5.2 抗氧剂的种类及品种

1)酚型抗氧剂

酚型抗氧剂具有能终止链索反应的作用，以屏蔽酚为代表。所谓屏蔽酚指的是在羟基的邻位上有较大的位阻集团。其工作温度在100 ℃以下最有效，多用于燃料油、变压器油、透平油和液压油中。用的最广的产品是2,6-二叔丁基对甲酚(代号T-501)，一般用量0.1%~1.0%。此外，变压器油中如添加对苯二酚或β-萘酚，可使变压器油寿命由3个月到1年的期限延长到15年以上。

因屏蔽的分解温度较低，后来又发展成为一类屏蔽双酚型化合物。如4,4′-亚甲基双(2,6-二叔丁基酚)，国外商品名Ethyl702，能用于内燃机油(如活塞式航空发动机润滑油要求使用无灰抗氧剂)。在一般车用机油中使用双酚型抗氧剂时，与磷酸类抗氧剂复合使用，能起到增效作用。

2)胺型抗氧剂

胺型抗氧剂也是链索反应终止剂，其代表性化合物有：N,N′-二仲丁基对苯二胺(商品名UOP5、AO-22)，也是一种很好的汽油防胶剂；N,N′-二辛基苯胺在润滑油中，一般添加0.5%~2.0%。胺型抗氧剂分解温度虽较酚型高，但成本高、毒性大，使用中易变色并生成沉淀，多用于合成油中。

3）胺酚型抗氧剂

酚、甲醛和胺缩合，得到2，6－二叔丁基α－二甲基对甲酚（商品名 Ethyl703），适用于透平油、液压油。

胺酚型抗氧剂主要用于高温条件。

2.3.5.3 抗氧抗腐剂的种类和性能

抗氧抗腐剂属于过氧化物分解剂类型，主要用于内燃机油和传动油中，并兼有抗磨作用。按化合物类型分有二烷基（芳基）二硫代磷酸盐（酯）、氨磺酸盐、有机硒、硫化萜烯和磷酸酯等。

1）二烷基（芳基）二硫代磷酸盐（酯）

二烷基（芳基）二硫代磷酸盐作为抗氧抗腐添加剂已使用 30 多年，它兼具抗氧、抗腐和抗磨性能，是一种多效添加剂。其结构式可表示为：

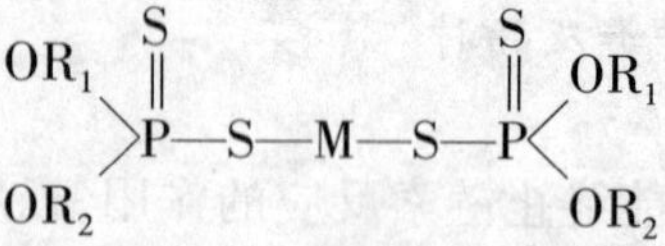

式中 R_1、R_2 可以是烷基、芳基，可以相同或不同；M 为金属，一般以锌为主，也有钡、镍的。

发动机润滑油所用的这类抗氧抗腐剂主要是二烷基（芳基）二硫代磷酸锌，简称 ZDDP。一般用 C_4 ~ C_8 的伯醇或仲醇制成的 ZDDP，含锌 8% ~9%，含硫 16% ~17%，含磷 7% ~9%。如以酚为原料，可制得二芳基二硫代磷酸锌，约含锌 3%，含硫 6%，含磷 3%。而二烷基二硫代磷酸锌是用得最多的一种。二烷基二硫代磷酸锌一般与清净剂和分散剂等添加剂复合用于内燃机油，抑制润滑油的氧化，减少沉淀、漆膜和油泥的生成，从而抑制了润滑油的黏度增长，防止轴承的腐蚀以及活塞、气缸、凸轮、挺杆的磨损。二烷基二硫代磷酸盐作为极压抗磨剂与防锈剂、抗氧剂等添加剂复合用于液压油，防止泵的磨损。早期二烷基二硫代磷酸锌与氯化石蜡复合，被称为硫－磷－氯－锌型添加剂用于齿轮油，由于性能不太理想，后被硫－磷型所取代。

在 ZDDP 中烷基的结构对性能有很大的影响，就热稳定性来说，伯醇比仲醇高;而抗磨、抗水性,则仲醇比伯醇好。在 ZDDP 中烷基大小对性能影响不大,一般用 $C_4 \sim C_8$ 的烷基。烷基较小时虽能提高单位质量中的添加剂有效成分,但其油溶性却较低,易沉淀出来。

二烷基二硫代磷酸锌(ZDDP)在内燃机油中的用量为 0.1% ~ 1.3%。如用二芳基二硫代磷酸锌,则因含锌量较低,用量要加大。实际应用时,目前多是伯仲醇产品复合使用,或脂肪醇与烷基酚产品复合使用,以充分发挥各自特点。配制增压柴油机油时,推荐复合使用以仲醇为原料的 LZ1095 与以烷基酚为原料的 LZ1373,前者添加 0.25% ~ 0.5%(体积),后者添加 0.5% ~ 1.0%(体积),可满足 CD、CD/SE 级油的要求。

随着汽油发动机排气规定的加强,各发动机制造厂采用净化触媒,同时为得到合适的空燃比,在排气系统设置了氧传感器。由于发动机油中的磷能使尾气转化器中的三效催化剂中毒及影响氧传感器测量准确性,因此对发动机油中的磷含量要进行规定。在 1996 年由国际润滑材料标准化及其审查委员会(ILSAC)实施的 GF-2 中,磷含量的上限规定为 0.10%。实现低磷化对策就意味着减少 ZDDP 的用量,用非磷系添加剂补充其机能,延迟 ZDDP 的消耗及开发新的发动机油配方。

目前还没有完全能取代 ZDDP 的添加剂,加入高温抗氧性能好的助抗氧剂,是解决减少 ZDDP 用量的低磷发动机油的抗氧性能的主要手段。有机铜化合物是助抗氧剂之一,其化合物为硫代磷酸铜、硫代氨基甲酸铜、羧酸铜,以及含铜的磺酸盐、水杨酸盐、烷基酚盐等。

国内从 20 世纪 60 年代开始,首先开发了烷基芳基 ZDDP(已淘汰),然后开发了短链伯醇基 ZDDP、长链伯醇基 ZDDP 及仲醇烷基 ZDDP,目前已发展成了系列的 ZDDP 产品,其应用见表 2-11。

表 2-11　国内系列 ZDDP 产品的应用

产品代号	T201	T202	T203	T204、LZL204	T205、LZL205
烷基结构	烷基芳基	短链伯醇基	长链伯醇基	伯仲醇烷基	仲醇烷基
应用	柴油机油	内燃机油	柴油机油 抗磨液压油	抗磨液压油	高级汽油机油

2)氨磺酸盐型抗氧抗腐剂

氨磺酸盐又名 N,N－二烷基二硫代氨基甲酸盐,其结构式为:

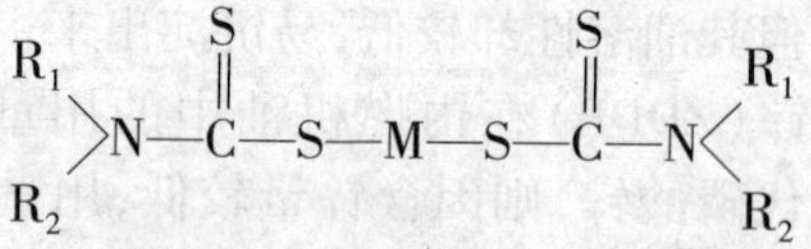

式中,R_1、R_2 为相同或不同的烷基、芳基;M 为金属,一般以锌、镉较普遍。

这类化合物具有高温抗氧抗腐性,主要用于内燃机油中,一般用量为0.5%～1.0%,适于在有镀银部件的内燃机车中应用,并代替ZDDP。这类化合物耐高温性能比 ZDDP 好。如 R 为丁基时,与正丁醇的 ZDDP 产品相比,分解温度要高 50～60 ℃,并能耐 260～300 ℃的高温。它还可作杀虫剂和橡胶硫化促进剂。

3)有机硒化物

含硒的抗氧抗腐剂不多,如二苯硒、二苯二硒、十二烷基硒等。后者已有工业产品,其高温安定性超过大多数已知的抗氧抗腐剂,可供燃气透平发动机油、军工特种润滑油使用,一般用量 0.1%～0.5%。

2.3.6 黏度指数改进剂

2.3.6.1 概述

黏度指数改进剂(Viscosity Index Improver,简称 VII)又称增黏剂、黏度指数添加剂等。它是一种油溶性的链状高分子化合物,在室温下一般呈胶状或固体。为了便于使用,通常用润滑油(透平油)稀释为5%～25%的浓缩物。润滑油的黏温性能,一般用黏度指数(VI)表示。含有增黏剂的稠化油,黏度指数在 100 以上。由于增黏剂的这种作用,国外普遍称它为黏度指数改进剂。

增黏剂主要用于配制稠化油(多级油)。稠化机油具有优良的黏温性能,并由此带来良好的低温起动性、低油耗和具有一定的抗磨作用。稠化机油可同时满足冬夏黏度级别的要求,如 5 W/20、10 W/50、20 W/40,故有多级油之称(Multigrad Oil)。

除了上述用途,增黏剂在航空液压油、齿轮油、自动变速机油、数控机械油和液压油及减震器油等方面,也获得了广泛的应用。目前正在向多种石油产品应用的方向发展,使用量逐年增加,在润滑油添加剂中,是仅次于清净分散剂的第二大品种。

20 世纪 60 年代末到 70 年代初出现了乙丙共聚物(Ethylene Propylene Copolymer,简称 EPC)或烯烃共聚物(Olefin Copolymers,简称 OCP)和氢化苯乙烯双烯共聚物(Hydrogenated Styrene - diene Copolymer,简称 HSD),其中包括氢化苯乙烯丁二烯共聚物(Styrene - butadiene Copolymer,简称 SD)及氢化苯乙烯异戊二烯共聚物(Hydrogenated Styrene - isoprene Copolymer,简称 HSP)等高分子化合物。20 世纪 80 年代以来,又出现了新一代具有分散性的黏度指数改进剂如 DPMA(Dispersant Polymethacrylate)、DOCP(Dispersant Olefin Copolymers)。

2.3.6.2 黏度指数改进剂的种类

一般地说,油溶性的链状高分子化合物都可用做增黏剂,但考虑到经济和使用性能方面的要求,实际上使用的不过数种,其中聚甲丙烯酸酯和聚异丁烯早已广泛使用。乙烯/丙烯和苯乙烯/双烯共聚物的增黏能力强,剪切稳定性好,是近年来配制稠化柴油机油的新品种。今后的发展趋势主要是采用共聚物或接枝共聚,进一步改善增黏剂的剪切稳定性、热氧化安定性和低温性能,或使其兼具降凝或分散性能。国内主要黏度指数改进剂的名称及结构式见表 2-12。

表 2-12 国内主要黏度指数改进剂的名称及结构式

化合物名称	化合物类别	化学结构式
聚异丁烯		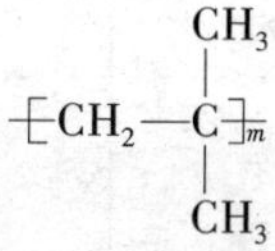
聚甲基丙烯酸酯	非分散型	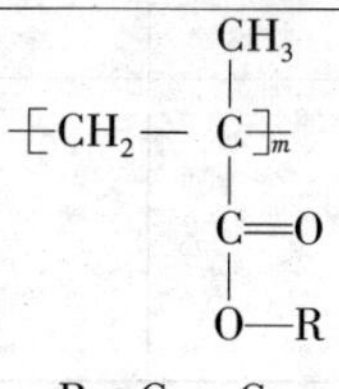 $R = C_1 \sim C_{20}$

续表 2-12

化合物名称	化合物类别	化学结构式
聚甲基丙烯酸酯	分散型	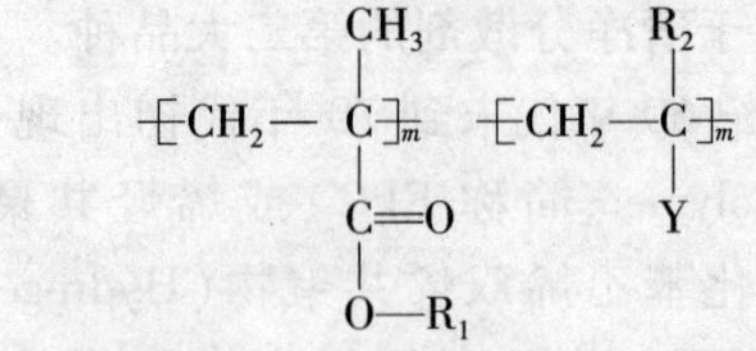 $R = C_1 \sim C_{20}$，R_2 = H 或 CH_3，Y = 极性基团
乙丙共聚物	非分散型	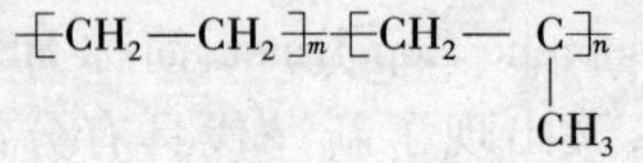
	分散型	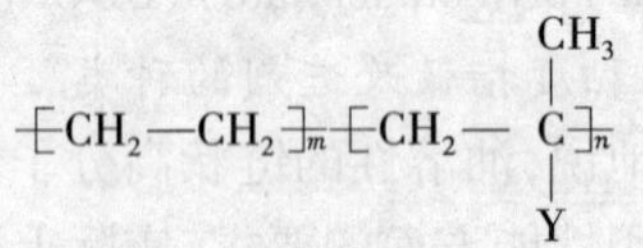
苯乙烯/双烯共聚物	苯乙烯丁二烯共聚物	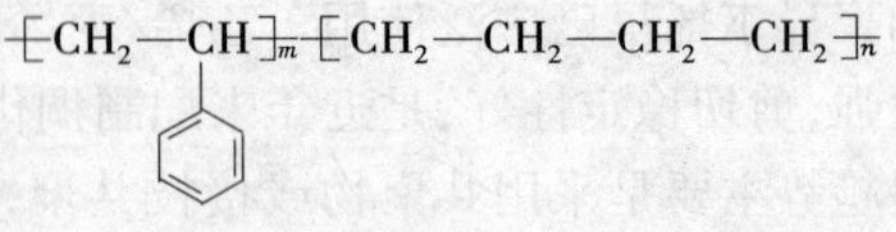
	苯乙烯异戊二烯共聚物	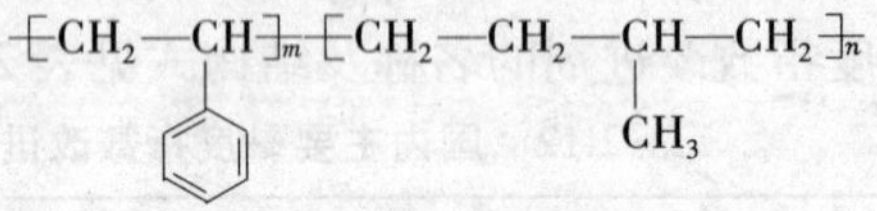
苯乙烯聚酯		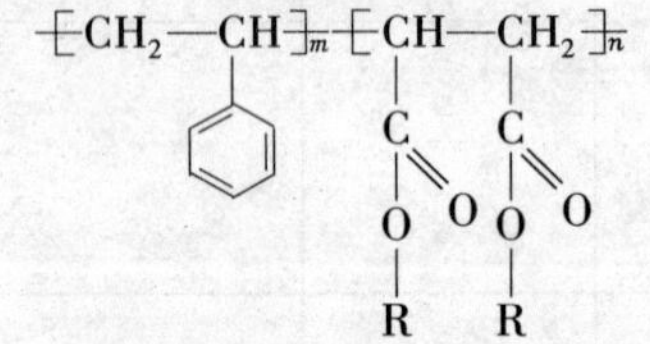
聚正丁基乙烯基醚		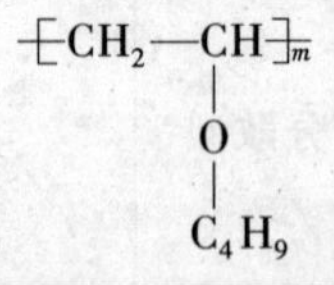

1）聚异丁烯（PIB）

PIB是应用最早的黏度指数改进剂。用于内燃机油的PIB，其分子量在5万左右，用于液压油和齿轮油的分子量在1万左右较好。PIB具有优异的剪切稳定性和热氧化稳定性，但因聚合物分子链有许多甲基侧链，所以比较刚硬，在低温状态下，它的黏度增长很快，因此低温性能不好。在生产多级油方面受到限制，它不能配制低黏度级别（5W/30及其以下）和大跨度的多级油。

2）聚甲基丙烯酸酯（PMA）

用于内燃机油的PMA的分子量在15万左右，作为降凝剂的PMA的分子量在10万以下。若用于要求剪切稳定性特别好的液压油和齿轮油，PMA的分子量在2万~3万。PMA的低温性能特别好，改进油品的黏度指数的效果好，氧化安定性好。但增黏能力、热稳定性和抗机械剪切性能差。PMA适于配制高级汽油机油、数控液压油和自动传动液（ATF）等油品。

3）乙丙共聚物（OCP）

聚合物中乙烯、丙烯的比例要适当，它直接影响产品的性能。若乙烯的含量过高，黏度指数较高，聚合物的结晶增加，产品的油溶性变差，低温易形成凝胶，若丙烯的含量过高，使增黏能力降低，氧化稳定性变坏。一般乙烯含量在40%~50%的乙丙共聚物基本上是无定型的高聚物。

国外在20世纪80年代还发展了结晶型的OCP。结晶型的OCP进一步改善了增黏能力和低温性能，目前只在美国汽油机油中大量使用。由于其结晶型太强，因此在高含蜡基础油中与降凝剂的配伍性会出现问题。OCP的增黏能力和剪切稳定性较好，其低温性能差一些。可用于内燃机油，特别是柴油机油。若配制低黏度的多级油，最好与酯型降凝剂复合来改善其低温性能。

4）氢化苯乙烯/双烯共聚物（HSD、SDC）

氢化苯乙烯/双烯共聚物的分子量在5万~10万，其稠化能力和剪切稳定性很好，与乙丙烯共聚物相比，低温性能和氧化稳定性较差，这类化合物的高温剪切下的黏度较低，难于满足低黏度多级内燃机油对高温高剪切速率下的黏度要求。

5）聚正丁基乙烯基醚

聚正丁基乙烯基醚（ВБ），又名维尼波尔（ВИНИПОЛ），产品的分子量在1万左右，剪切稳定性和低温性能较好，其热稳定性和增稠能力较差，适用于液压油中，不适用于内燃机油。原苏联生产，国内20世纪60年代开始工业生产，产品代号T601。

6）苯乙烯聚酯

苯乙烯聚酯（Sryrene Polyester）是具有一定分散性的酯型黏度指数改进剂，低温性能较好，但剪切稳定性较差，增黏能力也不好。

2.3.6.3 黏度指数改进剂的作用机理

高分子化合物随溶剂的种类、溶液的浓度和温度的不同，其分子具有不同的形态，从缠绕的蜷曲状直至近似的棒状。在不良溶剂中，高分子物凝集为蜷曲状；在良好的溶剂中则扩展伸长。与此相似，添加剂在烃类基础油中，不同温度下，其溶解性不同。在高温下，高分子溶胀，流体力学体积和表面积增大，溶剂的内摩擦显著增加，导致溶液的黏度显著增高；相反，在较低温度下，高分子收缩蜷曲，对溶液的内摩擦影响不大，因此对黏度影响较小。增黏剂正是基于不同温度下、不同形态对黏度影响的差异，达到增加黏度和改善黏温性能的作用。

显然，从改善黏温性能考虑，理想的增黏剂应该是高温增黏能力大，而低温的增黏能力小。换言之，对同一基础油，在不同温度下，增黏剂的溶解性差别愈大（以不析出为限），改善黏温性能愈好。

改善黏温性能，显然也与基础油有关。基础油的来源、黏度的高低和不同的精制深度，对增压黏剂的感受性不同。从大庆原油制取的各种润滑油馏分对国产增黏剂T-602（聚甲基丙烯酸酯）和T603（聚异丁烯）的感受性很好，当用不同精制程度的基础油配制多级油时，高温黏度（100 ℃）相同的基础油精制程度越深，其低温黏度越小，因而要求精制程度深一些。

2.3.6.4 配制稠化机油（多级油）应注意的问题

配制稠化机油，须根据黏度级别和使用性能要求，选择增黏剂和基础油。一般地说，聚甲基丙烯酸酯可配制各档汽油机用的稠化油；聚异丁烯可配制 10 W/30、10 W/40 汽油机用的稠化机油，以及 20 W/40 柴油机用稠化机油；而乙烯丙烯共聚物，可配制各档汽、柴油机用的稠化机油，尤其适于配制增压柴油机用稠化机油。

另外，基础油的选择也不可忽视，基础油对稠化机油性能也具决定性的意义。国外对稠化机油的基础油越来越重视。20 世纪 50 年代 5 W 级稠化机油的基础油黏度（100 ℃）为 3 ~ 3.5 mm^2/s，10 W 级为 4 ~ 4.5 mm^2/s，20 W 为 6 ~ 7 mm^2/s。发展到 80 年代，随着增黏剂性能的改进，分别提到 4 ~ 4.5、5 ~ 7、7 ~ 9 mm^2/s。也就是说，对同级别的稠化机油来说，基础油越重，表明其质量水平越高。在配制稠化机油时，切不可顾此失彼，单纯追求好的低温起动性（低的起动黏度）造成基础油黏度过低而损害其他性能，如油耗高、黏度回升、热起时变坏等。选择基础油的原则是在满足低温起动黏度要求的前提下，尽可能选高黏度的基础油。基础油的精制应深一些为好。关于脱蜡的深度，一般控制在使 20 W 级基础油凝点 －10 ℃、5 W 级为 －15 ~ －20 ℃为宜。

2.3.7 极压抗磨剂

2.3.7.1 概述

改善润滑油的润滑性能所用的添加剂分为油性剂、抗磨剂和极压剂三类，本节只介绍抗磨剂和极压剂。

在经典的润滑理论中，把润滑分为液体润滑和边界润滑。在边界润滑中，金属表面只承受中等负荷时，如有一种添加剂能吸附在金属表面上或与金属表面反应，形成吸附膜或反应膜，以防止金属表面的剧烈磨损，这种添加剂称为抗磨添加剂；在金属表面承受很高负荷时，大量的金属表面直接接触，产生大量的热，抗磨剂形成的膜也被破坏，不再起保护金属表面的作用，如有一种添加剂能与金属表面起化学反应，生成化学反应膜起润滑作用，防止金属表面的擦伤甚至熔焊，通常把这个最苛刻的边界润滑叫做极压润滑，这种添加剂称为极压添加剂。

极压剂和抗磨剂的区分并不是很严格的，有时很难区分，西方国家把极压剂和抗磨剂统称为载荷添加剂（Load - carrying additives），我国统称为极压抗磨剂。

极压抗磨剂(Extreme Pressure and antiwear agent 或 EP－antiwear agent)是随着齿轮,尤其是随着双曲线齿轮的发展而发展起来的。

2.3.7.2　极压抗磨剂的种类

常用的极压抗磨剂有含硫极压抗磨剂、含磷极压抗磨剂、含氯极压抗磨剂、有机金属盐极压抗磨剂、硼酸盐极压抗磨剂和其他极压抗磨剂。

1)含硫极压抗磨剂

有机硫化物的作用机理首先是在金属表面上吸附,减少金属面之间的摩擦;随着负荷的增加,金属面之间接触点的温度瞬时升高,有机硫化物与金属反应形成硫醇铁覆盖膜(S—S 键断裂),从而起抗磨作用;随着负荷的进一步提高,C—S 开始断裂,生成硫化铁固体膜,起极压作用。所以,二硫化物随着负荷增加,可以起抗磨和极压作用,其反应示意式如下:

在铁表面吸附

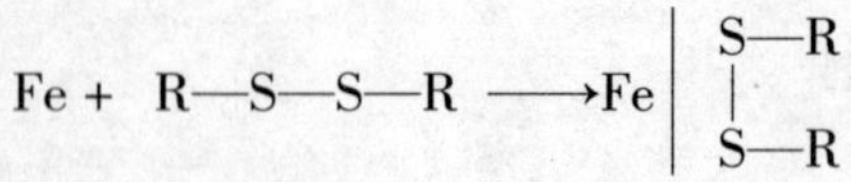

形成硫醇铁膜,在边界润滑条件下起抗磨作用

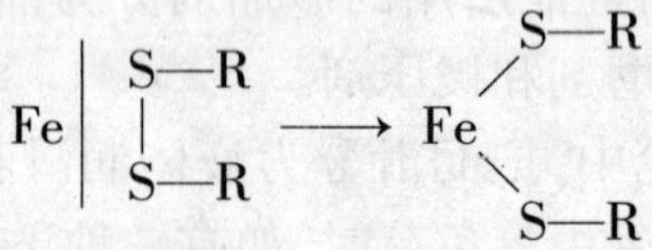

形成硫化铁膜,在边界润滑条件下起极压作用

硫化铁膜的生成

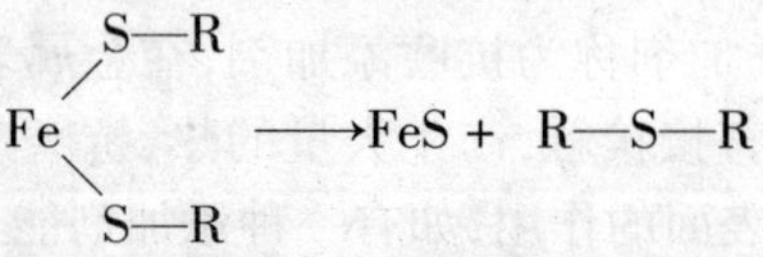

常用的含硫极压抗磨剂有硫化油酯、硫化烯烃、多硫化物、二硫化二苄、磺原酸酯等。

2)含磷极压抗磨剂

磷系极压抗磨剂中用的最广泛的是烷基亚磷酸酯、磷酸酯、酸性磷酸酯、酸性磷酸酯胺盐(磷－氮剂)和硫代磷酸酯胺盐(硫－磷－氮剂)。

亚磷酸酯、磷酸酯、亚磷酸二正丁酯等在国外已生产应用。实践证明,酸性酯的承载能力优于中性酯,但酸性酯的化学活性强,使用易造成金属的腐蚀与锈蚀,在某些情况下甚至会与油中其他添加剂发生化学反应生成沉淀。从安定性考虑,还是使用中性酯为好。

在近代的齿轮油、液压油中广泛使用磷酸酯或硫代磷酸酯的含氮衍生物,因为这些化合物具有承载能力高、配伍性好、多效性好和限滑性好等特点。

3)含氯极压抗磨剂

通常认为,脂肪族氯化物活性强,极压效果好,但稳定性较差,容易引起金属的腐蚀和锈蚀,尤其是那些碳链短、氯含量高的氯化脂肪烃更为严重。芳香烃氯化物的活性较低,极压效果较差,但稳定性较好。含三氯甲基的化合物是特别有效的极压剂。

含氯极压剂在金属表面形成的铁膜,在有水的情况下易水解而腐蚀金属,因此含氯极压剂的应用范围越来越小。用环烷酸铅、烷基酚和季戊四醇双油酸酯、碱性石油磺酸钙及胺等来抑制含氯极压剂的腐蚀,获得良好效果。

直到目前为止,国内外应用最广泛而又最经济的含氯极压剂是氯化石蜡。国内生产的氯化石蜡(T-301)其氯含量有43%和52%两种,国产氯化石蜡品种少,稳定性差,但目前还是在齿轮油中使用。

氯化铁膜有层状结构,临界剪切强度低,摩擦系数小,但是其耐热强度低,在300~400 ℃时破裂,遇水产生水解反应,生成盐酸和氢氧化铁,失去润滑作用,并引起化学磨损和锈蚀。因此,含氯添加剂应在无水及350 ℃以下使用较为有效。

对比含硫、磷和氯三种活性元素化合物的极压抗磨剂:氯系极压抗磨剂形成的氯化铁膜熔点比较低,在350 ℃时就失效了。而硫化铁膜在750 ℃时仍有效。化合物的反应性越大,形成极压膜的能力就越大,同时载荷能力也相应提高,这是不难理解的。根据所形成极压膜载荷能力可以得到下面排列次序:

氯系 < 磷系 < 硫系

4）有机金属盐极压抗磨剂

具有代表性的有机金属盐极压抗磨剂有ZDDP、MoDDP、MoDTC和环烷酸铅（Lead Naph－thenate）。

ZDDP在油中的浓度和有其他添加剂的存在也影响ZDDP在金属上的吸附。较大的ZDDP浓度，具有较高的吸附率；其他添加剂的存在，如硫化脂肪、二苄基二硫化物、二苯基胺、正壬基胺和氯化石蜡，也大大降低ZDDP在钢上的吸附。

热稳定性差的ZDDP有较大的载荷性，热稳定性增加其载荷性下降。一般，碳链对ZDDP的热稳定性的影响与烷基类型有关，其热稳定性大小的顺序如下：

芳基＞伯烷基＞仲烷基

而ZDDP的摩擦系数则与烷基链长短有关，其摩擦系数随烷基链长度的增加而减少。

有机钼添加剂：它是有良好的AW（抗磨）和EP（极压）性能的优良的摩擦改进剂，把它加入润滑油中将比MoS_2在油中分散液降低摩擦和磨损的效果要好。

环烷酸铅：环烷酸铅作为极压剂在铁表面与铁发生置换，生成铅的薄膜。当铅皂与硫共存时，在铁表面生成$PbSO_4$、PbS、FeS、Pb等低熔点共融物。这种极压剂与硫、磷、氯系极压剂的作用机理不一样，以不牺牲摩擦面金属为优点，被称为无损失润滑。

5）硼酸盐极压抗磨剂

硼酸盐（Borate）是一种具有优异稳定性和载荷性的极压抗磨剂。硼酸盐的极压性能好，有极好的油膜强度，在梯母肯试验机通过负荷可达445.22 N（45.4 kg），而它的接触压力平均值为2 952.9 kg/cm^2（42 000 lb/in^2），几乎是铅－硫型齿轮油的3倍，是硫－磷型齿轮油的2倍；硼酸盐润滑剂还有一个突出的特点是硼酸盐齿轮油随着润滑油的黏度变小，则耐负荷性能反而提高了；热稳定性好，硫－磷型极压抗磨剂的使用温度界限为130 ℃，而硼酸盐润滑剂仍然是安定的，就是超过150 ℃时仍能使用；对铜不腐蚀，无毒无味，对橡胶密封件的适应性好；硼酸盐的缺点是微溶于水，不适合用于接触大量水而且定期排水的设备中。

硼酸盐极压机理与普通润滑剂不同,是在极压状态下,不与金属表面起化学反应,不是生成化学膜来起润滑作用,而是在摩擦表面上生成半固体(弹性的)、黏着力很强的沉积膜。有人认为:两个滑动表面会产生电荷,胶体的带电离子颗粒(如硼酸盐分散体)朝表面移动并沉积。这样就在齿轮表面和轴承表面生成了硼酸盐膜,而滑动又会改善膜对金属的黏附性。硼酸盐膜的厚度是过去的极压剂形成的极压膜的10~20倍。这种膜能承受金属与金属的接触,特别能承受冲击负荷。在低黏度的基础油中,硼酸盐粒子移动得较快,解释了为什么硼酸盐添加剂在低黏度油中有较高的载荷能力。

常用的硼酸盐有偏硼酸钠、偏硼酸钾、三硼酸钾等。通常用乳化脱水法和化学反应法制取这种胶体溶液——油分散水合碱金属硼酸盐(Oil Dispersible Alkali Metal Borate Hydrate)。硼酸盐极压抗磨剂适用于齿轮油、拖拉机液压油、润滑脂、金属成型润滑剂和发动机油中。

6)其他极压抗磨剂

除了以上5种极压抗磨剂以外,新开发了一种碱性磺酸盐(Ca、Ba、Na),在金属切削过程中,同样具有极压抗磨作用,其效果并不亚于硫、磷和氯系极压抗磨剂。但作用机理不是像硫、磷和氯系那样与金属表面生成化学反应膜,估计是一种物理覆盖的碳酸盐保护膜,这种膜剪切强度低,可以减少摩擦和防止熔接。碱性磺酸盐还可以中和酸性污染物,对金属没有腐蚀,不污染环境,称这种极压抗磨剂为惰性极压抗磨剂(Passive Extreme Pressure),简称PEP添加剂。

2.3.7.3 极压抗磨剂的作用机理

极压抗磨剂的作用实际上是一种控制性的腐蚀现象,因为只有通过它和金属摩擦表面起化学反应,生成熔点较低和剪切强度小的化学反应膜,才能起到减小摩擦、磨损和防止擦伤及熔焊的作用。一个好的极压抗摩剂,应该只在极压抗磨范围内才与金属表面反应,而在较低的温度下是稳定的。

1)有机氯化物

有机氯化物在极压条件下,首先发生分解,C—Cl键断裂,分解产物与金属表面形成金属氯化物薄膜。至于金属氯化物薄膜的化学反应过程,有人认为是由于在外界条件下,有机氯化物分解放出原子氯和金属表面反应形成的,有人则认为可以通过两种方式形成:

$$RCl_X + Fe \rightarrow FeCl_2 + RCl_{X-2} \quad (1)$$

$$\left.\begin{array}{l} RCl_X \rightarrow RCl_{X-2} + 2HCl \\ Fe + 2HCl \rightarrow FeCl_2 + H_2 \end{array}\right\} \quad (2)$$

生成的氯化铁膜具有与石墨和二硫化钼相似的层状结构,摩擦系数小,容易剪切,在极压条件下起润滑作用。但其熔点低,超过 300 ℃膜会破裂失效,容易产生化学磨损;在有水的情况下膜容易水解而降低极压性,并引起金属的腐蚀和锈蚀。

2)有机硫化物

有机硫化物的作用机理,首先是在金属表面上吸附。由于接触点的瞬时温度使油膜破裂,金属表面和有机硫化物迅速发生化学反应,结果形成有承载能力的金属硫化物薄膜。近期的研究结果认为,二硫化物在抗磨范围内是由吸附膜起作用,只有在接近极压范围内才形成硫醇铁盐;在极压范围内,S—S 键断裂,在铁表面上得到含硫的无机膜(不一定是纯的硫化铁),如图 2-3 所示。

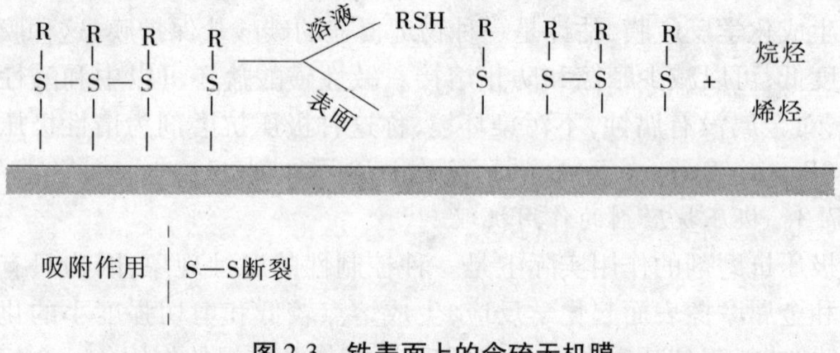

图 2-3 铁表面上的含硫无机膜

硫化铁膜没有氯化铁那样的层状结构,不像氯化铁那样容易剪切,因此摩擦系数较大。但其水解安定性好,熔点较氯化铁高,到 700 ℃的高温还不失效。

3)有机磷化物

关于有机磷化物的作用机理，早期人们认为在边界润滑条件下，有机磷化物与金属表面反应生成一种“金属磷化物 - 铁”低共融合金，发生所谓“化学抛光”过程。后来有人提出铁与有机磷化物在边界润滑条件下的反应产物不是磷化铁而是 Fe_3PO_3 和 $Fe_3PO_4 \cdot 2H_2O$ 的混合物。近期又有人提出二烷基亚磷酸酯的作用机理：在抗磨范围内，亚磷酸酯部分水解形成有机亚磷酸铁膜；在极压范围内，进一步水解，主要形成无机亚磷酸铁膜。

磷化物首先在铁表面上吸附，然后在边界条件下发生 C—O 键断裂，生成亚磷酸铁或磷酸铁有机膜，起抗磨作用；在极压条件下，有机磷酸铁膜进一步反应，生成无机磷酸铁反应膜，起极压作用。图 2-4 是二烷基亚磷酸酯作用示意图。

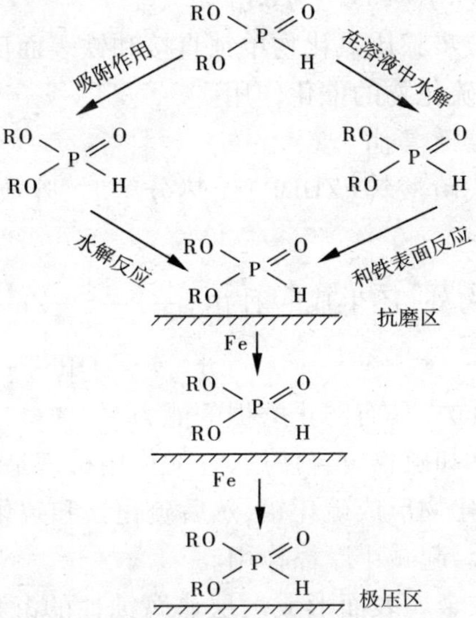

图 2-4　二烷基亚磷酸酯作用示意图

有人认为：磷系极压抗磨剂的极压抗磨性与水解稳定性有关，抗水解好的极压性差。在磷酸酯中，酸性磷酸酯(Acidic Phosphate ester)比中性磷酸酯的抗烧结性能要好，因为酸性磷酸酯在金属表面吸附力大和反应性强。其极压性能大小顺序是：

磷酸酯胺盐 > 磷酸酰胺 > 亚磷酸酯 > 酸性磷酸酯 > 磷酸酯 > 膦酸酯 > 次膦酸酯

4）多种元素复合使用

为了得到润滑性能更好的润滑剂，往往把多种活性元素复合使用（同一分子含多种活性元素或几种不同活性元素的化合物复合）。例如硫、氯两元素复合后具有增效作用，于是有人提出它们和铁的作用机理：

$$R_2S_W + Fe \rightarrow FeS + R_2S_{W-1} \quad (1)$$

$$FeS + R_YCl_2 \rightarrow FeCl_2 + R_YCl_{Z-2} \quad (2)$$

$$S + Fe \rightarrow FeS \quad (3)$$

$$(n-1)S + FeS \rightarrow FeS_n \quad (4)$$

据称上述反应步骤比氯化物单独直接和铁表面反应更容易形成氯化铁膜，认为这是硫化物的催化作用。

5）有机金属盐及其他

二烷基二硫代磷酸锌（ZDDP）受热分解时，除放出硫化氢、硫醇、硫化物和二硫化物外，还生成一种由 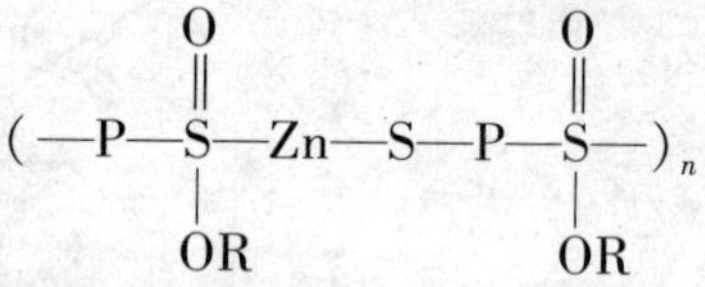 形成的高聚物膜，它同样具有防止磨损的能力。

环烷酸铅通常和硫物复合使用，它的作用机理是：硫化物和铁形成硫化铁，铅皂和硫化物形成硫化铅，然后硫化铁和硫化铅形成一种熔点比铁低的共融合金，起减小摩擦作用。

无机硼酸盐在金属表面形成一层非腐蚀性的沉积层，已由光电能谱测定出来，该层有润滑与保护作用。水合偏硼酸盐在通常条件下是微球状结晶，在载荷作用下，摩擦热把晶体表面局部或全部融化，融化了的水合偏硼酸盐（在 60 ~ 120 ℃）是十分黏而滑的半流体，在金属表面形成一层有强黏附力的黏滑弹性膜，从而避免了摩擦面的相互接触。

有机硼酸酯的极压抗磨机理是在摩擦面形成一层既有有机物又有无机物的无定形结构膜，我国学者发现含氮硼酸酯在摩擦表面生成 BN、Fe_2B，同时证明了表面吸附硼酸酯的存在与硼原子缺电子空轨道的作用。验证了两个观点：一是用石蜡油为基础油进行了负荷为 392N 的四球机长磨试验(10 min)，考查浓度对含氮硼酸酯抗磨性的影响，结果证明：硼酸酯的抗磨性随浓度的增加而增大，但其浓度超过 5.0% 后，抗磨性不再增加；二是考查含硼酸酯润滑油的抗磨性和载荷有一个很独特的关系：在四球机长磨试验中，钢球磨斑直径(WSD)先随载荷的增高而增大，但达某一最大值后，反而随载荷的增大而减少至最初水平，并且随载荷的进一步增大而基本保持不变。至于摩擦面上氮化硼的生成，可能涉及含氮硼酸酯中有缺电子轨道的硼和具有孤对电子的氮的再结合。摩擦过程产生外逸电子，在外逸电子的作用下，硼酸酯分子降解，然后具有孤对电子的氮碎片与缺电子轨道的硼碎片配伍并结合生成氮化硼化合物。

2.3.8 油性剂及摩擦改进剂

2.3.8.1 概述

“油性”这个术语是指在相同条件下，不同润滑油所表现出的不同摩擦性能。因此，凡是能使润滑油在摩擦表面上形成定向吸附膜，从而改善摩擦性能，起到润滑作用的添加剂都叫做油性添加剂，或提高润滑性的添加剂。

早期用来改善油品的润滑性多用动植物油脂，故称油性剂。近来发现，不仅动植物油脂有这种性质，其他某些化合物也有同样性质，如有机硼化合物(Organic Boron Compounds)、有机钼化合物(Organic Molybdenum Compounds)等，目前把能降低摩擦面的摩擦系数(Friction Coefficient)的物质称为摩擦改进剂(Friction Modifier，简称 FM)，因此摩擦改进剂的范围比油性剂更为广泛。

最早使用的油性剂是动植物油脂、油酸(Oleic Acid)、硬脂酸(Stearic Acid)、脂肪醇(Fatty Alcohol)、长链脂肪胺(Long Chain Fatty Amine)、酰胺(Amide)和一些含磷化合物，到 1939 年硫化鲸鱼油(Sulfurized Spermoil)开始用于齿轮油等油品中作极压抗磨剂后,产量迅速增加,鲸鱼油的需求量猛增,使鲸鱼面临绝种的危险,有的国家已禁止捕杀,因此进行了硫化鲸鱼油代用品(Replacement of Sulfurized Sper Oil)大量研究工作,出现了很多的硫化鲸鱼油代用品。

2.3.8.2 油性剂作用原理

在半流体润滑和缓和的边界润滑条件下动植物油,或以动植物油为原料制造的脂肪酸、脂肪醇及脂肪酸酯油性剂和以烃为主的矿物油的最大差别是这些化合物都有极性基团(—COOH,—OH,$-\overset{\text{O}}{\overset{\|}{\text{C}}}-\text{O}-$),具有牢固地吸附于金属表面的性质,而矿物油就缺少这种性质。极性分子定向吸附在金属表面,基础油就储藏在分子的网络之中,这样就形成了高韧性的润滑膜。由于极性分子的相互作用,形成一种有一定强度的表面膜,使摩擦表面隔开,从而降低它们之间的摩擦阻力。这种极性分子的吸附可分为物理吸附(Physical Adsorption)和化学吸附(Chemical Adsorption)。脂肪酸型的油性剂除了物理吸附外,在比较低的温度下能与金属表面起化学反应生成金属皂,但是温度超过皂的软化点(100 ℃)就不起作用了。

试验证明,油性剂的碳链越长,摩擦系数越小。相同碳链不同极性基团时,则认为长链脂肪胺(伯胺)的油性比较好(和酸相比),即酸比醇好,醇比酯好。

因此,油性剂的油性好坏取决于油性剂分子对金属表面的吸附力和油性剂分子之间的吸附力。这两个因素使油性剂形成牢固的、抗剪切的、耐摩擦的油膜。希望油性剂分子中具有—COOH、$—NH_2$ 等吸附力大的极性基,且油性剂的碳链以直链为好。

在许多工作的条件下,表面之间的滑动,在负荷特别低、润滑油油膜厚、流体润滑占优势的时候,运动是连续的。而在边界润滑或油膜薄、负荷很重、滑移速度比较低时,摩擦系数比流体润滑时高的多,而且动摩擦系数常常比静摩擦系数又低的多,这时的运动是不连续的,称为黏-滑(即爬行)。如果润滑油(如导轨油、液压导轨油)中加入少量油性剂,这种黏-滑就可以消除。这主要靠油性剂极性分子形成牢固的物理吸附膜和化学吸附膜。

在苛刻的边界润滑和极压润滑条件下,负荷很重,转速很快,吸附膜脱附而被挤出,从而失掉了润滑作用,使摩擦面的温度上升,产生磨损甚至烧结的现象。为了避免这种不良现象的发生,必须加入极压添加剂。图 1-13 是在极压润滑剂中加入少量脂肪酸油性剂的结果,曲线Ⅰ是基础油,摩擦系数一开始就比较大,随温度升高而逐步升高;曲线Ⅱ是基础油加入脂肪酸,从室温开始就能提供良好的润滑;曲线Ⅲ是基础油中加入极压抗磨剂,在低于 T_r 温度时的润滑效果差,在 T_r 温度以上时能形成保护膜,能提供有效的润滑;曲线Ⅳ是基础油中同时加入极压抗磨剂和脂肪酸,在低于 T_r 温度时脂肪酸提供良好的润滑,在高于 T_r 温度时,极压抗磨剂提供良好的润滑。

2.3.8.3　摩擦改进剂的作用机理

当两个固体表面间存在有润滑剂,在低速和低负荷下相互滑动时,油膜存在于两个表面之间。两个表面在运动中的摩擦力受油膜的黏度和化学性质支配。用直馏矿物油时静摩擦系数高于动摩擦系数。

如果将极性添加剂加入油中,溶于油中的数量和吸附(或化学吸附)在金属表面的数量之间建立一个平衡之后,添加剂将覆盖并保持在两金属表面。新覆盖的金属表面不仅通过一个薄的单分子层油膜,而且通过它们的多分子层的涂层互相摩擦。因此,在破裂和动态条件下的摩擦力将是不同的,其差别将决定于添加剂和其分子结构。

摩擦改进剂是 10 个或更多个碳原子,末端有极性基团构成的细长分子。物理上,摩擦改进剂靠在摩擦面上形成“垫”层起作用。在低速下降低了摩擦系数;在高速下剪切力倾向于刮平或除去这些吸附层,致使比未加添加剂的油具有更大的摩擦力。

不活泼的 $C_{10}\sim C_{18}$ 醇是最弱的摩擦改进剂,而长链羧酸、磷酸和其他酸是很有效的摩擦改进剂。它们以阴离子化学吸附在金属表面上。

长链的胺、亚磷酸酯和磷酸酯也是活泼的,大多数通过配位起作用。

磷酸和磷酸的盐以及其他衍生物也是有效的摩擦改进剂,主要以离子对的形式吸附。

2.3.8.4 影响摩擦改进剂的摩擦性能因素

摩擦改进剂的摩擦性能受压力、速度、表面光洁度、表面材料及工作温度等影响很大。

一般来说,动摩擦系数随压力的升高而增大,静摩擦系数随压力的升高而降低到更小的程度;增加速度会降低整个摩擦曲线;精细的表面光洁度会使摩擦系数较高;不同的表面材料其摩擦曲线不同;温度较高,静摩擦系数降低,大多数情况下也降低动摩擦系数。最主要的问题是氧化,它不仅消耗摩擦改进剂,而且会产生不同摩擦性质的新物质。为了保证摩擦的耐久性,不仅要选择热和氧化性稳定的摩擦改进剂,还要研究其他添加剂的影响,并选择合适的抗氧剂。

摩擦改进剂主要有有机胺和脂、硫化鲸鱼油及代用品、有机钼化合物、有机硼化合物及硼酸盐。

2.3.9 防锈剂

2.3.9.1 概况

据统计,世界冶炼的金属中约有 1/3 由于腐蚀而报废,设备也会因腐蚀使其运转不正常或停止运转而造成重大损失和事故,所以世界各国都很重视腐蚀问题。

阻止、延缓金属腐蚀和锈蚀的物质,称为缓蚀剂或腐蚀抑制剂。有时把防止大气腐蚀的缓蚀剂叫防锈剂。

经过多年的开发与研究,初步得出磺酸盐、羧酸盐(金属盐、胺盐)具有较好的防锈性,羧酸、磷酸盐次之,单胺较差,醇酚、酯、酮、腈最差。上述化合物都含有不同的极性基团,从防锈效果来看,其极性基团的防锈性可按下列区分:

防锈性强的极性基 $—SO_3$、COO—

具有中等防锈性能的极性基 —COOH, $>\overset{\overset{\displaystyle O}{\|}}{P}—OH$

防锈性弱的极性基

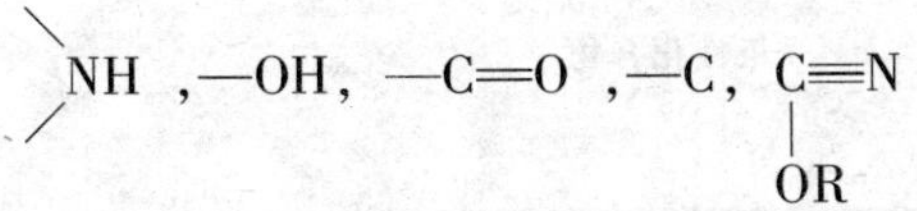

多元醇部分酯如山梨糖醇单油酸酯(Sorbitan Monooleate)具有良好的防锈性,虽然其分子中含有防锈性差的醇和酯,但5个羟基和一个酯基加在一起就显示出较好的防锈性。

防锈剂在金属表面吸附(极性基团)的同时,其分子间依靠范德华力(亲油基)把它们紧密地吸在一起,烃基之间的吸引力不可忽视,它占总吸附能的40%。

实践证明,极性基团相同的防锈性,烃基大的比烃基小的防锈性好,直链烃基比支链防锈性好。如十七烯基丁二酸比十二烯基丁二酸防锈性好,直链烯基丁二酸比支链烯基丁二酸防锈性好。

2.3.9.2 作用原理

防锈剂多是一些极性物质,其分子结构的特点是:一端是极性很强的基团,具有亲水性质;另一端是非极性的烷基,具有疏水性质。当含有防锈剂的油品与金属接触时,防锈剂分子中的极性基团对金属表面有很强的吸附力,在金属表面形成紧密的单分子或多分子保护层,阻止腐蚀介质与金属接触,故起名叫防锈作用,见图2-5。防锈剂还对水及一些腐蚀性物质有增溶作用,将其增溶于胶束中,起到分散或减活作用,从而消除腐蚀性物质对金属的侵蚀。当然,碱性防锈剂对酸性物质还有中和作用,使金属不受酸的侵蚀。

防锈剂在金属表面的吸附有物理吸附和化学吸附两种,有的情况是二者均有。磺酸盐在金属表面的吸附,目前认为是一种比较强的物理吸附,但是有人认为是化学吸附;有机胺由于胺中的氮原子有多余的配价电子,能够同吸附在金属表面的水分子借助氢键结合,使水脱离表面,其余胺分子在金属表面产生物理吸附。化学吸附最典型的代表是羧酸型防锈剂,如长链脂肪酸,烯基丁二酸能与金属生成盐而牢固地吸附在金属表面。

综合以上吸附类型可看出:防锈剂在金属表面由于极性分子的偶极与金属表面发生静电吸引而形成物理吸附,如果吸附的分子能够与

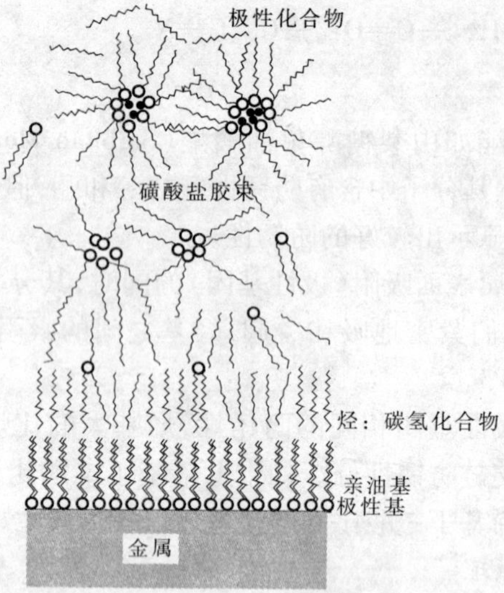

图 2-5　磺酸盐的溶解状态与极性化合物的增溶溶解(防锈膜的结构图)

金属起化学作用,则形成化学吸附,还有一些情况是借助于配价键结合,可认为是介于物理和化学之间的吸附。

常用的防锈剂按结构分为磺酸盐、羧酸及羧酸衍生物、酯类、有机磷酸及盐类和有机胺及杂环化合物。

2.3.9.3　防锈剂的应用

为了解决机械行业中的金属材料腐蚀问题,通常采用防锈油脂(也有用防锈水、气相缓蚀剂,可剥性塑料)来防止金属生锈,这个防锈方法称为“暂时性或临时性防护”。所谓临时性是指这些防锈剂并非永远附着,在不需要的时候可以很方便地除去。

防锈油脂是由基础油(矿物油等)、脂(石油脂或合成脂)加有防锈添加剂及其他辅助成分构成的。按用途分为封存防锈油和防锈润滑油。按膜的状态可分为油膜防锈油、溶膜稀释型防锈油、防锈脂等。

1)溶剂稀释型防锈油

溶剂稀释型防锈油主要是指用汽油为溶剂的防锈油,其组成是:成膜材料（沥青、油溶性合成树脂、凡士林、羊毛脂）、防锈添加剂、石油溶剂（汽油）等。

硬膜防锈油早期多采用沥青作成膜材料，特点是防锈期长，可暂放室内防锈。

软膜防锈油是羊毛脂、凡士林、石油脂、氧化石油脂等做成膜材料，再加防锈添加剂和溶剂构成。软膜防锈油的防锈效果一般比油膜防锈油好，因为它在金属表面形成一种不流失的半固体膜。而油膜防锈油有流失问题。

2）油膜防锈油

油膜防锈油是由机械油加有防锈添加剂等成分组成的。它们一般用于机械加工过程中的工序间防锈，半成品、成品的库存防锈，也常与气相缓蚀剂配合作为运输过程中的防锈。

油膜防锈油中另一大类是防锈润滑两用油。根据对防锈和润滑的要求，可以分为以防锈为主、润滑为副的防锈润滑两用油，这种油主要用于试车后的封存防锈。

3）防锈脂

防锈脂又可分为石油脂型和合成脂型两种。

应用于封存防锈用的主要是石油脂型防锈脂，它是由凡士林、地蜡、石蜡加有润滑油和防锈加剂组成。

4）乳化型防锈油

乳化型防锈油是溶剂稀释防锈油中用水作分散的一种，它是由矿物油脂或羊毛脂加有防锈添加剂、乳化剂、稳定剂组成的。使用时用水稀释成乳化液，涂覆于金属表面，待水蒸发在表面留下油脂性薄膜。通常应用于工序间防锈。

2.3.10 降凝剂

2.3.10.1 概况

要想得到低倾点的润滑油，其途径不外乎两条：一是对基础油进行深度脱蜡，可以得到低倾点润滑油，这样油品的收率低，同时脱掉大量的正构烃，也有损油品的质量；二是进行适度的脱蜡后，再加降凝剂达到所要求的倾点。

降凝剂是一种化学合成的聚合或缩合产品，在其分子中一般含有极性基团（或芳香核）及和石油烃结构相似的烷基链。

降凝剂不能阻止石蜡烃在低温下结晶析出（即降低浊点），而是通过吸附或共晶作用，防止石蜡烃形成三维网状结晶而失去流动性。因此，降凝剂只有在含蜡的油品中才能起降凝作用，但含蜡太多也无降凝效果。降凝剂的最佳用量，随油品轻重和含蜡量不同，一般为0.1%～1.0%。

2.3.10.2　降凝剂的作用机理

关于降凝剂的作用机理，人们提出了种种假设，但普遍的观点认为，降凝剂是通过在蜡结晶表面的吸附或与其形成共晶的作用，改变蜡晶的形状和尺寸，防止蜡晶粒相互黏结形成三维网状结构，从而保持油品在低温下的流动性。要揭示降凝剂的作用机理，必须首先查明含蜡油品在低温下何以会凝固。实验证明含蜡（百分之一至百分之几）油品之所以在低温下失去流动性，是由于在低温下，高熔点的石蜡烃（除正构烃外，尚包含少量异构和环状烃），以针状或片状结晶析出，并互相黏结，形成三维网状结构，将低熔点油吸附并包于其中，犹如吸水的海绵，致使整个油液丧失流动性。

在含蜡中添加降凝剂，并不能阻止石蜡烃的结晶析出。这一点可通过下述简单事实证明：油品的浊点和结晶时释放的凝固热不因降凝剂的存在与否而变化，而且在同一冷却条件下，加与不加降凝剂，析出的蜡晶量相同。

低温电子显微镜观察证实，不含降凝剂的油品，在低温条件下形成长度为20～150 μm的针状结晶；含有降凝剂的油品形成直径为10～20 μm带分枝的针状或星状结晶，且降凝剂的含量愈高，分枝愈多。

实验证明，在蜡结晶的表面有降凝剂存在，具有适当长度烷烃的非芳烃化合物，显示有一定的降凝作用；高熔点的正构烃，在一定条件下具有降凝作用，与聚甲基丙烯酸酯复合，可起到助降凝剂的作用。

根据上述事实，提出了下述的降凝剂作用机理模型。

在无降凝剂存在下，一个正常的蜡单晶在 X 轴和 Z 轴方向的生成较快，形成大的片状或针状结晶。这些结晶通过其棱角互相黏结，进而形成三维网状骨架。

在有降凝剂存在下，由于在蜡晶表面吸附或与其共晶，一方面对蜡晶结晶的生成产生了定向作用，即抑制蜡晶向 X 轴和 Z 轴方向的生成，促使其向 Y 轴方向生成，从而得到比较均一的等形结晶，增大了蜡晶体积对表面之比。另一方面，蜡晶表面降凝剂（极性基团或芳核）有阻止蜡晶粒间的黏结作用。至于吸附和共晶，取决于降凝剂的化学结构。一般认为，烷基萘以吸附作用为主，具有梳形结构的聚甲基丙烯酸酯，借助侧链烷基与蜡共晶，极性的酯链留在晶体外部，起着屏蔽作用。

2.3.10.3 降凝剂的品种

1）烷基萘

自 1931 年，开始采用氯化石蜡和萘进行缩合第一种降凝剂（Paraflow），已有 70 多年历史，目前仍是主要降凝剂品种之一，烷基萘降凝剂呈深褐色，对中质和重质润滑油的降凝效果好，由于颜色较深，不宜用于浅色油品，多用于内燃机油、齿轮油和全损耗油中，一般加量 0.2% ~1.5%，是我国生产的第一个添加剂品种，产量也较大，占整个降凝剂的半数以上，产品代号为 T801。

2）聚甲基丙烯酸酯（PMA）

聚甲基丙烯酸酯是一种高效浅色降凝剂，对各种润滑均有很好的降凝效果，同时还兼有改进黏度指数的作用。

聚甲基丙烯酸酯透明无色，分子量一般低于 100 000，如兼有增黏作用的聚甲基丙烯酸酯，其分子量可达几十万。为便于使用，一般配为 50% ~60% 浓度的浓缩物。

聚丙烯酸酯（PAA）也是一个有效的降凝剂，国外也有商品，出售如 Lubirzolr 的 IZ3152、BASF 的 GlissoviscaVAS、Shell 的 SWLM－5X。国内 20 世纪 80 年代也开发了这个降凝剂品种，在国内石蜡基、中间基和环烷基三类原油生产的馏分基础油中均有降凝效果。

3）聚 α－烯烃

聚 α－烯烃降凝剂颜色浅、效果好。可用于各种润滑油中，其效果与 PMA 聚甲基丙烯酸酯相当，但价格比 PMA 便宜。聚 α－烯烃降凝可根据烷基侧链平均碳数不同和分子量大小生产一系列产品，如 T830 用于浅度脱蜡油，T803A 和 T803B 可用于深度脱蜡油（T803A 比 T803B 的分子量大），一般加量 0.1% ~1.0%。前面已经叙述过，聚 α-烯烃降凝剂的降凝作用，主要取决于烷基侧链碳数和碳数分布。同时也受基础油性质的影响。

2.3.11 乳化剂和抗乳化剂

2.3.11.1 概况

所谓乳化是两种互不相溶的液体，其中一种液体以细微液滴的形式分散在另一种液体中。能使两种以上互不相溶的液体（如水和油）形成稳定的分散体系（乳化液）的物质，称做乳化剂。乳化剂的特点是降低油-水之间的界面张力，在界面上表面活性剂的分子亲油基和亲水基分别吸附在油相和水相，排列成界面膜，防止乳化粒子的结合，促使乳化液稳定。切削油、磨削油、拔丝油和压延油等金属加工油和不燃性工作液，都是用水和矿物油制成乳化液使用。

乳化剂吸附于油与水的界面，可以大幅度减少其界面张力，减少界面自由能，同时具有静电排斥力和立体保护作用，形成水包油型 O/W 乳化液或油包水型 W/O 乳化液。相反地，破乳剂可增加油水界面的张力，使得稳定的乳化液成为热力学上不稳定的状态，破坏了乳化液。

在许多情况下，润滑油会受到水的污染，形成乳状液，因而降低了油品的润滑性，将损坏机械和缩短油品的寿命。油品中加入抗乳化剂，可以加速油水分离，防止乳化液的形成。

乳化剂（Emulsifying Agent）和破乳化剂（Demulsifying Agent）全部都是表面活性剂（Surfactant），用得最早的活性剂是肥皂。1940 年从山梨醇、脂肪酸制备出非离子型乳化剂司本（Span）和吐温（Tween），到 20 世纪 50 ~60 年代，由于石化工业的发展，相继用环氧乙烷、烷基苯酚为原料，使非离子表面活性剂的品种增加。60 年代以后，已经能大量生产脂肪胺了，并且出现合成醇代替天然醇。由于制取表面活性剂的原料来源丰富，应用不断扩大，使其产量在 70 年代内的年增长率达 20% 以上。

2.3.11.2 作用机理

乳化剂的特点是降低油－水之间的界面张力，在界面上表面活性剂分子亲油基和亲水基分别吸附在油相和水相，排列成界面膜，防止乳化剂粒子结合，促使乳化液稳定。

抗乳化剂可以增加油与水的界面张力，使得稳定乳化液成为热力学上不稳定状态，破坏了乳化液，抗乳化剂大都是水包油（O/W）型表面活性剂，吸附在油－水界面上，改变界面的张力或吸附在乳化剂上破坏乳化剂亲水－亲油平衡，使乳化液从油包水（W/ O）型转变成水包油（O/W）型，在转化过程中油水便分离。

2.3.11.3 乳化剂和抗氧化剂品种

乳化剂和抗氧化剂几乎全是表面活性剂，表面活性剂按其离子的性质大致分为阴离子型、阳离子型、非离子型、两性型。当然，表面活性剂还有高分子型，但是作用为乳化剂除特殊用途外，仅限于阴离子型与非离子型的。

1）阴离子型表面活性剂

阴离子乳化剂（Anionic surface active agent）的活性成分是阴离子，它的用途很广，其分子由两部分组成；亲油基为长链烷基、芳基和烯基等；亲水基的化学结构大致分为如羧基盐（－COOM，M 为碱基）、硫酸酯盐（$-SOO_3M$）、磺酸盐（$-SO_3M$）、磷酸盐（$-OPO_3M_2$，$-OPO_2MO-$）四种，碱基 M 部分一般使用钠、钾、铵、三乙醇胺、异丙醇胺等，作为亲油基的乳化剂的使用钙等二价金属盐。

2）阳离子型表面活性剂

阳离子型表面活性剂（Cationic surface active agent）主要分长链脂肪胺盐（如 $R_2NH_3^+$，R_3N^+H）和季胺盐［$R—N^+(CH_3)_3$］。

3）两性型表面活性剂

两性型表面活性剂（Amphoteric surface active agent）的活性成分是带阴、阳两种电荷的离子；在酸性溶液中显阳离子性表面活性，在碱性溶液中显阴离子性表面活性，在中性溶液中显非离子性表面活性，其用途还不广；主要有氨基酸型（$RNHCH_2CH_2COOH$）和甜菜碱型等类型。

4)非离子型表面活性剂

非离子型表面活性剂(Nonionic surface active agent)不显电性,是以在水中离子不解离的羧基与醚基结合为亲水基的表面活性剂。主要有聚氧乙烯型、多元醇酰胺型表面活性剂。

乳化剂用于切削油、磨削油、拉拔油、轧制油等金属加工液及含水系的抗燃液压油中。在切削油中不仅要求乳化性,而且还要求防锈性、清洗性、润滑性等。因此切削油用矿物油作基础油,除复合少量的阴离子及非离子表面活性剂作乳化剂外,还配有乳化助剂、防锈剂、稳定剂、防腐剂、水等。

油品的抗乳化性能是工业润滑油的一个重要性能之一,如工业齿轮油要求良好的极压抗磨、抗氧和防锈性能外,还要求良好的抗乳化性,因为工业齿轮油遇水的机会多。若抗乳化性差,油品乳化降低了润滑性和流动性,引起机械的腐蚀和磨损,甚至引起齿轮的损坏事故;汽轮机油经常与水蒸气接触,冷凝水常进入油中,要求汽轮机油具有良好的分水能力;抗磨液压的抗乳化性也是重要性能之一,含锌液压油中有ZDDP,故抗乳化性差,因此抗磨液压油的抗乳化性是经常遇到的难题之一。

破乳剂用于工业齿轮油、液压油、汽轮机油等油品,以防止乳化,也可用于切削油和轧制油等废乳化液的处理。

2.3.12 抗泡剂

2.3.12.1 概况

1943年发现液态有机硅氧烷(硅油)是非常有效的抗泡剂,一直到目前仍是润滑油主要的抗泡剂的品种。但硅油抗泡剂在使用中存在期限,且对调合技术十分敏感,在酸性介质中不稳定等,目前市场上用的抗泡剂主要是含硅、非硅和复合抗泡剂三大类。

润滑油中的泡沫会使油泵的效率下降、能耗增加、性能变差;会破坏润滑油的正常润滑状态,加快机械的磨损;使润滑油与空气的接触面积变大,促进油氧化变质;会使含泡润滑油由油箱中溢出,污染环境;导致润滑油冷却能力下降等。

抗泡的方法有三种，即物理抗泡法、机械抗泡法、化学抗泡法。润滑油抗泡一般都采用化学抗泡法，添加与发泡物质发生化学反应或溶解发泡物质的化学品及抗泡剂等，通常在油中加入抗泡剂效果最好，方法简单，因此被国内外广泛采用。

2.3.12.2　抗泡剂作用机理

具有代表性的观点有降低表明张力、扩张和渗透三种观点。

(1)降低表面张力。这种观点认为抗泡剂的表面张力比较小，当抗泡剂与泡膜接触后，使泡膜的表面张力局部降低而其余部分保持不变，泡膜中较强张力牵引着张力较弱的部分从而使泡膜破裂。

(2)扩张。这种观点认为抗泡剂浸入泡沫并成为膜的一部分，然后在膜上扩张，随着抗泡剂的扩张，抗泡剂最先进入的那部分开始变薄，最后导致破裂。

(3)渗透。这种观点认为抗泡剂的作用是增加气泡壁对空气的渗透性，从而加速泡沫的合并，减少泡膜壁的强度和弹性，达到破泡作用的目的。

2.3.12.3　抗泡剂的品种

1)二甲基硅油

硅油是一种无臭、无味的有机液体，作为润滑油的主要抗泡剂已有50多年的历史。二甲基硅油(Dimethyl Silicon Oil)之所以作为抗泡剂，是因为它有下列性质：

(1)表面张力比润滑油低，因此能促使发泡剂脱附。

(2)在润滑油中溶解度小，但又有一定的亲油性。

(3)化学性不活泼，不易和润滑油发生反应。

(4)用量少，效果好。

(5)挥发性小、闪点高、凝点低和具有良好的抗氧化与抗高温性能等。

二甲基硅油广泛用于各类润滑油，一般使用黏度(25 ℃)为100～1 000 mm^2/S的硅油作抗泡剂，加入量在1～100 μg/g。高黏度的润滑油用低黏度的硅油为好，对轻质油品用高黏度的硅油，高黏度的硅油在高、低黏度的润滑油中均有效。还应指出的是，低黏度硅油对润滑油容易分散显示抗泡性,但因溶解度大而缺乏抗泡持续性;高黏度硅油抗泡性差,但持续性好。因此,必要时可将高低两种黏度的硅油混合使用。但硅油在应用中存在着局限性,首先对调合技术十分敏感,加入的方法不同,其抗泡效果和消泡持续性差异很大;其次是在酸性介质中不稳定。

2)非硅抗泡剂

为了克服硅油这种缺点,从而发展了非硅抗泡剂。非硅抗泡剂多是一些聚合物,用得较多的是丙烯酸酯或甲基丙烯酸酯的均聚物或共聚物。国内20世纪80年代以后,也开发了两种非硅抗泡剂(T991、T912)。T911(上902A)用于中质和重质润滑油中,T912(上902B)用于轻质、中质和重质润滑油中,抗泡稳定性好,在酸介质中仍具有好的抗泡性,对空气的释放值影响较硅油小。

2.3.12.4 复合抗泡剂

由于硅和非硅油型抗泡剂都有优点和局限性,单独使用对所有油品很难有满意的结果,对不同基础油和添加剂制成的内燃机油、齿轮油所引起的润滑油发泡程度也不同;若用一种抗泡剂很难达到预期的效果,为了解决这个问题,发展了复合抗泡剂。复合抗泡剂是平衡了这两类抗泡的优点和不足而研制出来的。

除了以上10类添加剂外,还有金属减活添加剂(Metal Deactivator)、固体润滑剂添加剂(Solid lubricants Additive)、螯合剂(Chelating Agent)、偶合剂(Coupling Agent)、渗透剂(penetrating Agent)、冲洗油添加剂(Flushing oil Additive)、防霉剂(Mildew Inhibitor)、颜色稳定剂(Color Stabillzer)、光稳定剂(Stabilizer)、着色剂(Dyeing Agent)、脱蜡助剂(Dewax aid)、加工工艺及油田用添加剂和各种复合剂补充剂等。

第3章　润滑油的生产

3.1　润滑油的化学组成

3.1.1　烷烃

各种润滑油都含有烷烃，且其含量比燃料（汽油、煤油和柴油）里的少。各石油馏分内的烷烃量一般随馏分沸点的升高而减少，偶然也有例外。

烷烃是开链的饱和烃，通式为 C_nH_{2n+2}，分子内碳与碳单键相连，碳的剩余键为氢所饱和。凡碳链为直链者称正构烷，有支链者称为异构烷。在常温下 $C_1 \sim C_4$ 的正构烷呈气态；$C_5 \sim C_{15}$ 的正构烷呈液态；C_{16} 以上的正构烷呈固态，它们以溶解或结晶体的状态存在于润滑油里。固体石油烃一般分为带状或片状粗结晶的石蜡和针状细结晶的地蜡；当混有地蜡时，石蜡也具有细结晶的结构。通常认为石蜡是固体正构烷烃，地蜡是固体的环烷烃、芳烃和高熔点固体烷烃的混合物。地蜡能与发烟硫酸、氯磺酸起化学反应，而石蜡则不能。地蜡的分子量、密度、黏度和熔点均较高，所以石蜡容易馏出、地蜡多在深度分馏的残渣油中。

烷烃的化学性质不活泼，在常温下不易和空气中的氧气反应，但在温度较高时，各种烷烃都能和空气中的氧作用生成氧化物。

石油润滑油馏分内的烷烃比其他的烃黏度低，但黏温性较好。正构烷烃的这些性质比异构烷烃更加显著。因此，石蜡基原油炼制的润滑油都有良好的黏温性，也就是黏温指数较高。但是高分子烷烃使润滑油的凝固点升高，温度降低时，润滑油因出现结晶相而失去流动性。为保证在相当低的温度下有较好的流动性，润滑油必须经过脱蜡处理，就是从油中除去高熔点的石蜡和地蜡。

3.1.2 环烷烃

环烷烃是闭链的饱和烃,通式为 C_nH_{2n},分子内碳与碳单键相连呈环状,碳的剩余键为氢所饱和。环烷烃的物理化学性质与烷烃近似,一般条件下性质较稳定,不易氧化。环烷烃随着分子量的增大,其沸点和熔点升高,密度增大。

对大多数石油来说,环烷烃是主体成分。通常中间馏分和高沸点馏分中含量可达60% ~70%,贫蜡石油和无蜡石油中环烷烃含量还会更高。环烷烃无论对燃料油或润滑油都是理想组分,汽油中环烷烃的抗爆性比正构烷烃好,仅次于异构烷和芳香烃;在柴油中燃烧性能较烷烃差。少环长侧链的环烷烃是润滑油的理想组分,因其黏温性好且凝点低。

3.1.3 芳香烃

凡具有苯环结构的烃称芳香烃。芳香烃的性质十分稳定,在几类烃中最难氧化。因为苯环中六个碳原子还各有一个未杂化的 P 电子形成一个封闭的大 π 键,由于苯环上参加大 π 键的电子在整个苯环上运动受到六个碳原子核的共同吸引,从而使这个大 π 键比较稳定,不易进行加成或氧化反应,没有侧链的芳香烃是最难氧化的,多环带侧链的芳香烃容易氧化,产物为胶状物,因此润滑油精制要设法除去。

3.1.4 含硫化合物

硫是石油中常见的元素之一,不同的石油含硫量相差很大,通常将硫的质量分数大于 2% 的石油称为高硫石油,低于 0.5% 的称为低硫石油,介于 0.5% ~2% 的称为含硫石油,我国石油大多属于低硫石油。

硫在石油及其产品中存在的形态,有元素硫、硫化氢、硫醇、硫醚、二硫醚、环硫醚及噻吩等,根据其化学性质可以分为活性硫化物和非活性硫化物两类。

(1)硫及活性硫化物。它包括元素硫、硫化氢、硫醇。大多是石油中的含硫化合物在炼制过程中分解产生的，主要分布在轻质石油产品中，它们能直接与金属作用而腐蚀设备。所以其在石油产品中的含量必须加以限制，故很多液体燃料规定了铜片、银片腐蚀试验这一指标。

(2)非活性硫化物。这类硫化物有硫醚、二硫醚、环硫醚、噻吩等，多集中在石油的高沸点馏分中。它们的化学性质较稳定，不直接腐蚀金属。但燃烧后能生成二氧化硫和三氧化硫，不但能造成大气污染，而且遇水后生成亚硫酸和硫酸，所以非活性硫化物会间接地腐蚀金属。

某些石油产品中含有的硫化物应该加以限制，但对有些石油产品来说，为了改善其使用性能，尚需保留一定量的非活性硫化物，因为它们是一种天然抗氧剂和抗磨剂。例如用溶剂精制所得到的润滑油基础油就规定其硫的质量分数应大于0.03%。

3.1.5 胶质和沥青质

在石油的非烃化合物中，胶质、沥青质是很大一类物质。它们在石油中含量相当可观，我国各主要原油中，含有百分之十几至四十几的胶质和沥青质。

胶质、沥青质是石油中结构最复杂、相对分子质量最大的物质，在其组成中，除含碳、氢外，还含有硫、氮、氧等元素。

(1)胶质。胶质是一种很黏稠的流体或半固体状态的胶状物，其颜色为黄色至暗褐色。它的平均相对分子质量为600~800，最高可达1 000左右，相对密度在1.0~1.07。胶质具有很强的着色能力，胶质的质量分数达到0.005%就能使无色汽油变为草黄色，所以油品的颜色主要是由于胶质的存在而引起的。

胶质能溶于石油醚、苯、乙醚中，也溶于石油馏分。胶质在石油中的分布是从煤油馏分开始，随馏分沸点的上升，其含量不断增多，在渣油中的含量最大。

胶质很易被吸附剂吸附，因此油品用石油醚稀释后，再用硅胶吸附，就可得出油品中胶质含量，这些胶质称硅胶胶质。

胶质受热氧化时，可以转变为沥青质，进而生成不溶于油的油焦质。

(2)沥青质。沥青质是一种黑色的、无定形脆性的固体,相对密度大于1。它的相对分子质量很高,大约为1 300或更高些。沥青质能溶于苯、二硫化碳、四氯化碳中,但不溶于石油醚,而石油的其他组分都能溶于石油醚中,因此当在石油中加入适量的石油醚后,沥青质就可以沉淀出来。

沥青质没有挥发性,石油中的沥青质全部集中在渣油中,但它是以胶体状态分散在石油中,而不是像胶质一样与石油形成真溶液。

沥青质在300 ℃以上温度时,就会分解成焦炭状物质和气体。

胶质、沥青质对油品性质影响很大,灯用煤油含有胶质,会影响灯芯吸油量并使灯芯结焦,因此灯用煤油要求精制至无色;润滑油含有胶质,会使黏度指数降低,在自动氧化过程中生成积炭,造成机器零件磨损和细小输油管路堵塞;裂化原料中含有胶质、沥青质容易在裂化过程中生焦。因此,石油馏分中的胶质、沥青质在精制过程中必须除去。

3.2 润滑油生产工艺

现代的石油润滑油产品,几乎都是由润滑油基础油和用于改善使用性能的各种添加剂调制而成。以往润滑油产品质量的提高,主要是通过增加添加剂品种、改进其质量及增加其用量来实现的,但是近年来由于对润滑油产品要求愈益严格,而且某些性质并不是依赖添加剂可以改善的,故生产一些高档产品,愈来愈依靠采用高质量的基础油。优质基础油应具有以下的重要理化特性:①适当的黏度和好的黏温特性;②低的蒸发损失;③优良的低温流动性;④良好的氧化安定性;⑤适当的对氧化产物及添加剂的溶解能力;⑥好的抗氧化性及空气释放性。

根据对润滑油基础油的性能要求,从原油制取润滑油基础油需经过以下步骤:

(1)常减压蒸馏切割适当馏分以满足对基础油黏度和蒸发损失等方面的要求。

(2)精制以除去原料油中的多环短侧链芳烃及某些极性芳烃以改善基础油的黏温特性和抗氧化性能。当加工减压渣油时在精制前需经过脱沥青。

(3)脱蜡,是从原料馏分中除去其所含高熔点烃类以满足对基础油低温流动性和凝固点方面的要求。

3.2.1 丙烷脱沥青

生产润滑油的高黏度组分大部分集中于减压渣油中,此种高黏度润滑油组分由于含有较多的多环长侧链芳烃,它不但有很好的抗氧化性能,而且对添加剂及氧化产物有很好的溶解能力,所以国外调制某些重负荷柴油机油规定必须加有一定量的残渣润滑油。在减压渣油中可以浓缩原油中所含胶质、沥青质的绝大部分,这些物质不除去将使后续精制、脱蜡工艺无法进行,因此在生产残渣润滑油时,必须先进行溶剂脱沥青。

3.2.1.1 丙烷脱沥青原理

在一定温度下,丙烷、丁烷等轻烃溶剂对渣油中的烷、环烷、单环芳烃等溶解能力强,对稠环芳烃溶解能力弱,对胶质溶解能力更弱,对沥青质基本不溶解。利用这一性质可将渣油中的胶质、沥青质除去,而得到高黏度、低残炭的润滑油料。

在溶剂脱沥青过程中,轻烃溶剂的溶解能力与其相对分子质量大小有关,轻烃溶剂的相对分子质量愈大,其溶解能力愈强,但分离胶质、沥青质的选择性愈差。溶剂脱沥青生产润滑油料时,最适当的轻烃溶剂为丙烷。

丙烷脱沥青时所用溶剂比越大,回收溶剂所需的能耗越高,为此国内外都开发了丙烷临界回收的技术。丙烷临界回收,就是使操作压力高于丙烷的临界压力,而操作温度低于或等于丙烷的临界温度,使丙烷不至于大量汽化而对油的溶解很弱,几乎不溶解润滑油,从而使丙烷和油分离,直接将分离出来的液态丙烷循环使用,而无须加热蒸发、冷却回收。此过程使丙烷含量为65%(质量)以上的由蒸发回收变为沉降分离回收,从而大大降低了装置能耗。

3.2.1.2 丙烷脱沥青的工艺流程

丙烷脱沥青的工艺流程见图3-1。

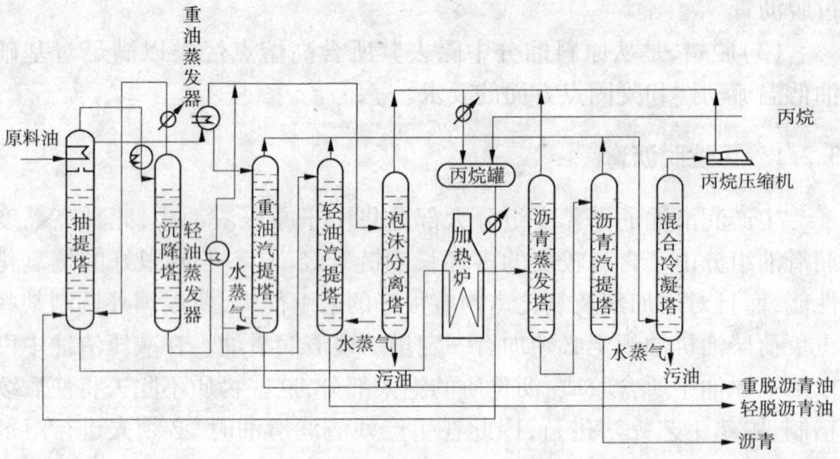

图 3-1　丙烷脱沥青工艺流程

(1)丙烷抽提。丙烷从抽提塔下部进入,原料油从塔上部进入,由于前者密度小(在操作温度下为 0.4 kg/m³ 左右),后者密度大(一般为 0.900 ~ 1.00 kg/m³),在塔内相互逆向流动,抽提所得的脱沥青油(含有丙烷),上升到塔顶部的脱沥青油集油箱,在此被分为轻、重两部分。轻脱沥青油(残炭控制在≤0.7%)从箱顶排出,重脱沥青油(残炭控制在≤1.3%)从箱底排出,抽提所得的沥青(含有少量丙烷)从抽提塔底排出。

影响抽提效果的主要因素是溶剂比和温度。一般在生产润滑油原料时质量溶剂比为(3 ~ 7):1(丙烷:原料)。抽提塔顶部温度约为 80 ℃,底部为 43 ℃。塔内压力为 3.1 ~ 3.7 MPa。

(2)临界回收丙烷。从抽提塔顶来的轻脱沥青油进入沉降塔,塔内保持 4.1 MPa 的压力和 96 ℃的温度。在这一条件下进行丙烷的临界回收,使大部分丙烷在此与轻脱沥青油分离,丙烷从塔顶排出,轻脱沥青油自塔下部排出,其中含有丙烷 25%(质量)。

(3)蒸发和汽提。自沉降塔底来的轻脱沥青油,经过两次蒸发和一次汽提后,将其中含有的丙烷全部蒸出,最后从汽提塔底得到轻脱沥青油。

从抽提塔上部集油箱排出的重脱沥青油，经过两次蒸发和一次汽提后，从中分出丙烷，自汽提塔底得到重脱沥青油。抽提塔底部排出来的沥青，经加热、蒸发和汽提，自汽提塔底得到沥青。

(4)丙烷循环。从沉降塔顶出来的丙烷，经冷却后再压入抽提塔循环使用。这部分丙烷占主要部分，叫主丙烷。

自各蒸发塔顶出来的丙烷蒸气，经冷却后送到抽提塔底部循环使用，以溶解被沥青带走的油。这部分丙烷叫副丙烷。

从汽提塔顶出来的是丙烷与水蒸气混合气，经过冷却水蒸气凝结，不凝丙烷气再经压缩冷凝，供循环使用。

3.2.2 润滑油精制

在已选定具有合适黏度的某一馏分作为制取润滑油的原料以后，还要进一步把其中黏温性质和抗氧化性能不好的组分除去。这类组分叫做非理想组分，主要为多环短侧链的重芳烃和胶质。这一加工步骤就叫做润滑油的精制。

炼油工业中最先采用酸碱精制润滑油，即用硫酸和烧碱液从润滑油原料中除去非理想组分。20 世纪 30 年代以后出现了润滑油溶剂精制工艺，它较酸碱精制产品收率高、质量好、精制费用低、没有酸碱渣副产物，所以被广泛采用。20 世纪 60 年代，由于原油的性质日益变差，以及对润滑油基础油质量要求日益提高，在润滑油精制方法中又出现了加氢处理工艺。加氢处理是通过催化剂的作用，使润滑油原料与氢气发生各种加氢及加氢裂化反应，而将润滑油料中的非理想组分转化成理想组分，从而使润滑油质量得到提高。

3.2.2.1 润滑油溶剂精制

润滑油溶剂精制是利用润滑油馏分中所含非理想组分，在某些极性有机溶剂中的溶解度比理想组分溶解度大这一性质，来把非理想组分从馏分中除去的一种加工方法，常用的溶剂为糠醛和苯酚，其中又以糠醛精制较为常见。

在一定温度下，往原料馏分中加入一定比例的糠醛，混合均匀后恒温静置，混合物即分为两层，上层为密度较小的油层，其中溶有少量糠醛;下层为密度较大的溶剂层,非理想组分即溶解在该层中。从油层中蒸去溶剂即可得到精制油。从溶剂层中蒸出所有溶剂,剩下的就是非理想组分。非理想组分也很有用,如用做橡胶填充油等。蒸出的溶剂可以循环使用。

溶剂与原料混合的比例称为剂油比。精制时剂油比的大小取决于原料馏分的轻重和所要求的精制深度。馏分较重时或要求深度精制时,剂油比应取得大些;反之,则可以小些。

精制温度的选择也与馏分轻重和对精制深度的要求有关。馏分较重或要求深度精制时,可选用较高的精制温度;反之,则温度应选得低些。

工业上溶剂精制过程是在抽提塔中实现的。抽提塔是一个圆形钢筒,塔内装填填料或安装转盘,前者叫做填料塔,后者叫做转盘塔。图 3-2是润滑油糠醛精制的工艺流程图。

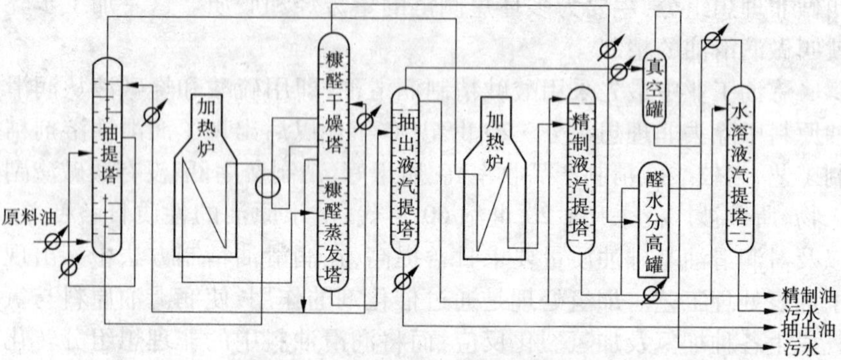

图 3-2　润滑油糠醛精制工艺流程

密度较小的润滑油原料从塔的中下部进入塔内。糠醛密度较大,由塔的上部进塔。二者逆向流动。油上升到转盘处时,由于转盘转动,油滴被甩到塔壁固定环之间,再沿固定环升到上一层转盘,曲折通过糠醛层,其中所含非理想组分即溶于糠醛。剩下的理想组分含有少量糠醛,最后聚集在塔的上部形成一个油层由塔顶放出,叫做精制液。精制液进入溶剂回收塔蒸出溶剂,剩下的就是精制油。溶解了非理想组分的糠醛由塔底放出,叫做抽出液。抽出液进入溶剂回收系统蒸去溶剂,分出来的非理想组分叫做抽出油。由精制液和抽出液中回收的溶剂则重新回到抽提塔循环使用。

3.2.2.2 润滑油加氢处理

加氢处理制取润滑油是使润滑油原料中的多环芳烃加氢开环，使之成为黏度指数高的少环多侧链的芳烃或环烷烃，而不是像溶剂精制那样将低黏度指数的多环芳烃抽提掉，因此应用加氢处理工艺可以从各种原油生产高黏度指数的润滑油基础油。

润滑油加氢处理的反应条件非常苛刻，通常压力为 12 ~ 20 MPa，温度为 360 ~ 400 ℃，所以加氢处理的润滑油中芳烃含量低于 10%，黏度指数可高于 120，它有很高的抗氧化剂感受性和很低的蒸发损失，是调制某些高档润滑油如 SH、SJ 车用机油必不可少的组分。

由于要使多环芳烃加氢开环，加氢处理生产润滑油所用的催化剂为双功能催化剂，但它与加氢裂化生产汽油的催化剂并不一样，为了避免脱烷基及不使加氢后润滑油黏度下降太多，催化剂担体的酸性不能太强，加氢处理生产润滑油的反应温度很高，所以催化剂应具有很好的加氢活性，作为加氢组分的金属含量为 25% ~ 40%。

图 3-3 为润滑油加氢处理的简化工艺流程。

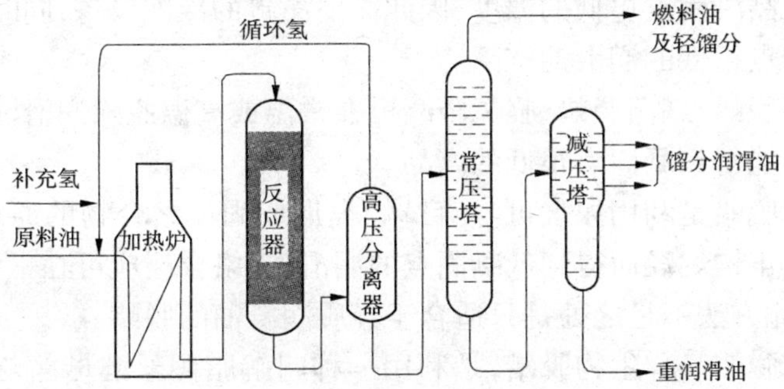

图 3-3 润滑油加氢处理流程

将原料油和氢混合，经加热炉预热后，通过固定床反应器，反应生成油经高压分离器、常减压蒸馏塔分为各种黏度的馏分。由于加氢裂化是一个强放热过程，因此必须在床层间通入冷氢进行冷却，或在反应器之间用间接冷却器控制反应温度。从高压分离器出来的气体(即循环氢),一部分作为冷却用氢,另一部分与原料混合循环使用。

3.2.3 润滑油脱蜡

润滑油原料除了需经精制除去非理想组分外,还必须除去其中的高凝固点组分(石蜡和地蜡),以降低油品的凝固点或倾点。

除去润滑油料中所含固体烃最简单的方法是冷榨法,这种方法是把润滑油料冷却到所要求的凝固点温度,使蜡从油中析出,然后在压力下用滤布过滤把油蜡分开。但这种方法只适用于轻馏分和不要求油品凝固点很低的情况,这是因为馏分沸点愈高,冷却温度愈低,则油品的黏度越大,并且蜡结晶愈细,因而油蜡分离愈困难,甚至无法过滤。

为了解决重馏分制取低凝固点油品的问题,发展出了溶剂脱蜡。溶剂脱蜡是利用一种在低温下对油溶解能力很大,而对蜡溶解能力很小并且本身低温黏度又很小的溶剂稀释润滑油料,使油因稀释而黏度大大降低,同时使蜡能成长为粗大晶体,从而给油蜡分离创造了良好的条件,溶剂脱蜡适用于各种馏分润滑油和残渣润滑油。

溶剂脱蜡时,为了得到一定凝固点的油品,需把溶剂和润滑油料冷却到比油品凝固点更低的温度,因此需要昂贵的冷冻设备,同时也较难得到凝固点很低的润滑油产品。

尿素脱蜡、细菌脱蜡、临氢降凝可在常温或高温脱除润滑油料中的石蜡烃并能得到凝固点很低的产品。

尿素脱蜡是利用尿素可与直链烃类形成固体络合物的原理,从油品中分出正构烷烃而得到低凝固点的润滑油,络合反应可在常温、常压下进行,此方法不足之处是只适合于轻质润滑油的脱蜡。

细菌脱蜡又称生物脱蜡,是利用一种叫解脂假丝酵母菌与含蜡油及水并吹入空气一起发酵,使蜡通过细菌转变为蛋白质,然后用离心机将油分离出来。此方法发酵的时间长,效率不高,而且只适合于轻质润滑油的脱蜡。

临氢降凝根据所用催化剂不同可分为两种类型,一种以加氢异构化反应为主,称为异构脱蜡;另一种是以选择性加氢裂化反应为主,称为催化脱蜡。

异构脱蜡是使凝点高的正构烷烃加氢异构转变为含有侧链的异构烷烃或环烷烃，采用贵金属分子筛催化剂，因为硫、氮化合物能使 Pt、Pd 贵金属中毒，所以原料必须进行深度预精制，使其氮含量小于 2×10^{-6}，硫含量小于 1×10^{-5}，同时，在加氢异构化过程中，不可避免要产生大量裂化反应，所以用此方法不易得到高黏度的润滑油。

催化脱蜡采用以分子筛为担体的催化剂，利用分子筛均匀的孔结构，只让那些凝点高的正构烷烃及只带有短侧链的异构烷烃进入分子筛内部，与催化剂内表面高活性的催化中心接触加氢裂化成低分子烃而与润滑油分离。此方法的优点是对原料质量要求不像异构脱蜡那样严格，缺点是脱蜡后油品黏度指数下降的幅度较大。

目前在润滑油生产中应用最广的仍是溶剂脱蜡，但近年来临氢降凝受到人们普遍重视并有很大的发展。

3.2.3.1　溶剂脱蜡

溶剂脱蜡是含蜡原料油在脱蜡溶剂存在下，降低温度使蜡形成固体结晶，并通过溶剂对油溶解而对蜡不溶或少溶的特性，形成固、液两相，经过滤而达到油、蜡分离的过程。溶剂在系统中，除去选择溶解作用外，还起降低溶液黏度，为蜡结晶的形成和过滤分离创造有利条件的作用。我国溶剂脱蜡所用的溶剂为甲基乙基酮与甲苯的混合物。

溶剂脱蜡过程包含有原料油冷冻结晶、油蜡过滤分离及溶剂回收三部分，其流程见图 3-4。

(1)原料油冷冻结晶。原料油用泵打入一组套管结晶器与过滤后的冷滤液进行换冷。在换冷中间加进溶剂(叫一次稀释溶剂)，换冷后再加入二次稀释溶剂，然后进入另一组套管结晶器，在此靠液氨蒸发作用使原料油进一步冷冻，降到所需要脱蜡温度。此时加进三次稀释溶剂使蜡成为晶体析出，然后进入过滤设备，使油蜡进行分离。

(2)油蜡过滤分离。经过滤分为两部分：一是含有溶剂的脱蜡油即滤液；另一是含有少量油和溶剂的蜡即蜡液(也叫蜡膏)。滤液经套管结晶器与原料油或溶剂换冷后，送至溶剂回收系统。蜡液经套管结

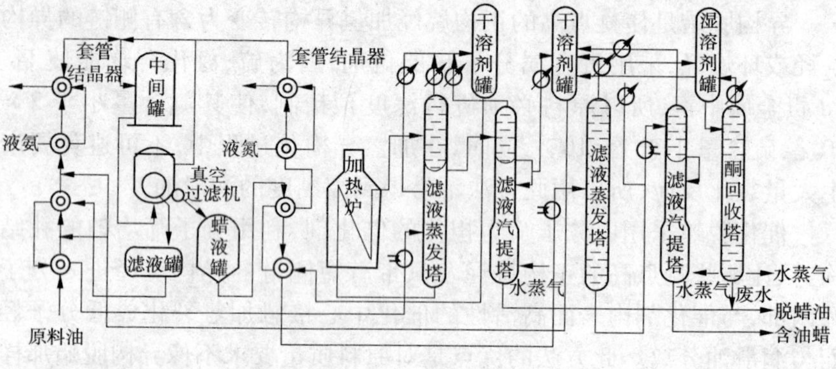

图 3-4　溶剂脱蜡工艺流程

晶器与干溶剂换冷后送至溶剂回收系统。

(3)溶剂回收。将换冷后的滤液加热，经三次蒸发和一次汽提后，从滤液汽提塔底出来的产物即为脱蜡润滑油。

蜡液经二次蒸发和一次汽提后，从蜡液汽提塔底出来的产物即为含油蜡。含油蜡可作裂化原料或经脱油后制成石蜡。

从滤液蒸发塔回收的溶剂不含水，叫干溶剂。从汽提塔顶回收的含水溶剂通入罐中沉降分层，上层为酮、苯和水的混合液，叫湿溶剂。干、湿溶剂分别送回结晶系统作稀释溶剂，罐下层为水和甲乙酮，送入酮回收塔，塔顶蒸出酮水共沸物，塔底排出废水。

3.2.3.2　催化脱蜡

与溶剂脱蜡不同，催化脱蜡是利用化学的方法，将油料中的固体烃除去以改善油品的低温流动性。在催化脱蜡过程中，催化脱蜡催化剂起着极为重要的作用，它使用新的合成分子筛作为催化剂的担体，这种分子筛较严格地把润滑油分子排拒于其孔道外面，只让那些凝点高的正构烷烃及只带有短侧链的异构烷烃进入分子筛内部，与分子筛内表面的高活性的催化中心接触，加氢裂化成低分子烃而与润滑油分离，因为只有直链烃及少数异构烷烃能进入其孔道内部，所以催化剂不易积炭，可在低压下操作，该工艺的操作条件为：

温度　280 ~ 360 ℃

压力　2.0～8.0 MPa

空速　0.5～3.0 h^{-1}

氢油比(体积比)　100～500

图3-5为催化脱蜡工艺流程。

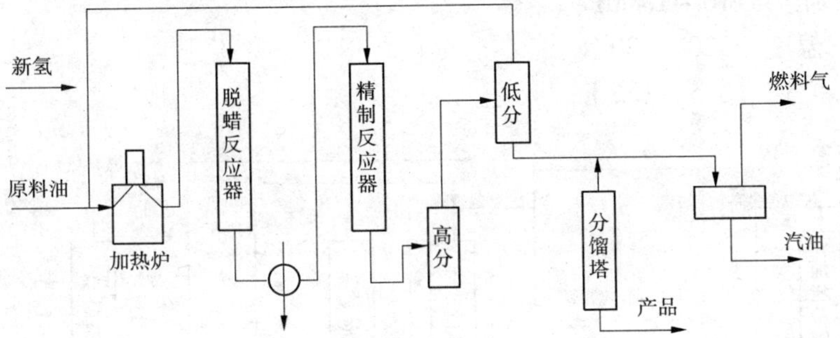

图3-5　催化脱蜡工艺流程

催化脱蜡实际上是一套有两个反应器的低压加氢装置,第一反应器用来催化脱蜡品中所含固体烃进行加氢裂化,后一个反应器则用来加氢精制,以提高油品安定性。

3.2.3.3　异构降凝

催化脱蜡的缺点是其脱蜡油的黏度指数一般比溶剂脱蜡低,为此开发了异构降凝工艺,该工艺使润滑油料中的固体烃通过异构化转变为润滑油的理想组分,例如:

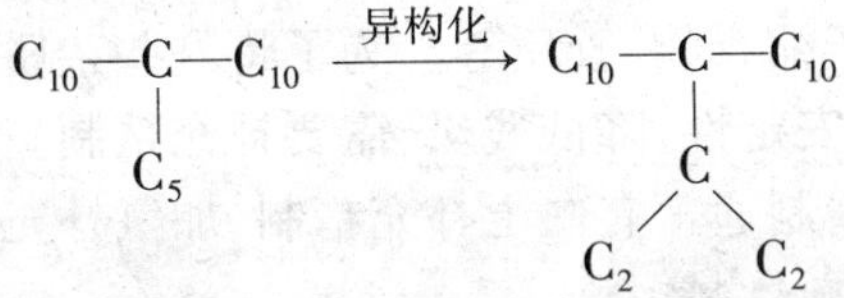

Ⅵ　125　　　　　　Ⅵ　119

倾点 19 ℃　　　　倾点 －40 ℃

异构降凝催化剂也使用合成分子筛作为催化剂的担体,但其加氢活性比催化脱蜡催化剂强,因而使在分子筛孔道中生成的异构烃中间体能迅速加氢脱离催化剂的活性中心而不致裂化产生低分子烃,此种催化剂以贵金属作为其加氢组分，因此它对原料中的硫、氮等杂质非常敏感，原料必须经深度加氢精制，由于异构降凝能使石蜡异构成为润滑油的理想组分异构烷烃，所以其脱蜡油收率及黏度指数都较溶剂脱蜡高，异构降凝的工艺流程见图3-6，其工艺条件为：

压力　10～18 MPa

温度　320～400 ℃

空速　0.5～1.5 h^{-1}

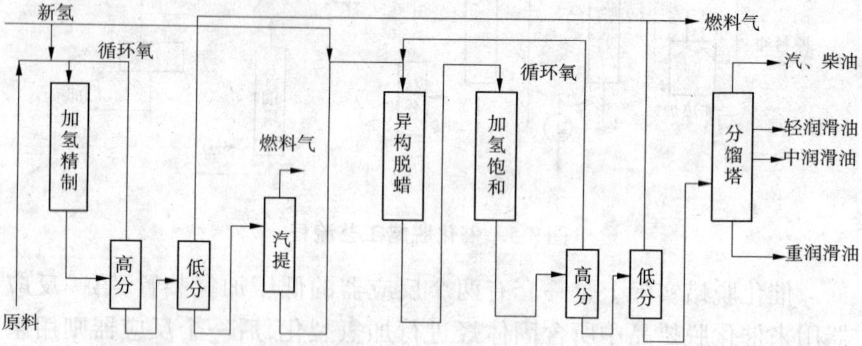

图3-6　异构降凝工艺流程

3.2.4　润滑油补充精制

润滑油料经过溶剂精制、脱蜡等工艺处理后，其质量已基本上达到要求，但所得的油品中还含有少量未分离掉的溶剂，以及因回收溶剂被加热生成的大分子缩合物、胶质等。为了将这些杂质去掉，进一步改善润滑油颜色，提高安定性，降低残炭，需要补充精制。

润滑油补充精制通常有白土补充精制、加氢补充精制两种。

3.2.4.1　白土补充精制

白土是一种具有吸附作用的矿物材料，但对于润滑油中各种组分吸附能力有显著不同，当白土与润滑油充分混合后，白土极易将其中胶质、沥青、残余溶剂吸着，而对油的吸附能力较差。因此，利用白土具有选择吸附作用的性能，使白土与油混合，再过滤掉已经吸附了杂质的白土，就可得到精制润滑油。

天然白土主要成分是硅酸铝、氧化硅,还含有氧化铁、氧化镁、氧化钙等。白土表面具有很多细小毛孔,所以有较强的吸附性。但天然白土孔隙内常含有一些杂质,如果用硫酸或盐酸等化学药剂将杂质除去,可以大大提高其吸附能力,经过这样处理的白土叫活性白土。活性白土有较强的吸附能力。

为了保证精制效果,对活性白土的质量有一定要求:①活性高,吸附能力强;②适宜的粒度,一般采用筛分为200目的白土;③不应含过多的水分,以免影响吸附作用,实践证明,当含水量在10% ~25%时,白土吸附能力最高。

白土补充精制的工艺流程见图3-7。

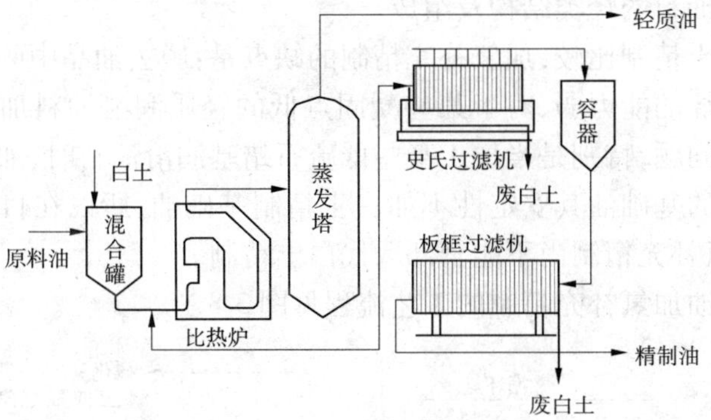

图3-7　白土补充精制工艺流程

(1)白土与油混合。目的在于使油与白土得以充分混合。将原料油用蒸汽预热到80 ~90 ℃后,送入混合器,按需要量加入白土,在混合器进行充分搅拌。由于白土密度较大,如搅拌不好,会使白土沉于罐底不能发生作用。所以,油品与白土能否混合均匀对于整个精制过程影响较大。

(2)加热。用泵将上述油品与白土的糊状混合物打入管式加热炉加热。加热的目的在于降低原料的黏度,提高白土的吸附作用。

(3)蒸发。油与白土的糊状混合物加热后会产生少量轻质油,因此进入蒸发塔使这部分轻质油蒸发出来,同时使油与白土在蒸发塔内停留一段时间，使白土的吸附作用能充分进行。

(4)过滤。从蒸发塔底出来的油与白土的混合物降温后，送入过滤机经两次过滤分离，从油品中分出白土。

3.2.4.2　加氢补充精制

润滑油加氢补充精制主要用来代替白土精制以改善油品的颜色和安定性。与白土精制比较，加氢补充精制具有收率高、产品颜色浅、工艺过程连续、劳动生产率高、不存在白土废渣处理及环境污染问题等一系列优点。

润滑油加氢补充精制加氢条件非常缓和，加氢压力为2~6 MPa、温度为210~320 ℃、空速1~3 h^{-1}、氢油比50~300，该过程基本上不改变润滑油料的烃类结构及组成。

与白土精制比较，加氢补充精制的缺点是：脱去油品中的碱氮及某些极性芳烃的能力弱，对于某些凝固点低的轻质润滑油料加氢后有凝固点回升问题，特别是当加工某些低硫石蜡基润滑油料时，加氢补充精制所得到的基础油其安定性不如白土精制基础油，所以在目前的炼油厂中，加氢补充精制尚不能全部取代白土精制。

润滑油加氢补充精制的工艺流程见图3-8。

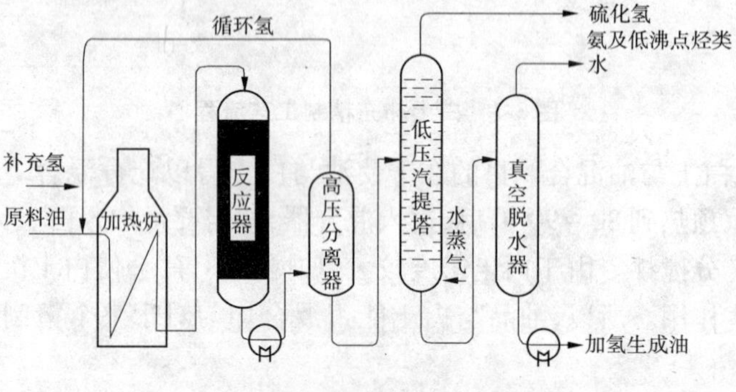

图3-8　润滑油加氢补充精制工艺流程

将原料油、循环氢和补充新氢经混合，加热至一定温度，然后自上而下通过固定床反应器。反应物经换热、冷却，在高压分离器中分离循环氢，再减压进入低压汽提塔分离硫化氢及低沸点烃类，最后在真空脱水器中除去残留水分，即得加氢生成油。有时在高压分离器和汽提塔之间还设有低压分离器分离气体产物，以降低汽提塔负荷。为了调节生成油闪点，有时可在汽提塔顶增加回流装置，排出低沸点组分并在侧线引出产品，产品离开装置系统前需通过过滤器，分离出携带的催化剂粉末。

3.2.5 润滑油调合

润滑油的品种繁多，每一种又有许多牌号，而且品种之间需求量悬殊，随季节、地区的不同，使用的品种和数量亦不相同。为了适应润滑油品种多的特点，一般炼油厂只生产几种黏度不同、精制深度适当的润滑油组分（称润滑油基础油），用调合的方法来满足对润滑油多品种的需求，即以一两种乃至三种基础油，按照不同比例掺兑，并加入所需的各种润滑油添加剂，调合成不同品种、不同牌号的润滑油。

除在炼油厂中建立润滑油调合装置、生产各种润滑油外，也可在远离炼油厂的地区，建立润滑油调合装置，即将炼油厂生产的润滑油基础油及有关的润滑油添加剂，运到用油地区的调合站，根据当地用户对润滑油品种、数量的实际需要，及时调合供应。这样做可以简化运输、保证产品质量。

3.2.5.1 调合比的计算

润滑油调合时一般需要算出组分油的比例，即已知组分油的黏度和调合油的要求黏度，需要算出组分油各自的体积百分数。

当两种组分油调合时，可以由图 3-9 方便地求出两种组分油的调合比例，其步骤为：先将两种组分油的黏度标示于图上并用直线相连，然后根据调和油的要求黏度作一平行于 x 轴的平行线与该线相交，由两线交点即可找到两种组分油的调合体积百分数。

3.2.5.2 调合方法与调合流程

目前，生产中采用的润滑油调合方法有压缩空气调合、泵循环调合、机械搅拌调合和管道调合。

1）压缩空气调合

压缩空气调合流程示意图如图 3-10 所示。

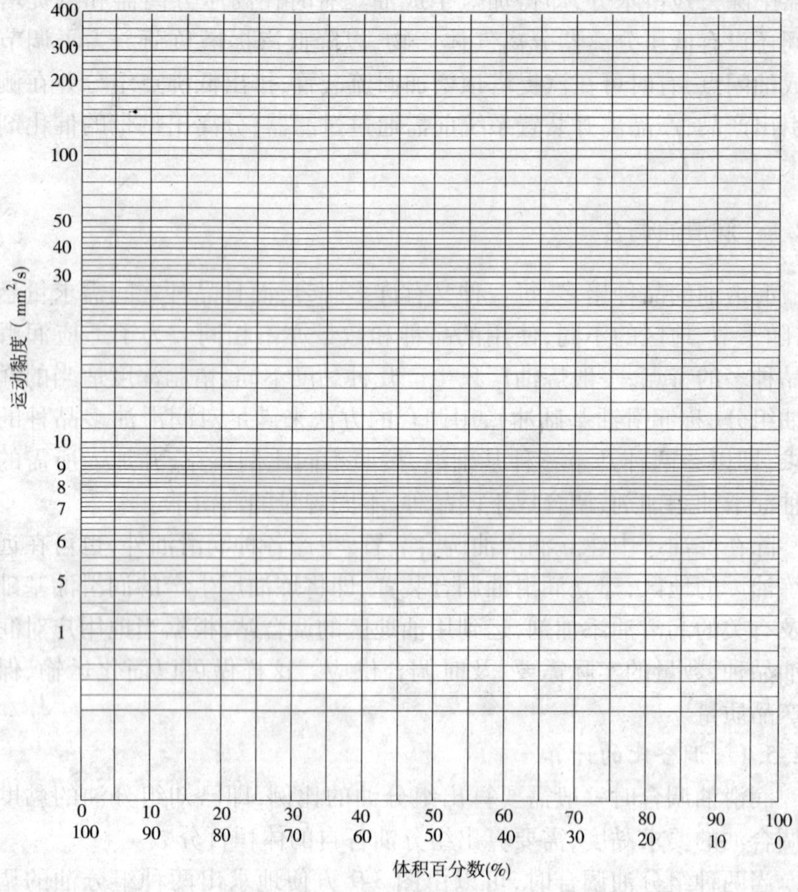

图 3-9　油品黏度调合图

先将计算好配比的两种基础油，分别送入调合油罐内，然后通入压缩空气，搅拌 0.5 ~ 2 h，取样分析，合格后即成为成品油。若加润滑油添加剂，则基础油调合好以后，再加润滑油添加剂调合，不能基础油和添加剂同时调合。

压缩空气的压力一般为 0.2 ~ 0.3 MPa，压缩空气可从调合罐顶或罐底接入罐内，也可与进油管线相接，但要求装单向阀，防止油品窜入

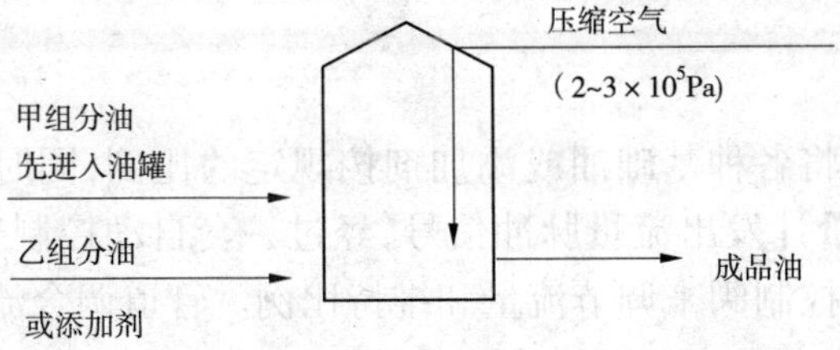

图 3-10　压缩空气调合流程示意图

空气内。

用压缩空气调合润滑油时,应使用净化过的空气。压缩空气调合不适用于低闪点或易氧化的基础油。

2)泵循环调合

质量要求严格的润滑油或不宜使用压缩空气调合的润滑油,可采用泵循环调合。泵循环调合流程示意图如图 3-11 所示。

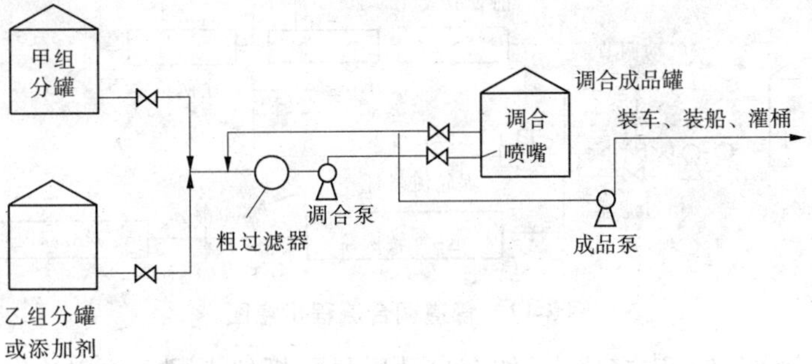

图 3-11　泵循环调合流程示意图

在泵循环调合时,若采用调合喷嘴,则可减少调合时间,无调合喷嘴时,调合时间 4 ~ 12 h,有调合喷嘴时,调合时间可减少到 2 ~ 4 h。

3)机械搅拌调合

有些质量要求高、调合量较少的特种润滑油,可采用机械搅拌调合。根据油品性质和调合要求设计调合搅拌罐和搅拌器。

机械搅拌调合,还适用于配制添加剂母液,即添加剂加入到基础油之前,由于有些添加剂是粉状,调合前要先溶解,有些添加剂较黏,调合前要先稀释。所以,添加剂先与少量基础油调合,然后再加入到基础油中。

4)管道调合

管道调合是将各种基础油或添加剂按规定的比例,同时送入混合器中,用涡轮流量计发出流量脉冲信号,经过一套自动控制仪表,操作泵出口处的气动控制阀来调节流量和维持比例。管道调合流程示意图如图 3-12 所示。

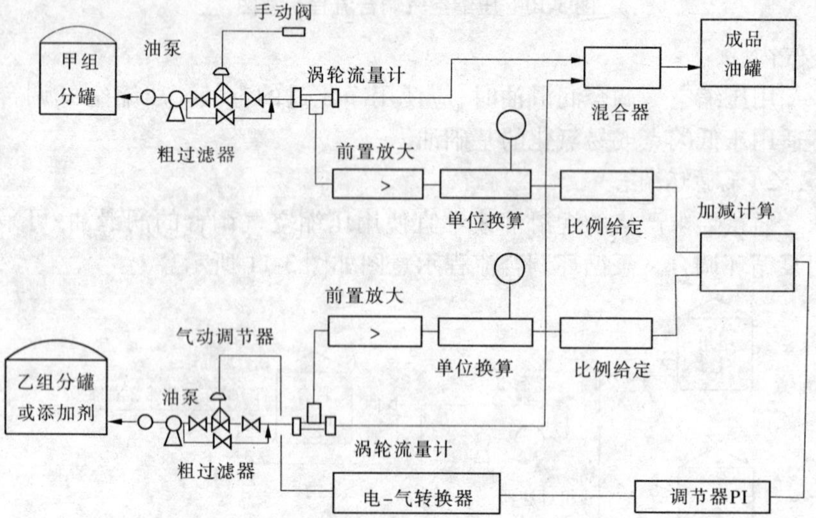

图 3-12　管道调合流程示意图

管道调合有许多优点,如有自动质量分析仪表配合可以连续操作,不用调合罐,直接装槽车或装船,处理量大,操作人员少,但需要一套自动控制设备,投资较大,维修复杂。

在润滑油调合时,大致程序有:选好基础油,对所选的各种基础油进行质量分析,确定调合比,在实验室进行小量调合试验,对调合油进行质量分析,合格后,可在生产装置上成批调合,逐批进行质量分析。

3.2.5.3　润滑油调和的配方

一种质量优良的润滑油配方需花费大量的人力物力、经过复杂的试验研究才能确定，图 3-13 为内燃机油配方研究常用的试验程序，所以润滑油配方为各公司的高度技术秘密。表 3-1 为我国基础油调制润滑油产品加入的添加剂总量及品种，表 3-2、表 3-3 为某公司对各种内燃机油推荐的添加剂配方。

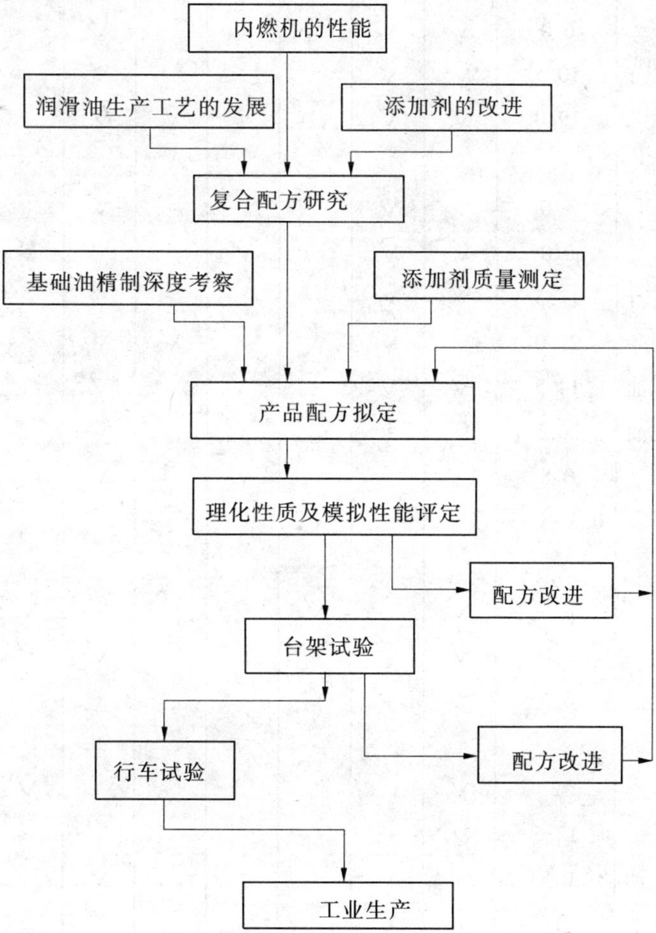

图 3-13　内燃机油配方研究试验程序

表 3-1　我国基础油调制润滑油产品加入的添加剂总量及其主要种类

润滑油品种	ω(添加剂总加入量)(%)(质量)	主要添加剂种类							
		清净分散剂	抗氧抗腐剂	抗氧剂	防锈剂	增黏剂	降凝剂	极压抗磨剂	抗泡剂
汽油机油									
普通	3.5	√	√				√		
SC 级	6.0	√	√				√		√
SC 级以上	10.5	√	√				√		√
多级油	19.0	√	√			√	√		√
柴油机油									
普通	4.0	√	√				√		
CC 级	8.0	√	√				√		√
CC 级以上	13.5	√	√				√		√
多级油	22.0	√	√			√	√		√
铁路机车油	14.5	√	√				√		√
船用汽缸油	26.5	√	√				√		√
机械油	0.8			√	√		√		√
电气用油	0.3~0.5			√					√
齿轮油									
车用	8.5	√		√			√	√	√
工业用	5.0	√		√	√		√	√	√
汽轮机油	0.6		√	√					√
液压油									
抗磨	2	√						√	√
低温	12.5	√				√	√		√
冷冻机油	0.8		√				√		√
压缩机油	0.9	√	√						√

表 3-2　汽油机油的复合配方

API 分级	ω(添加剂用量)(%)								
	降凝剂	复合剂	ZDDP(仲醇基)	磺酸钙		烯基丁二酸酯*		双丁二酰亚胺	单丁二酰亚胺
				低碱性	高碱性	LZ859	LZ936		
SA	0.1~0.5	—	—	—	—	—	—	—	—
SB	0.1~0.5	—	0.5~1.0	—	—	—	—	—	—
SC	0.1~0.5	—	0.5~1.0	—	2~3		1~2	1~2	1~2
SD	0.1~0.5	—	0.5~1.0	—	2~3		2~3	2~3	2~3
SE	0.1~0.5	—	0.75~1.2	0.5~1.0	2~3	0.1~0.2	3~5	3~5	3~5
SF	0.1~0.5	6.5	—	—	—	—	—	—	—

注:烯基丁二酸酯为防锈剂,下同。

表 3-3　柴油机油的复合配方

API 分级	ω(添加剂用量)(%)								
	降凝剂	复合剂	ZDDP(仲醇基)	磺酸钙		烯基丁二酸酯*		双丁二酰亚胺	单丁二酰亚胺
				低碱性	高碱性	LZ859	LZ936		
CA	0.1~0.5	—	0.5~1.0	—	2~3	—	—	—	—
CB	0.1~0.5	—	0.5~1.0	—	2~4	—	—	—	—
CC	0.1~0.5	—	0.5~1.0	—	2~4	—	1~2	1~2	1~2
CD	0.1~0.5	—	0.5~1.0	0.5~1.0	1~2	3~5	3~5	3~5	3~5
CE	—	10.25	—	—	—	—	—	—	—

第4章 汽车发动机润滑油

4.1 概述

有了汽车就必定要用润滑油，而汽车发动机润滑油（下称内燃机油或发动机油）是润滑油中用量最大、性能要求较高、品种规格繁多、工作条件异常苛刻的一种油品。

汽车已成为国内外最普遍的交通运输工具，保有量增加很快，汽车数量大，用油非常多。美国汽车发动机油耗量占润滑油总耗量的50%，我国1990年汽车发动机油耗量占润滑油总耗量的44.6%，1995年达到总消费量的47%。2005年各类民用车辆达2.3×10^7辆，年消耗各种发动机油（内燃机油）3×10^6t。

发动机油（内燃机油 Internal combustion Engine oil）无论是从数量上和质量上看都占有特别重要的地位，它被认为是带动整个润滑油工艺技术进步的主要油品之一。由于汽车使用条件变化范围大，因此要求油具有多种性能，所以发动机油质量往往可以反映一个国家生产与研究润滑油的技术水平。

在使用中，根据发动机的性能、结构，并结合使用条件来正确选用非常必要，合理选用润滑油不仅能减少磨损，延长机器寿命，而且能节约燃料。

发动机油包括汽油机油（Gasoline Engine oil）、柴油机油（Desel Engine oil）、通用车用发动机油（Multifunction Crankcase oil）、二冲程发动机油（Two stock Gasoline Engine oil）、天然气发动机油（Natural Gas Engine oil）、铁路机车用油（Railroad Engine oil）、船舶柴油机润滑油（Marine Diesel Engine oil）及陆地固定发动机油（Stationary Engine oil）。

发动机油（内燃机油）广泛用于汽车、内燃机车、船舶、摩托车等，而汽车发动机是其中用量最大（约占内燃机油总量80%），质量要求最严格，规格、品种最多，更新换代最快的油品，本章重点介绍汽车发动机油。图 4-1 是按用途划分的内燃机油分类。

- 内燃机油
  - 汽油机油
    - 汽车用汽油机油
    - 二冲程汽油机油
    - 航空发动机油
  - 柴油机油
    - 汽车、拖拉机和固定式柴油机油
    - 二冲程柴油机油
    - 铁路内燃机车柴油机油
  - 船用内燃机油
    - 船用汽缸油
    - 船用系统油
    - 船用筒状活塞发动机油
  - 气体燃料发动机油
  - 醇燃料发动机油
  - 绝热发动机油

图 4-1　内燃机油分类

从 20 世纪 50 年代开始，美国汽油机油发展从 API、SA、SB、SC、SD、SE、SF、SG、SH、SJ 到 SL 级油共 11 代，几乎每 5 年提高一个等级；SA 级汽油机油是不加添加剂的矿物油；SB 级油只加抗氧剂与抗磨剂；自 1962 年建立了 MS 程序，1964 年发展了 SC 级油。

国外汽油机油质量变化的原因有三点：一是日益严格的环保法规；二是节约能源法的限制；三是汽车行驶条件的改进对润滑油的影响。

1968 年美国颁布了排气法，对小汽车和轻型卡车的排气提出了严格的要求，为满足排气法的要求，在汽车上安装 PCV 阀，虽然改善了汽车排气，但恶化了曲轴箱内润滑油的环境，容易生成低温油泥，从而 1968 年发展了 SD 级油，提高了油品的低温分散性能。

20 世纪 70 年代，美国的高速公路发展很快，车速提高。同时汽车开空调，使润滑油的油温升高，使润滑油的高温氧化、高温沉积和锈蚀问题更加严重外，还加剧了润滑油高温变稠，这就要求其润滑油具有很好的低温分散、高温抗氧和清净性能，要求改善油品的耐高温性能，从而在1972年发展了SE级油，解决了油品高温变稠问题。

20世纪70年代后期，美国汽车开始小型化，油箱小，于1975年汽车上安装催化转化器，1977年开始使用三效催化转化器（把烃转化为CO_2和水，把CO转化为CO_2，把NO_x转化为N_2），为了适应催化转化器的需要，保护贵金属催化剂不致中毒，于1980年开始使用无铅汽油，同时要求润滑中含磷量小于0.14%，灰分小于1.0%，进一步提高润滑油的高温性能，从而在1980年发展了SF级油。

20世纪80年代中期，欧洲首先发现汽车反复在高温高速和低温低速下交叉行驶的情况下，容易产生"黑油泥"，美国也发现类似情况。但美国高速公路上允许的车速（100 km/h）没有欧洲高（德国不限速），因而在美国生成的"黑油泥"没有欧洲那么硬脆，为了解决"黑油泥"问题，于1988年发展了SG级油，进一步提高润滑油的热稳定性和分散性。

SG级油的出现，大大改善了"黑油泥"问题，但市场上销售的SG级油的质量很不稳定，质量差别很大，汽车制造商很不满意。为此，美、日共同组织了国际润滑油标准和批准委员会（International lubricant Standardization and Approval Committee，简称ILSAC），并提出了新的配方审批办法，并提出了与SG级汽油机油规格相当的GF-1，但质量控制要严格的多，而且还要求节能指标，随后又发展了GF-2、GF-3。同时在美国为了改进现有油品质量的保证体系，于1994年出现了SH级油。

SH级油与SG级油的主要差别是：SH级油的规格要求施行新公布的多次评定通过标准（MTAC）办法。过去美国审查油品时，多次评定（一般不超过5次），只要有一次通过就予以批准，这样就可以把加入添加剂量降下来。但油品质量得不到保证，差别很大。新办法（MTAC）规定评定一次必须达到规定值，评定两次其平均数要达规定值，评定三次以上时，可以去掉一个最低值，但其余的平均数要达到规定值，按照新规定，特别是MTAC办法，SH级油添加剂的量要比SG级油多加20%左右，油品的质量也提高了约20%，从而保证了油品的质量。由此可见：

SD级油主要比SC级油提高了低温分散性能；

SE 级油主要比 SD 级油提高了高温性能；

SF 级油主要比 SE 级油进一步提高了高温性能；

SG 级油重点解决油品的“黑油泥”问题，比 SF 级油进一步提高了高温性能；

SH 级油确保了油品质量的稳定，使油品质量得到进一步提高；

SJ 级油的质量与 SH 级油相当，但油中的磷含量比 SH 级低，从≤0.12% 降到≤0.1%，以减少磷对催化剂中毒，延长催化剂使用寿命；

SL 级油的质量与 SJ 油相比较，抗氧化和低温分散性能都提高了。

欧洲汽油机油实行统一规格比美国晚，从 1983 年欧洲汽车制造商协会(CCMC)陆续公布了 G1、G2、G3 规格，基本上等于美国 SF 级油性能要求加上少量欧洲台架，1989 年的 G4、G5 与美国 SG 油差不多，再加上一些欧洲台架，于 1991 年修订 G4、G5 时增加了 M102E 黑油泥规格指标。1992 年新成立的欧洲汽车制造商协会(Association des Constructers Europeans Automobile，简称 ACEA)取代了 CCMC，于 1996 年开始执行 ACEA 新规格标准 A1－96、A2－96、A3－96，A－96 汽油机油规格大体上和 SH/GF－1 相似，其氧化稳定性和分散性都比 SH 级油苛刻。1998 年开始执行 A/B－98 规格。

中国汽油机油规格标准基本上仿照美国 API 规格标准。

美国柴油机油发展不像汽油机油那样快，美国汽油机油几乎 5 年提高一个等级，而美国 1965 年就公布了相当 CD 级的系列 3 柴油机油，于 1970 年才正式命名，30 年来一直没有变化。于 1987 年才公布了 CE 级柴油机油(经过了 32 年)，1988 年公布 CD－Ⅱ，1990 年公布 CF－4，1998 年公布了 CH－4。从 20 世纪 80 年代开始，柴油机油系列从单一体系变成三个系列体系。

一是越野卡车和非车用柴油机油系列，即 CD 和 CF(CG)系列。这类系列柴油机对排放要求不严格，一般使用单级油。

二是使用二冲程大功率柴油机油系列，即 CD－Ⅱ和 CF－Ⅱ(CG－Ⅱ)系列。这类柴油机主要使用在城市的公共汽车、学校校车、矿山运输车和坦克车上(目前国内没有生产和使用这类二冲程柴油机)。

三是使用在高速公路上行驶的大功率重负荷柴油汽车的柴油机油

系列，即 CE 及 CF－4 系列。这类柴油机运转条件比较苛刻，排放要求比较严格，还要控制油耗，例如牵引集装箱运输远距离运输的系列 8 柴油车，其载重量大于 25 t。

CE 级油比 CD 级油有更好的抗氧化稳定性、更少的沉积物、更小的磨损、更长的发动机寿命、更低的油耗。美国的柴油机油发展从 API、CA、CB、CC、CD、CE、CF－4、CG－4 发展到 CH－4，已经建立了一系列的评定方法。

西方国家的汽车运输队一般是汽油机和柴油机两种汽车组成的混合车队，如果分别是用汽油机油和柴油机油两种润滑油来满足要求，往往会因用错油而出现事故，通用油就是为了适应这种情况而产生的，它的出现既简化了发动机油的品种，方便了用户，又解决了错用油问题，美国的混合车队通用油占 80% 以上。西欧的柴油机油全部采用通用油，其 MIL－L－2104B/MIL46152A 和 MIL－L－2105C（美国军用规格）规格的油各占 60% 和 40%。

1964 年美军公布了第一个通用油规格 MIL－L－2104B（CC/SC），随后出现了 MIEL－2104C（CD/SD）、MIL－L－2104D（CD、CD－Ⅱ/SE）、MIL－L－2104E（CD/SF）、MIL－L－2104F 等。当然通用油的性能要同时满足汽油机和柴油机的需要，而汽油机油着重要求有好的低温油泥分散性和低灰分，而柴油机油则要求有好的高温清净性和酸中和能力，要满足这两方面的要求，通用油的复合配方组分之间要进行精心的选择和平衡。通用油中的添加剂比其他内燃机油要多一些，但换油期长、油耗低，二者抵消，用通用油在经济上是合理的。

中国根据车辆情况已经开发出 SC/CC、SD/CL、SE/CC、SF/CD 等汽/柴油机通用润滑油。

4.2 汽车发动机润滑油的分类

4.2.1 黏度分类

目前我国内燃机油的黏度分类基本参照 SAE J300 标准进行，而性能和使用试验的分类基本参照了 SAE J183 标准,再结合实际情况制定了国内的分类标准(见表 4-1)。

表 4-1　内燃机油的黏度分类(GB/T 14906—94)

黏度等级号	低温黏度①(mPa·s) 不大于	边界泵送温度②(℃) 不高于	运动黏度(100 ℃)③ (mm^2/s)
0 W	3 250 在 -30 ℃	-35	3.8
5 W	3 500 在 -25 ℃	-30	3.8
10 W	3 500 在 -20 ℃	-25	4.1
15 W	3 500 在 -15 ℃	-20	5.6
20 W	4 500 在 -10 ℃	-15	5.6
25 W	6 000 在 -5 ℃	-10	9.3
20	—	—	5.6~9.3
30	—	—	9.3~12.5
40	—	—	12.5~16.3
50	—	—	16.3~21.9
60	—	—	21.9~26.1

注:①采用 GB/T 6538 方法测定。

②对于 0 W、20 W 和 25 W 油采用 GB/T 9171 方法测定,对于 5W、10W 和 15W 油采用 SH/T 0562 方法测定。

③采用 GB/T 265 方法测定。

表中低温黏度是用冷启动模拟试验机在规定的低温高剪切速率下测得的低温动力黏度。它所测得的黏度与发动机有良好的相关性,它模拟了发动机汽缸-活塞区域冷启动的工况,所以能预测机油能否保证发动机的顺利启动。

表中边界泵送温度是指能把机油连续供给发动机时机油泵入口的最低温度。如果机油温度低于边界泵送温度,则机油黏度过大,油泵抽空,使机油泵送失败,导致启动困难甚至出现运转和磨损事故。

美国、西欧、日本等广泛采用美国汽车工程师学会的 SAE 黏度分类法。这个方法是 1911 年制定的,历经多次修改,现行方法是 1992 年修订的。表中凡带 W 的级号是冬季用油,其他为夏季用油。这个分级的特点是每一黏度级范围很宽,且级与级间是连续的。

4.2.2　质量分类

我国采用美国石油协会 API(American Petroleum Institute)、美国汽

车工程师协会 SAE(Society Automotive Engineers)、美国材料试验学会 ASTM(American Society for Testing Materials)三家共同协商的发动机油使用(质量)分类 SAE J183 标准,制定出我国的内燃机油(发动机油)性能和使用分类 GB/T 7631.3—1995(见表 4-2)。我国的内燃机油(发动机油)使用分类将汽油机油定为 S 系列,分为 SA、SB、SC、SD、…、SH。分类中以 A、B、…字母顺序依次提高了油品的质量等级。柴油机油则定为 C 系列,顺序分为 CA、CB、…、CE、CF-4。

表 4-2 内燃机油性能和使用试验分类(GB/T 7631.3—1995)

应用范围	品种代号	特性和使用场合
汽油机油	SA(废除)	
	SB(废除)	
	SC	用于货车、客车或其他汽油机及要求使用 API SC 级油的汽油机,可控制汽油机高、低温沉积及磨损、锈蚀和腐蚀
	SD	用于货车、客车和某些轿车的汽油机及要求使用 API SD、SC 级油的汽油机。此种油品控制汽油机高、低温沉积物、磨损、锈蚀和腐蚀的性能优于 SC,并可代替 SC
	SE	用于轿车或某些货车的汽油机及要求使用 API SE、SD 级油的汽油机。此种油品的抗氧化及控制汽油机高温沉积物、锈蚀和腐蚀的性能优于 SD 或 SC,并可代替 SD 或 SC
	SF	用于轿车或某些货车的汽油机及要求使用 API SF、SE、SD、SC 级油的汽油机。此种油品的抗氧化及抗磨损性能优于 SE,还具有控制汽油机沉积、锈蚀和腐蚀的性能,并可代替 SE、SD 或 SC
	SG	用于轿车、货车和轻型卡车的汽油机及要求使用 API SG 级油的汽油机,SG 质量还包括 CC(或 CD)的使用性能。此种油品改进了 SF 级油控制发动机沉积物、磨损和油的氧化性能,具有抗锈蚀和腐蚀的性能,并可代替 SF、SF/CD、SE 或 SE/CC
	SH	用于轿车和轻型卡车的汽油机及要求使用 API SH 级油的汽油机。SH 质量在汽油机磨损、锈蚀、腐蚀及沉积物的控制和氧化方面优于 SG,并可代替 SG

续表 4-2

应用范围	品种代号	特性和使用场合
柴油机油	CA(废除)	
	CB(废除)	
	CC	用于在中及重负荷下运行的非增压、低增压或增压式柴油机,并包括一些重负荷汽油机。对于汽油机具有控制高温沉积物和轴瓦腐蚀的性能,对于汽油机具有控制锈蚀、腐蚀和高温沉积物的性能,并可代替 CA、CB 级油
	CD	用于需要高效控制磨损及沉积物或使用包括高硫燃料非增压、低增压或增压柴油机,以及国外要求使用 API CD 级油柴油机。具有控制轴承腐蚀和高温沉积物的性能,并可代替 CC 级油
	CD - II	用于要求高效控制磨损和沉积物的重负荷二冲程柴油机及要求使用 API CD - II 级油发动机,同时也可满足 CD 级油性能要求
	CE	用于在低速高负荷和高速高负荷条件下运行的低增压及增压式重负荷柴油机,以及要求使用 API CE 级油发动机,同时也满足 CD 级油性能要求
	CF - 4	用于高速四冲程柴油机及要求使用 API CF - 4 级油柴油机。在油耗和活塞沉积物控制方面性能优于 CE,并可代替 CE,此种油品特别适用于高速公路行驶的重负荷卡车

按我国内燃机油(发动机油)使用分类 GB/T 7631. 3—1995 发布的汽油机油国家标准 GB 11121—1995 列在表 4-3、表 4-4。柴油机油国家标准 GB 11122—1997 列在表 4-5、表 4-6。

内燃机油 100 ℃运动黏度在 20、30、40、50、60 的黏度范围内,同时它的低温黏度和边界泵送温度还能满足 W 级油的黏度等级指标,则称这种油为多级汽油机或多级柴油机油,有时也称做稠化机油。例如 10 W/30 就属于多级内燃机油。发展多级内燃机油,可以使一个油同时满足冬夏通用,即既能满足冬季低温启动和低温泵送要求,又能满足 100 ℃时高温下的黏度要求。使用多级油,不但减少季节性换油的麻烦,而且能降低发动机的摩擦功,达到节省能源的目的。

表 4-3　汽油机油理化性能要求(GB 11121—1995)

项目		质量指标					试验方法
品种代号		SC					
黏度等级(按 GB/T 14906)		5W/20	10W/30	15W/40	30	40	
运动黏度(100 ℃)(mm^2/s)		5.6 ~ 9.3	9.3 ~ 12.5	12.5 ~ 16.3	9.3 ~ 12.5	12.5 ~ 16.3	GB/T 265
低温动力黏度(mPa · s)	不大于	3 500 (−25℃)	3 500 (−20℃)	3 500 (−15℃)			GB/T 6538
边界泵送温度(℃)	不高于	−30	−25	−20			GB/T 9171
黏度指数	不小于	—	—	—	75	80	GB/T 1995 或 GB/T 2541
闪点(开口)①(℃)	不低于	200	205	215	220	225	GB/T 3536
倾点(℃)	不高于	−35	−30	−23	−15	−10	GB/T 3535
泡沫性(泡沫倾向/泡沫稳定性)(mL/mL)							GB/T 12579
24 ℃	不大于	25/0					
93.5 ℃	不大于	150/0					
后 24 ℃	不大于	25/0					
沉淀物②(%)	不大于	0.01					GB/T 6531
水分(%)	不大于	痕迹					GB/T 260
残炭(加剂前)(%)		报告					GB/T 268
中和值(加剂前)(mgKOH/g)		报告					GB/T 7304
硫酸盐灰分(%)		报告					GB/T 2433
硫(%)		报告					GB/T 387③ 或 GB/T 388 GB/T 11140 SH/T 0172
磷(%)		报告					SH/T 0296
钙(%)		报告					SH/T 0270④
钡(%)		报告					SH/T 0225④
锌(%)		报告					SH/T 0226④
镁(%)		报告					SH/T 0061

续表 4-3

项目	质量指标						试验方法
品种代号	SD(SD/CC)						
黏度等级(按 GB/T 14906)	5W/30	10W/30	15W/40	20/20W	30	40	
运动黏度(100℃)(mm^2/s)	9.3～12.5	9.3～12.5	12.5～16.3	5.6～9.3	9.3～12.5	12.5～16.3	GB/T 265
低温动力黏度(mPa·s) 不大于	3 500(-25℃)	3 500(-20℃)	3 500(-15℃)	4 500(-10 ℃)			GB/T 6538
边界泵送温度(℃) 不高于	-30	-25	-20	-15		–	GB/T 9171
黏度指数 不小于					75	80	GB/T 1995 或 GB/T 2541
闪点(开口)①(℃) 不低于	200	205	215	210	220	225	GB/T 3536
倾点(℃) 不高于	-35	-30	-23	-18	-15	-10	GB/T 3535
泡沫性(泡沫倾向/泡沫稳定性)(mL/mL)							GB/T 12579
24 ℃ 不大于	25/0						
93.5 ℃ 不大于	150/0						
后 24 ℃ 不大于	25/0						
沉淀物②(%) 不大于	0.01						GB/T 6531
水分(%) 不大于	痕迹						GB/T 260
残炭(加剂前)(%)	报告						GB/T 268
中和值(加剂前)/(mgKOH/g)	报告						GB/T 7304
硫酸盐灰分(%)	报告						GB/T 2433
硫(%)	报告						GB/T 387③ 或 GB/T 388 GB/T 11140 SH/T 0172
磷(%)	报告						SH/T 0296
钙(%)	报告						SH/T 0270④
钡(%)	报告						SH/T 0225④
锌(%)	报告						SH/T 0226④
镁(%)	报告						SH/T 0061

续表 4-3

项目	质量指标						试验方法
品种代号	SE(SE/CC)						
黏度等级(按 GB/T 14906)	5W/30	10W/30	15W/40	20/20W	30	40	
运动黏度(100 ℃)(mm^2/s)	9.3～12.5	9.3～12.5	12.5～16.3	5.6～9.3	9.3～12.5	12.5～12.5	GB/T 265
低温动力黏度(mPa·s) 不大于	3 500(－25 ℃)	3 500(－20 ℃)	3 500(－15 ℃)	4 500(－10 ℃)	—	—	GB/T 6538
边界泵送温度(℃) 不高于	－30	－25	－20	－15	—	—	GB/T 9171
黏度指数 不小于	—	—	—	—	75	80	GB/T 1995 或 GB/T 2541
闪点(开口)①(℃) 不低于	200	205	215	210	220	225	GB/T 3536
倾点(℃) 不高于	－35	－30	－23	－18	－15	－10	GB/T 3535
高温高剪切黏度(mPa·s)(150 ℃,$10^6 s^{-1}$)	报告	报告	报告	—	—	—	SH/T 0618
蒸发损失(%)							
诺亚克法(250 ℃,1 h)	报告	报告	报告				SH/T 0059
模拟蒸馏法(371 ℃馏出量)	报告	报告	报告				SH/T 0558
泡沫性(泡沫倾向/泡沫稳定性)(mL/mL)							GB/T 12579
24 ℃ 不大于	25/0						
93.5 ℃ 不大于	150/0						
后 24 ℃ 不大于	25/0						
沉淀物②(%) 不大于	0.01						GB/T 6531
水分(%) 不大于	痕迹						GB/T 260
残炭(加剂前)(%)	报告						GB/T 268
中和值(加剂前)(mgKOH/g)	报告						GB/T 7304
硫酸盐灰分(%)	报告						GB/T 2433
硫(%)	报告						GB/T 387 或 GB/T 388③ GB/T 11140 SH/T 0172
磷(%)	报告						SH/T 0296
钙(%)	报告						SH/T 0270④
钡(%)	报告						SH/T 0225④
锌(%)	报告						SH/T 0226④
镁(%)	报告						SH/T 0061

续表 4-3

项目	质量指标					试验方法
品种代号	SF(SF/CD)					
黏度等级(按 GB/T 14906)	5W/30	10W/30	15W/40	30	40	
运动黏度(100 ℃)(mm^2/s)	9.3 ~ 12.5	9.3 ~ 12.5	12.5 ~ 16.3	9.3 ~ 12.5	12.5 ~ 16.3	GB/T 265
低温动力黏度(mPa·s) 不大于	3 500 (−25℃)	3 500 (−20℃)	3 500 (−15℃)	—	—	GB/T 6538
边界泵送温度(℃) 不高于	−30	−25	−20	—	—	GB/T 9171
黏度指数 不小于	—	—	—	75	80	GB/T 1995 或 GB/T 2541
闪点(开口)①(℃) 不低于	200	205	215	220	225	GB/T 3536
倾点(℃) 不高于	−35	−30	−23	−15	−10	GB/T 3535
高温高剪切黏度(mPa·s) (150 ℃,10^6s^{-1})	报告	报告	报告	—	—	SH/T 0618
蒸发损失(%)						
诺亚克法(250 ℃,1 h)	报告	报告	报告	—	—	SH/T 0059
模拟蒸馏法(371 ℃馏出量)	报告	报告	报告	—	—	SH/T 0558
泡沫性(泡沫倾向/泡沫稳定性)(mL/mL)						GB/T 12579
24 ℃ 不大于	25/0					
93.5 ℃ 不大于	150/0					
后 24 ℃ 不大于	25/0					
沉淀物②(%) 不大于	0.01					GB/T 6531
水分(%) 不大于	痕迹					GB/T 260
残炭(加剂前)(%)	报告					GB/T 268
中和值(加剂前)(mgKOH/g)	报告					GB/T 7304
硫酸盐灰分(%)	报告					GB/T 2433
硫(%)	报告					GB/T 387 或 GB/T 388③ GB/T 11140 SH/T 0172
磷(%)	报告					SH/T 0296
钙(%)	报告					SH/T 0270④
钡(%)	报告					SH/T 0225④
锌(%)	报告					SH/T 0226④
镁(%)	报告					SH/T 0061

注:①中黏度指数(MVI)和低黏度指数(LVI)是基础油生产的单级油产品允许比标准规定闪点指标低 10 ℃。

②可采用 GB/T 511 测定机械杂质,指标不变,有争议时以 GB/T 6531 为准。

③生产厂可根据自己的配方选择适当测定方法。

④允许用原子吸收光谱或 SH/T 0309 测定。

另外,一个内燃机油既能用于汽油机又同时适用于柴油机,此种油称做通用内燃机油,如表 4-3 中的 SF/CD 就是说明能在汽油机和柴油机中通用,相当汽油机油中的 SF 级,同时又相当于柴油机油的 CD 级,可以满足混合车队长途运输时对内燃机油的需要。

汽油机油国家标准 GB 11121—1995 中包括 SC、SD、SE 和 SF 等四个品种的汽油机油,SD/CC、SE/CC 和 SF/CD 三个品种的汽油机/柴油机通用油,每个品种按 GB/T 14906 划分黏度等级。

柴油机油国家标准 GB 11122—1997 中的 CC 和 CD 级柴油机油使用性能指标等效采用美国汽车工程师协会标准 SAE J183—91《发动机油性能及发动机油使用分类》中的 API CC 和 API CD 使用性能,理化指标等效采用美国军用标准 MIL－L－2104F《内燃机润滑油》。

根据我国使用要求对 CC 和 CD 两个品种的黏度等级进行了调整,对部分指标进行了修改,并参照 MIL－L－2104F 对 CD 级柴油机油增设高温高剪切黏度和蒸发损失项目。

表 4-4　汽油机油发动机试验要求(GB 11121—1995)

品种代号	项目	质量指标					试验方法
	黏度等级(按 GB/T 14906)	5W/20	10W/30	15W/40	30	40	
SC	轴瓦腐蚀试验① 轴瓦失重(mg)　不大于	50					SH/T 0265
SC	剪切安定性② 100 ℃运动黏度(mm^2/s)	在本等级油黏度范围之内			—	—	SH/T 0265 GB/T 265
SC	低温锈蚀试验③ 高温氧化和擦伤 低温油泥	通过					SH/T 0515

续表 4-4

品种代号	项目	质量指标						试验方法
	黏度等级（按 GB/T 14906）	5W/30	10W/30	15W/40	20/20W	30	40	
SD	轴瓦腐蚀试验① 轴瓦失重(mg)　　不大于	40						SH/T 0265
	剪切安定性② 100 ℃运动黏度(mm²/s)	在本等级油黏度范围之内			—	—	—	SH/T 0265 GB/T 265
	程度Ⅱ、Ⅲ发动机试验③							SH/T 0516
	锈蚀平均评分　　不低于	8.5						
	发动机油泥漆膜平均评分　　不低于	9.4						
	活塞环槽、环台平均评分　　不低于	7.5						
	活塞裙部漆膜平均评分　　不低于	9.0						
	凸轮挺杆擦伤平均数　　不低于	1						
	滤网堵塞(%)　　不大于	10						
	程序 V 发动机试验③							SH/T 0516
	发动机油泥漆膜平均评分　　不低于	9.6						
	精滤器油泥量(g)　不大于	50						
	活塞环槽、环台平均评分　　不低于	6.5						
	活塞裙部漆膜平均评分　　不低于	9.0						
	凸轮挺杆擦伤平均数　　不大于	1						
	滤网堵塞(%)　　不大于	10						

续表 4-4

品种代号	项目	质量指标						试验方法
	黏度等级（按 GB/T 14906）	5W/30	10W/30	15W/40	20/20W	30	40	
SE	轴瓦腐蚀试验①							SH/T 0265
	轴瓦失重(mg) 不大于	50						
	剪切安定性② 100 ℃运动黏度(mm^2/s)	在本等级油黏度范围之内			—	—	—	SH/T 0265 GB/T 265
	程序 IID 发动机试验③							SH/T 0512
	发动机锈蚀平均评分 不小于	8.5						
	挺杆黏结数	无						
	程序 IID 发动机试验③							SH/T 0513
	黏度增长 (40 ℃,40 h)(%) 不大于	375						
	发动机平均评分(64 h)							
	发动机油泥 不小于	9.2						
	活塞裙部漆膜 不小于	9.1						
	油环台沉积物 不小于	4.0						
	环黏结	无						
	挺杆黏结	无						
	擦伤和磨损(64 h)							
	凸轮或挺杆擦伤	无						
	凸轮和挺杆磨损(mm)							
	平均值 不大于	0.102						
	最大值 不大于	0.254						
	程序 VD 发动机试验③							SH/T 0514
	发动机油泥平均评分 不小于	9.2						
	活塞裙部漆膜平均评分 不小于	6.4						
	发动机漆膜平均评分 不小于	6.3						
	滤网堵塞(%) 不大于	10.0						
	油环堵塞(%) 不大于	10.0						
	压缩环黏结	无						
	凸轮磨损(mm)							
	平均值	报告						
	最大值	报告						

续表 4-4

品种代号	项目	质量指标					试验方法
	黏度等级（按 GB/T 14906）	5W/30	10W/30	15W/40	30	40	
SF	轴瓦腐蚀试验[①] 轴瓦失重(mg) 不大于	40					SH/T 0265
	剪切安定性[②] 100 ℃运动黏度(mm^2/s)	在本等级油黏度范围之内			—	—	SH/T 0265 GB/T 265
	程序 IID 发动机试验[③] 发动机锈蚀平均评分 不小于 挺杆黏结数	8.5 无					SH/T 0512
	程序 IIID 发动机试验(64 h)[③] 黏度增长(40 ℃)(%) 不大于 发动机平均评分(64 h) 发动机油泥 不小于 活塞裙部漆膜 不小于 油环台沉积物 不小于 环黏结 挺杆黏结 擦伤和磨损 凸轮或挺杆擦伤 凸轮和挺杆磨损(mm) 平均值 不大于 最大值 不大于	375 9.2 9.2 4.8 无 无 无 0.102 0.203					SH/T 0513
	程序 VD 发动机试验[③] 发动机油泥平均评分 不小于 活塞裙部漆膜平均评分 不小于 发动机漆膜平均评分 不小于 滤网堵塞(%) 不大于 油环堵塞(%) 不大于 压缩环黏结 凸轮磨损(mm) 平均值 最大值	9.4 6.7 6.6 7.5 10.0 无 0.025 0.064					SH/T 0514

续表 4-4

品种代号	项目	质量指标					试验方法
	黏度等级（按 GB/T 14906）	5W/30	10W/30	15W/40	30	40	
SD/CC	轴瓦腐蚀试验[①] 轴瓦失重(mg)　不大于	40					SH/T 0265
	剪切安定性[②] 100 ℃运动黏度(mm^2/s)	在本等级油黏度范围之内			—	—	SH/T 0265 GB/T 265
	程序 I、IID 发动机试验[③] 锈蚀平均评分　不低于 发动机油泥漆膜平均评分　不低于 活塞环槽、环台平均评分　不低于 活塞裙部漆膜平均评分　不低于 凸轮挺杆擦伤平均数　不大于 滤网堵塞(%)　不大于	 8.5 9.4 7.5 9.0 1 10					SH/T 0516
	程序 V 发动机试验[③] 发动机油泥漆膜平均评分　不小于 精滤器油泥量(g)　不大于 活塞环槽、环台平均评分　不低于 活塞裙部漆膜平均评分　不低于 凸轮挺杆擦伤平均数　不大于 滤网堵塞(%)　不大于	 9.6 50 6.5 9.0 1 10					SH/T 0516
	高温清净性和抗磨性试验[③] 顶环槽积炭填充体积　不大于 加权总评分　不大于 活塞环侧间隙损失(mm)　不大于	 45 140 0.013					SH/T 9932

续表 4-4

品种代号	项目	质量指标					试验方法
	黏度等级 （按 GB/T 14906）	5W/30	10W/30	15W/40	30	40	
SE/CC	轴瓦腐蚀试验③ 轴瓦失重(mg)　不大于	40					SH/T 0265
	剪切安定性② 100 ℃运动黏度(mm^2/s)	在本等级油黏度范围之内			—	—	SH/T 0265 GB/T 265
	程序 IID 发动机试验③ 发动机锈蚀平均评分　不小于 挺杆黏结数	 8.5 无					SH/T 0512
	程序 IID 发动机试验③ 黏度增长 (40 ℃,40 h)(%)　不大于 发动机平均评分(64 h) 发动机油泥　不小于 活塞裙部漆膜　不小于 油环台沉积物　不小于 环黏结 挺杆黏结 擦伤和磨损(64 h) 凸轮或挺杆擦伤 凸轮和挺杆磨损(mm) 平均值　不大于 最大值　不大于	 375 9.2 9.1 4.0 无 无 无 0.102 0.254					SH/T 0513
	程序 VD 发动机试验③ 发动机油泥平均评分 不小于 活塞裙部漆膜平均评分 不小于 发动机漆膜平均评分 不小于	 9.2 6.4 6.3					SH/T 0514

续表 4-4

品种代号	项目	质量指标					试验方法
	黏度等级（按 GB/T 14906）	5W/30	10W/30	15W/40	30	40	
SE/CC	滤网堵塞(%) 不大于	10.0					
	油环堵塞(%) 不大于	10.0					
	压缩环黏结	无					
	凸轮磨损(mm)						
	平均值	报告					
	最大值	报告					
	高温清净性和抗磨性试验③						SH/T 9932
	顶环槽积炭填充体积 不大于	45					
	加权总评分 不大于	140					
	活塞环侧间隙损失(mm) 不大于	0.013					
SF/CD	黏度等级（按 GB/T 14906）	5W/30	10W/30	15W/40	30	40	
	轴瓦腐蚀试验①						SH/T 0265
	轴瓦失重(mg) 不大于	40					
	剪切安定性② 100 ℃运动黏度(mm^2/s)	在本等级油黏度范围之内			—	—	SH/T 0265 GB/T 265
	程序 IID 发动机试验③						SH/T 0512
	发动机锈蚀平均评分 不小于	8.5					
	挺杆黏数	无					
	程序 IID 发动机试验(64 h)③						SH/T 0513
	黏度增长 (40 ℃,40 h)(%) 不大于	375					
	发动机平均评分						
	发动机油泥 不小于	9.2					
	活塞裙部漆膜 不小于	9.2					
	油环台沉积物 不小于	4.8					
	环黏结	无					

续表 4-4

品种代号	项目		质量指标					试验方法
	黏度等级（按 GB/T 14906）		5W/30	10W/30	15W/40	30	40	
SF/CD	挺杆黏结		无					
	擦伤和磨损							
	凸轮或挺杆擦伤		无					
	凸轮和挺杆磨损(mm)							
	平均值	不大于	0.102					
	最大值	不大于	0.203					
	程序 VD 发动机试验③							SH/T 0514
	发动机油泥平均评分	不小于	9.4					
	活塞裙部漆膜平均评分	不小于	6.7					
	发动机漆膜平均评分	不小于	6.6					
	滤网堵塞(%)	不大于	7.5					
	油环堵塞(%)	不大于	10.0					
	压缩环黏结		无					
	凸轮磨损(mm)							
	平均值		0.025					
	最大值		0.064					
	高温清净性和抗磨性试验③							GB/T 9933
	顶环槽积炭填充体积	不大于	80					
	加权总评分	不大于	300					
	活塞环侧间隙损失(mm)	不大于	0.013					

注:①属保证项目,每年测定一次。亦可用 SH/T 0264 方法评定,指标为轴瓦失重不大于 25 mg。

②属保证项目,每年测定一次。按 SH/T 0265 方法运转 10 h 后取样,采用 GB/T 265 方法测定 100 ℃运动黏度,在用 SH/T 0264 评定轴瓦腐蚀时,剪切安定性用 SH/T 0505 和 GB/T 265 方法测定,指标不变。如有争议时,以 SH/T 0265 和 GB/T 265 方法为准。

③属保证项目,每 4 年审定一次,必要时进行评定。

表 4-5　CC 柴油机油技术要求(GB 11122—1997)

项目		质量指标									试验方法
品种代号(按 GB/T 7631.3)		CC									—
黏度等级(按 GB/T 14906)①		5W/30	5W/40	10W/30	10W/40	15W/40	20W/40	30	40	50	—
运动黏度(100 ℃)/(mm^2/s)		9.3～12.5	12.5～16.3	9.3～12.5	12.5～16.3	12.5～16.3	12.5～16.3	9.3～12.5	12.5～16.3	16.3～21.9	GB/T 265
低温动力黏度(mPa·s)	不大于	3 500(－25℃)	3 500(－25℃)	3 500(－20℃)	3 500(－20℃)	3 500(－15℃)	4 500(－10℃)	—	—	—	GB/T 6538
边界泵送温度(℃)	不高于	－30	－30	－25	－25	－20	－15	—	—	—	GB/T 9171
黏度指数	不小于	—	—	—	—	—	—	75	80	80	GB/T 1995 或 GB/T 2541
闪点(开口)②(℃)	不低于	200	200	205	205	215	215	220	225	230	GB/T 3536
倾点(℃)	不高于	－35	－35	－30	－30	－23	－18	－15	－10	－5	GB/T 3535
泡沫性(泡沫倾向/泡沫稳定性)(mL/mL) 24 ℃	不大于	25/0									GB/T 12579
泡沫性(泡沫倾向/泡沫稳定性)(mL/mL) 93.5 ℃	不大于	150/0									
泡沫性(泡沫倾向/泡沫稳定性)(mL/mL) 后 24 ℃	不大于	25/0									
沉淀物(%)③	不大于	0.01									GB/T 6531
水分(%)	不大于	痕迹									GB/T 260
残炭(加剂前)(%)④		报告									GB/T 268
中和值(加剂前)/(mgKOH/g)④		报告									BG/T 7304
硫酸盐灰分(%)④		报告									GB/T 2433
硫(%)④		报告									GB/T 387、GB/T 388、GB/T 11140、SH/T 0172、SH/T 0631
磷(%)④		报告									SH/T 0296、SH/T 0631
钙(%)④		报告									SH/T 0270、SH/T 0228、SH/T 0309、SH/T 0631

续表 4-5

项目		质量指标									试验方法
品种代号(按 GB/T 7631.3)		CC									—
黏度等级(按 GB/T 14906)①		5W/30	5W/40	10W/30	10W/40	15W/40	20W/40	30	40	50	—
锌(%)④		报告									SH/T 0226、SH/T 0228、SH/T 0309、SH/T 0631
镁(%)④		报告									SH/T 0061
氮(%)④		报告									GB/T 9170
轴瓦腐蚀试验⑤	轴瓦失重(mg) 不大于	50									SH/T 0265
	活塞裙部漆膜评分 不小于	9.0									
剪切安定性⑥ 运动黏度(100 ℃)(mm^2/s)		在本等级油黏度范围之内						—	—	—	SH/T 0265、GB/T 265
高温清净性和抗磨性试验⑦											GB/T 9932
顶环槽积炭填充体积(%)	不大于	45									
加权总评分	不大于	140									
活塞环侧间隙损失(mm)	不大于	0.013									

注:①根据需方要求,允许供方生产其他黏度等级产品,如 10 W、15 W/30、20/20 W 等,理化指标可参照本标准和 GB/T 14906,由供需双方商定;发动机台架试验按本标准执行。

②中黏度指数(MVI)基础油生产的单级油产品允许比标准规定闪点指标低 10 ℃。

③可采用 GB/T 511 测定机械杂质,指标不变。有争议时以 GB/T 6531 为准。

④生产者在每批产品出厂时要向使用者或经销者报告该项目的实测值,有争议时以发动机台架试验结果为准。

⑤属保证项目,每年测定一次。亦可采用 SH/T 0264 方法测定,指标为轴瓦失重不大于 25 mg。如有争议,以 SH/T 0265 方法为准。

⑥属保证项目,每年测定一次。按 SH/T 0265 方法运转 10 h 后取样,采用 GB/T 265 方法测定 100 ℃运动黏度。在用 SH/T 0264 评定轴瓦腐蚀时用 SH/T 0505 和 GB/T 265 方法测定,指标不变。如有争议,以 SH/T 0265 和 GB/T 265 方法为准。

⑦属保证项目,每 4 年审定一次,必要时进行评定。

表 4-6　CD 柴油机油技术要求(GB 11122—1997)

项目		质量指标								试验方法
品种代号(按 GB/T 7631.3)		CD								—
黏度等级(按 GB/T 14906)①		5W/30	5W/40	10W/30	10W/40	15W/40	20W/40	30	40	—
运动黏度(100 ℃)(mm^2/s)		9.3 ~ 12.5	12.5 ~ 16.3	9.3 ~ 12.5	12.5 ~ 16.3	12.5 ~ 16.3	12.5 ~ 16.3	9.3 ~ 12.5	12.5 ~ 16.3	GB/T 265
低温动力黏度(mPa · s)(℃)	不大于	3 500 (−25℃)	3 500 (−25℃)	3 500 (−20℃)	3 500 (−20℃)	3 500 (−15℃)	4 500 (−10℃)	—	—	GB/T 6538
边界泵送温度(℃)	不高于	−30	−30	−25	−25	−20	−15	—	—	GB/T 9171
黏度指数	不小于	—	—	—	—	—	—	75	80	GB/T 1995 或 GB/T 2541
闪点(开口)④(℃)	不低于	200	200	205	205	215	215	220	225	GB/T 3536
倾点(℃)	不高于	−35	−35	−30	−30	−23	−18	−15	−10	GB/T 3535
高温高剪切黏度③ (150 ℃,$10^6 s^{-1}$)(mPa · s)		报告						—	—	SH/T 0618
蒸发损失(250 ℃,1 h)(%)③		报告						—	—	SH/T 0059
泡沫性(泡沫倾向/泡沫稳定性)(mL/mL) 24 ℃	不大于	25/0								GB/T 12579
泡沫性(泡沫倾向/泡沫稳定性)(mL/mL) 93.5 ℃	不大于	150/0								
泡沫性(泡沫倾向/泡沫稳定性)(mL/mL) 后 24 ℃	不大于	25/0								
沉淀物(%)④	不大于	0.01								GB/T 6531
水分(%)	不大于	痕迹								GB/T 260
残炭(加剂前)(%)③		报告								GB/T 268
中和值(加剂前)(mgKOH/g)③		报告								BG/T 7304
硫酸盐灰分(%)③		报告								GB/T 2433
硫(%)③		报告								GB/T 387、GB/T 388、GB/T 11140、SH/T 0172、SH/T 0631

续表 4-6

项目		质量指标								试验方法
品种代号(按 GB/T 7631.3)		CD								—
黏度等级(按 GB/T 14906)①		5W/30	5W/40	10W/30	10W/40	15W/40	20W/40	30	40	—
磷(%)③		报告								SH/T 0296、SH/T 0631
钙(%)③		报告								SH/T 0270、SH/T 0228、SH/T 0309、SH/T 0631
锌(%)③		报告								SH/T 0226、SH/T 0228、SH/T 0309、SH/T 0631
镁(%)③		报告								SH/T 0061
氮(%)③		报告								GB/T 9170
轴瓦腐蚀试验⑤	轴瓦失重(mg) 不大于	50								SH/T 0265
	活塞裙部漆膜评分 不小于	9.0								
剪切安定性⑥ 运动黏度(100 ℃)/(mm²/s)		在本等级油黏度范围之内					—	—	—	SH/T 0265、GB/T 265
高温清净性和抗磨性试验⑦										GB/T 9933
顶环槽积炭填充体积(%) 不大于		80								
加权总评分 不大于		300								
活塞环侧间隙损失(mm) 不大于		0.013								

注:① 根据需方要求,允许供方生产其他黏度等级产品,如 10 W、15 W/30、20/20 W 等,理化指标可参照本标准和 GB/T 14906,由供需双方商定;发动机台架试验按本标准执行。

②中黏度指数(MVI)基础油生产的单级油产品允许比标准规定闪点指标低 10 ℃。

③生产者在每批产品出厂时要向使用者或经销者报告该项目的实测值,有争议时以发动机台架试验结果为准。

④可采用 GB/T 511 测定机械杂质,指标不变。有争议时以 GB/T 6531 为准。

⑤属保证项目,每年测定一次。亦可采用 SH/T 0264 方法测定,指标为轴瓦失重不大于 25 mg。如有争议,以 SH/T 0265 方法为准。

⑥属保证项目,每年测定一次。按 SH/T 0265 方法运转 10 h 后取样,采用 GB/T 265 方法测定 100 ℃运动黏度。在用 SH/T 0264 评定轴瓦腐蚀时,剪切安定性用 SH/T 0505 和 GB/T 265 方法测定,指标不变。如有争议,以 SH/T 0265 方法为准。

⑦属保证项目,每 4 年审定一次,必要时进行评定。

上述标准主要理化性能指标等效采用美国军用标准 MIL－L－2104F，发动机试验指标 SC、SD 及 SD/CC 非等效采用美国汽车工程师协会标准 SAE J183－91，SE、SF、SE/CC 和 SF/CC 等效采用 SAE J183－91。

上述标准所属产品 CC 和 CD 柴油机油使用性能指标等效采用美国汽车工程师协会标准 SAE J183—91《发动机油性能及发动机使用分类》中的 API CC 和 API CD 使用性能，理化性能指标等效采用美国军用标准 MIL－L－2104F《内燃机润滑油》。

我国内燃机油使用分类 GB/T 7631.1—1995、GB/T 7631.3—1997 与美国 API 分类的对应关系见表 4-7。

表 4-7　我国汽、柴油机油分类与 API 分类对应关系

汽油机油		柴油机油	
我国	API 分类	我国	API 分类
SC≠SC			
SD≠SD			
SE = SE		CC = CC	
SF = SF		CD = CD	
SH = SH			
SJ = SJ			

4.3　汽车发动机润滑油的主要使用性能

4.3.1　汽车发动机润滑油的作用

（1）润滑作用。众所周知，发动机在运转时，它的许多机件在高速摩擦着，如其摩擦部位得不到合适的润滑，就会使金属和金属间产生干摩擦。实验证明，这种干摩擦的力是很大的，它不但要消耗较大的动力，而且所产生的热量在很短时间内可使摩擦面的金属熔化，甚至能使机件卡死。因此，对工件中内燃机的摩擦机件必须给予良好的润滑。

为了得到正常润滑，现代发动机都设计了一套润滑系统，通过油泵的强制循环或通过飞溅的方法，将润滑油送到各个摩擦点上去，保证机件的正常运转。

润滑油进入摩擦机件间后，就黏附在摩擦表面上，形成一层油膜，从而使这两个摩擦面尽可能不直接接触。当机件相互摩擦时，每一个机件与黏附在它表面上的油层一同运动。这样金属间的干摩擦就变成为液体油层间的液体摩擦了，由于液体摩擦系数比干摩擦系数小的多，所以摩擦力显著减少。这样一来，发动机就能更好地发挥有效功率，并能使机件的磨损也大为减少。如果再加入摩擦改进剂，使摩擦系数变得更小，就能进一步减少燃料消耗以利节能。

(2)冷却作用。燃料在发动机中燃烧后产生的热能，并不能全部转变为机械功。一般发动机热效率只有30%左右，其余热能，一部分转变为摩擦功，消耗在活塞与气缸壁、曲轴与连杆等机械的摩擦和辅助机构的驱动上；一部分随废气排出机体，剩余的部分是通过对发动机的冷却而排出。发动机中的热，不论是来自燃料的燃烧，还是来自处于连续高速运转和高压下金属机件的摩擦，都必须排出机体。否则，发动机会由于温度过高而烧坏。

由发动机原理知，热量由机体导出有很大一部分是由润滑油和冷却系统来完成的。冷却系统的作用已为大家所熟悉，但润滑油的冷却作用往往被忽视。在发动机工作时，润滑油不断地从气缸、活塞、曲轴等摩擦表面上吸取热量并把它传导到其他温度较低的零件上。其中一部分热量消散在油底壳中，而大部分热量是传导至与冷却水接触的气缸壁上，经过冷却水被带出机体散掉。

(3)洗涤作用。发动机工作时，由于吸入空气（虽然是通过空气滤清器）所带来的砂土、灰尘及燃烧后形成的炭质物、润滑油氧化后生成的胶状物、机件间摩擦而产生的金属屑和混入润滑油水分等脏杂物结合在一起，便生成油泥。而这些油泥和脏杂物会逐渐沉积在机件的摩擦面上，如不把它清洗下来，就会使机件的磨损增大。胶状物的严重生成，会使活塞环黏结卡死，致使发动油不能正常运转，甚至损坏机件。因此，必须从各个方面把这些脏杂物洗掉。而这个清洗作用，是由润滑油来完成的。

发动机润滑油把摩擦面上的脏杂物带走，送到油底壳中，再通过机油滤清器时，这些脏杂物被截留在滤清器中，而干净的润滑油又继续进行洗涤作用。这样往复循环，即可使机件保持清洁及正常运转。

黏度小的油，循环的快，因而它的洗涤作用要比黏度大的油好。

(4)密封作用。发动机各机件间，如气缸和活塞间、活塞环与环槽间都有一定的间隙，有了间隙就带来密封问题，如果得不到密封，燃烧室就会漏气，其结果是降低了气缸压力，从而降低了发动机输出功率。同时，废气还会从燃烧室经过活塞环与气缸壁的间隙，向下窜进油底壳，造成油底壳内润滑油受到稀释和污染。

润滑油能起这个密封作用，它填满了活塞与气缸间的间隙，形成油封而达不到漏气，保证了发动机的输出功率，也阻止了废气向下窜入曲轴箱。

从密封来看，高黏度润滑油比低黏度润滑油所起的作用大。

(5)防锈作用。发动机在运转或存放时，大气中的水或是机油中的水及燃烧时产生的酸性气体窜入曲轴箱，都会对机件产生锈蚀、腐蚀作用，进而在摩擦面上造成腐蚀磨损或磨粒磨损，使发动机损坏。为了使发动机能长期可靠的运转，要求润滑油有防锈性。

润滑油能吸附在金属表面，防止酸性气体和水对金属的腐蚀，但是纯矿物油的这种作用太弱了，加有防锈添加剂的油对金属的保护作用被大大加强了，防锈剂分子的极性端可紧紧地吸附在金属表面，形成密集排列，防止了水对金属的接近，起到了防锈作用。

(6)消除冲击负荷。润滑油有消除轴承和发动机其他零件间冲击负荷的作用。在压缩行程终了，气缸中混合气燃烧时，气缸压力急剧上升，这样巨大的力突然加到活塞、活塞销、连杆、曲轴和它们的轴承上。这个负荷传递时，轴承间隙里的润滑油承受冲击负荷起到缓冲作用。当然间隙里的润滑油必须承受住冲载而保持住油膜，因此润滑油有助于发动机平静工作并防止金属与金属间的接触，减少磨损。

汽车发动机油除完成上述润滑、冷却、洗涤、密封、防锈、消除冲击负荷作用外，它还在十分恶劣环境中工作。

通常发动机是采用自流、飞溅润滑和压力润滑三种润滑方法。自流法是利用油在重力作用下能从高处流到低处的特性，进行润滑，如气门杆、凸轮轴等部位都是采用这种方法。飞溅润滑是油被激溅呈雾滴状落在摩擦点上进行润滑的，如气缸壁、活塞销多用此法。压力润滑是由机油泵通过主油道将油送到曲轴、连杆等处轴承，润滑后流回油底壳，如此不断循环，保证各部件润滑。一般发动机油循环在 100 次/h 以上。润滑油在飞溅和循环润滑中，不断和各种金属部件及空气接触，在金属的催化下与氧反应，促使油料不断老化变质。

众所周知，润滑油在发动机中经常与各处高温机件接触，如气缸中上部温度为 180 ~ 270 ℃，曲轴箱平均油温为 85 ~ 95 ℃，油料在这样高的温度下会剧烈氧化变质。

在发动机工作中，燃烧的废气和没有燃烧完全的气体，在气缸密封不良时会不断地窜入曲轴箱，这些废气将冷凝为水、燃油。特别是含硫燃料和含铅汽油，在使用中会使润滑油产生油泥、酸性产物，最后导致润滑油严重变质。

此外，由于灰尘、磨损下来的金属屑、燃烧后生成的积炭，都会严重地污染润滑油，所以，要求发动机用润滑油须经过深度精制，并加有各种改善使用性能的添加剂，使油品有适宜的黏度和良好的黏温性能，良好的热氧化安定性、洗涤性、抗腐蚀性、抗泡沫性，并有适宜的低温流动性等，以保证发动机在复杂的条件下正常工作。

4.3.2 润滑油的黏度和黏温性能

4.3.2.1 牛顿黏性定律

牛顿在研究黏性液体流动规律时提出“在黏性液体任何一点的剪切力与剪切率即速度梯度成正比”。假如把润滑油看成是许多层次排列的，那么，当外力作用时，即一层沿着另一层液体相对流动，在各层间发生剪切作用，假设最上层在力 F_1 作用下以 $v + dv$ 的速度向前进。第二层在力 F_2 作用下以 v 的速度前进。两液层的面积为 A，其间距离为 dy。假设此薄层均为稳流（不发生层间的乱流），则两液间相对运动作用力之差必和内摩擦力相等。即为 $F = F_1 - F_2$ 是剪切力。则剪切应

力 $\tau = F/A$。两面间的剪切速度梯度为 $\mathrm{d}v/\mathrm{d}y$。

根据牛顿黏性定律得：

$$\frac{F}{A} \propto \frac{\mathrm{d}v}{\mathrm{d}y} \text{或} \frac{F}{A} = \eta \frac{\mathrm{d}v}{\mathrm{d}y}$$

此式称牛顿黏性方程式，比例常数 η 表示液体黏性量又称黏度。

黏度也可以这样阐述，液体在外力作用下移动时，液体分子间产生内摩擦力的性质，称为黏度。

为了要和流动的其他阻力相区别，通常把内摩擦所造成的并符合牛顿黏性方程式的黏度叫做牛顿黏度。黏度这个名词作为表示内摩擦系数量的名称。

黏度是润滑油一项主要指标，它是润滑油分类的主要依据，也是选用润滑油的依据。

4.3.2.2 黏度的种类

表示黏度的方法很多，通常分为三种。

1）*动力黏度*（Dynamic Viscosity）

动力黏度又称为绝对黏度或牛顿液体黏度。当 $A = 1\ \mathrm{cm}^2$，$\mathrm{d}y = 1\ \mathrm{cm}$，$\mathrm{d}v = 1\ \mathrm{cm/s}$，$F = 1\ \mathrm{dyn}$ 时，代入黏性公式：

$$\eta = \frac{F/A}{\mathrm{d}v/\mathrm{d}y} = \frac{\mathrm{dyn/cm^2}}{(\mathrm{cm/s \cdot cm^{-1}})} = \frac{\mathrm{dyn \cdot s}}{\mathrm{cm^2}} = \frac{\mathrm{g}}{\mathrm{cm \cdot s}} = 1\ \mathrm{P}$$

即相距 1 cm 的两液层，面积各为 1 cm^2，相对移动速度为 1 cm/s，产生内摩擦阻力为 1 dyn 时的黏度为 1 P。通常用符号 η 表示动力黏度。即当温度为 t（℃）时，油的动力黏度用 η_t 来表示。在实际应用中泊（P）的单位太大，使用和计算都不方便（例如水 20 ℃的动力黏度是 0.010 05 P）。泊的百分之一称厘泊，用符号 cP（Centi Poise）来表示。国际单位用 Pa · s（帕斯卡 · 秒）来表示动力黏度。1 P = 0.1 Pa · s，1 cP = 0.001 Pa · s = 1 mPa · s。测定动力黏度是采用专用的毛细管黏度计。油经过毛细管是由压缩机加压流动，测定原理是哈根 – 泊塞耳方程式。

直接测液体的动力黏度困难较多，通常多采用相对测量法即用未知液和已知液相互比较的方法。当用液柱静压力表示毛细管两端压强差时，$P = h\rho g$。式中，h 为液柱高度；ρ 为液体密度，g/cm³。代入泊塞耳方程则得：

已知液 $$\eta_1 = \frac{\pi r r^4 h_1 \rho_1 g_1 t_1}{8VL}$$

未知液 $$\eta_2 = \frac{\pi r r^4 h_2 \rho_2 g_2 t_2}{8VL}$$

由于两种液体采用同一规格毛细管黏度计，在相同条件下进行测定，所以 v、r、l、h、g 等值均相同。将两式相除并约去相同各项，则得关系式：

$$\frac{\eta_1}{\eta_2} = \frac{\rho_1 t_1}{\rho_2 t_2}$$

标准液的黏度、密度和通过毛细管的时间都是已知的。待测液体的密度和待测液体通过毛细管的时间通过实验可以测定，这样待测液体的黏度即可求得。

2）运动黏度（Kinematic Viscosisy）

运动黏度是油的动力黏度与同温度下油密度的比值。运动黏度 = 动力黏度/同温度下油密度。即 $\nu = \eta/\rho$，运动黏度的单位是斯和厘斯（与泊和厘泊相应）。

$$1\ 斯 = \frac{克/厘米\cdot秒}{克/厘米^3} = 1\ 厘米^2/秒 = 10^{-4}\ 米^2/秒$$

$$1\ 厘斯 = \frac{1}{100}\ 斯 = 10^{-6}\ 米^2/秒 = 10^{-6}\ \mathrm{m^2/s} = 1\ \mathrm{mm^2/s}$$

在国际单位制、米千克秒单位制及工程制中，运动黏度的单位均为 $\mathrm{m^2/s}$。斯的符号是 St（是 Stoke 的字首），厘斯用 cSt（Centistoke）来表示。$1\ \mathrm{m^2/s} = 10^4\mathrm{St} = 10^6\mathrm{cSt}$。

测定运动黏度所采用的黏度计种类很多，有玻璃毛细管型、圆筒活塞型和细孔型等，由于各测定范围和使用场合不相同，要求条件也不相同。采用比较普遍的是玻璃毛细管型。我国的国家标准油品运动黏度测定是按 GB 265—88 试验方法进行的。

测量液体运动黏度用的玻璃毛细管黏度计形式不一，但其构造原理和测定方法都基本相同。图4-2是我国采用的测定石油产品运动黏度的毛细黏度计。这种黏度计的直径由0.4 mm至6.0 mm,共13支,可以测各类石油产品的黏度。

黏度计有三种扩张部分。试验油样由A管吸入,等于2、3扩张部分充满油样后,把黏度计浸入恒温器内,使扩张部分3的一半在液面以下,保持一定时间。使黏度计内油温与浴液温度平衡时,把油吸入扩张部分2,使油面稍高于标线a,然后让管内油样借自身重力下流到b线。油面由标线a达到标线b的时间(s)乘以黏度计常数,即为油样的运动黏度值。

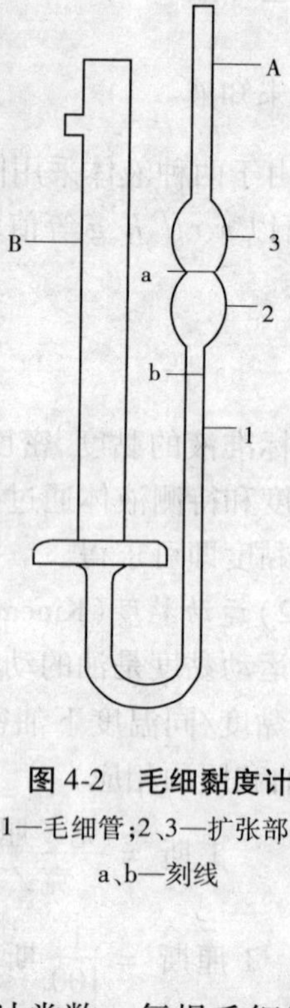

图4-2 毛细黏度计

1—毛细管;2、3—扩张部分

a、b—刻线

运动黏度测定原理仍然是根据哈根-泊塞耳方程式,因为它是一定量的试油利用自身重力,在规定温度下,流过一定尺寸的毛细管。

$$\eta = \frac{\pi r^4}{8VL} h\rho g t$$

由 $\nu = \frac{\eta}{\rho}$,可得

$$\nu = \frac{\pi r^4}{8VL} h g t$$

式中,r、L、h、g都是常数。

用C代表常数,则$\nu = Ct$,通常称C为黏度计常数。每根毛细管在出厂时就测定好了C值,说明书中将标明。如果不知道C也可购买标准液(已知黏度v),通过ν和时间t求出C值。已知毛细管常数C值后,通过实验求得未知液的t值,即可求出未知液的运动黏度值。例如:所采用毛细管常数为0.123 mm^2/s^2,某油从刻度a流至刻度b时间为100 s,则油的运动黏度为0.123 $mm^2/s^2 \times 100$ s = 12.3 mm^2/s,进行实验时应根据油的黏度大小选用不同直径的毛细管黏度计,控制其流动时间在200 s以上,0.4 mm的毛细管黏度计流动时间应在300 s以

上(GB 265—88)。因为流动过快会出现湍流,哈根-泊塞耳方程式不再适用,流动过慢会使实验时间过长。通常汽车用润滑油宜采用直径为1.0 mm和1.2 mm的黏度计。

运动黏度计是测定石油产品黏度的一种比较准确的仪器。我国原来规定发动机润滑油黏度在50 ℃和100 ℃进行测定,新的标准方法和国际标准一致,改在40 ℃和100 ℃时测定。

3)条件黏度

条件黏度是相对黏度,也是条件性数值表示的及采用特定黏度计测定的。常见的有以下几种。

恩氏黏度(Engler Degrees)是采用恩格勒黏度计测定的,在规定温度下从恩氏黏度计中流出200 mL试油所需的秒数与同体积的水在20 ℃流出所需的秒数的比例,用符号$^{\circ}E_t$表示。单位习惯上称“度”。例如:某油在100 ℃时,从恩氏黏度计中流出200 mL所需的时间是293 s,同体积的水在20 ℃流出时间是51 s,则$^{\circ}E_{100}=\frac{293}{51}=5.7$。该油在100 ℃时,其恩氏黏度为5.7度。恩氏黏度计见图4-3。

国际上许多国家采用恩氏黏度,如苏联、德国、法国、意大利、瑞典、挪威等。

雷氏黏度(Redwood Standard Seconds)是用雷德乌德黏度计测定的。在规定温度(70 ℉、140 ℉或212 ℉)下,从雷氏黏度计流出50 mL所需的时间,以“秒”为单位。根据黏度计的孔径,可分为雷氏1号(用Rt表示,测轻质油)和雷氏2号(用RAt表示,测重质油)两种。英国常用雷氏黏度。

赛氏黏度(Secondas Saybolt Universal)是用赛波尔特黏度计测定的。在规定温度(100 ℉、210 ℉或212 ℉)下,从赛氏黏度计流出60 mL所需的时间,以“秒”为单位。根据黏度计孔径不同,可分为通用黏度(用SUS或SSU表示)和重油黏度(又称赛氏费罗黏度,用SFS表示)两种。美国常用赛氏黏度。

4.3.2.3 黏度的换算

各种条件黏度和运动黏度之间都可以进行换算。

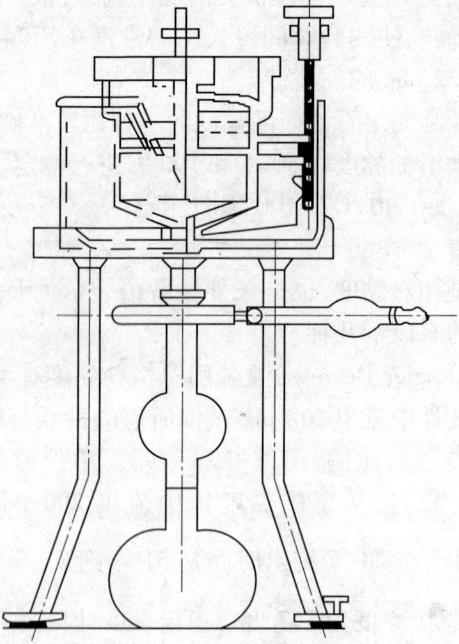

图 4-3　恩氏黏度计

1)利用经验公式

油品应用手册上有各种黏度相互换算的经验公式,例如下列是一些条件黏度换算为运动黏度的经验公式。

恩氏黏度　$\nu(\mathrm{mm^2/s}) = 8.0°E - \dfrac{8.64}{°E}$

$$1.35 \leqslant °E_t \leqslant 3.2$$

$$\nu(\mathrm{mm^2/s}) = 7.6°E - \frac{4.0}{°E} \qquad °E > 3.2$$

赛氏通用黏度 $\nu(\mathrm{mm^2/s}) = 0.266t - \dfrac{195}{t} \quad 32\ \mathrm{s} \leqslant t \leqslant 100\ \mathrm{s}$

$$\nu(\mathrm{mm^2/s}) = 0.260\,t - \frac{135}{t} \qquad t > 100\ \mathrm{s}$$

赛氏重油黏度 $\nu(\mathrm{mm^2/s}) = 2.24t - \dfrac{184}{t} \qquad 25\ \mathrm{s} \leqslant t \leqslant 100\ \mathrm{s}$

$$v(\mathrm{mm^2/s}) = 2.16t - \frac{60}{t} \qquad t > 100\ \mathrm{s}$$

雷氏一号 $$v(\mathrm{mm^2/s}) = 0.260t - \frac{179}{t} \qquad 34\ \mathrm{s} \leqslant t \leqslant 100\ \mathrm{s}$$

$$v(\mathrm{mm^2/s}) = 0.247t - \frac{50}{t} \qquad t > 100\ \mathrm{s}$$

雷氏二号 $$v(\mathrm{mm^2/s}) = 2.46t - \frac{100}{t} \qquad 32\ \mathrm{s} \leqslant t \leqslant 90\ \mathrm{s}$$

$$v(\mathrm{mm^2/s}) = 2.45t \qquad t > 90\ \mathrm{s}$$

2)利用黏度换算表

知道某种黏度的数值就可以查出另一种黏度的对应值,用于一般商业需要,其准确度能满足要求。

3)利用黏度换算图

一般手册都有,查图十分方便,只是数值粗略些。

4.3.2.4 黏度在使用上的意义

润滑油的黏度不仅是润滑油分类的依据,而且也与发动机摩擦功率的大小、运动零件的磨损量、活塞环的密封程度、润滑油及燃料的消耗量、发动机冷启动的轻快性、零件的温度等有密切的关系。为了节约燃料,必须减少摩擦阻力和搅油的能量损失,使发动机油低黏度化;为了减少磨损则要求润滑油有一定的黏度并能在摩擦面形成足够厚度的油膜;为了冷却和洗涤,则要求黏度低一些的油料。因此,常碰到一个这样的问题:在全面考虑润滑油在发动机中的作用时,就黏度而言,究竟是选用高黏度的油好,还是选用低黏度的油好,适宜的黏度又是如何达到。

1)黏度过大产生的缺点

发动机低温启动困难——油的黏度大,在发动机启动时上油太慢。油压虽高,但机油通过量并不多,主要因为油的黏度大,泵送性能差,此时最易出现短暂的干摩擦或半液体型摩擦,这正是发动机磨损的主要原因。据试验,发动机气缸、活塞环及轴瓦等部件的磨损有 2/3 是启动造成的,也就是说自发动机启动到润滑油进入摩擦面这段时间的磨损量占 2/3。

另一方面是油的黏度过大,当发动机在低温启动时,曲轴转动所需的转矩大。因而转速低,不易着火,见表4-8。

表4-8　发动启动时的转速与润滑油黏度之间的关系

润滑油编号	运动黏度(mm^2/s)			发动机启动转速(r/min)
	90 ℃	54 ℃	-18 ℃	
1	4	14	756	59.7
2	7	30	4 324	31.3
3	7	31	9 828	160.8
4	11	57	44 920	10.5

某单位在技术状况相同的两辆汽车上进行试验,行车3 700 km,使用15号(现为40号)汽油机油(L-EQB,现为SB)的汽车发动机中的机油含铁量为1.6%,而使用10号(现为30号)汽油机油(L-EQB,现为SB级)的汽车中的机油含铁量为0.89%,使用15号汽油机油的汽车较用10号的磨损大80%左右。

油的黏度过大,要多消耗热能,降低有效功率,因为油的黏度大,机件间的摩擦阻力也就增大。这样不但增大机件间的磨损,而且燃料燃烧后发出的热能,就要多消耗一些变为摩擦力功,以克服增加了的摩擦力,因而也就降低了发动机有效功率。试验证明,使用6号汽油机油(L-EQB级,现为SB级20号)的汽车较用10号汽油机油(现为L-EQB级30号)的汽车汽油的消耗要低约11%。

冷却作用差——黏度大的油循环速度也慢,其冷却散热作用的效果差,易使发动机过热。据试验,在相同条件下使用100 ℃黏度为4 mm^2/s的润滑油与10 mm^2/s的润滑油相比,前者轴瓦温度为82 ℃,后者为92 ℃。

洗涤作用差——黏度大的油循环速度慢,其通过滤清器的次数就少,不能及时将磨损下来的金属粉末、炭粒、尘土等从摩擦面上洗下来,其洗涤作用就差。这点是指没有加清净分散添加剂的油料间相比,或者加有同类、同质及同量的清净分散添加剂的润滑油间相比较而言。至于一种油加有清静分散剂,另一种油不加清净分散剂,则在洗涤作用方面的比较,就不能以黏度大小为主要因素了。

此外,黏度大的润滑油与黏度小的油相比较,它的残炭大些,酸值稍高,凝固点高,热氧化安定性和黏温性能都差,这些都影响它的使用效果。

2)润滑油黏度太小时出现的问题

油膜容易破坏——在高温摩擦面上,不易形成足够厚度的油膜,机件得不到正常的润滑会增大磨损。

密封作用不好——易使气缸漏气,降低功率,还易使废气窜入曲轴箱,使机油受到稀释和污染。

加大润滑油消耗量——黏度小的油密封不好,蒸发性又大,这样就容易使气缸壁上(特别是气缸壁上部的高温区)的机油窜入燃烧室造成烧机油,不但增大了润滑油的耗量,还造成燃烧不完全,排气冒黑烟,功率下降。

3)润滑油黏度的正确选用

由以上可见,发动机润滑油的黏度太大或太小都不好,就黏度来说(准确地说,选用发动机油首先在考虑油的质量或使用级别的前提下,再考虑黏度大小),可以简单地归纳为以下几点:

应选用黏度适宜的发动机润滑油。这个适宜黏度是指在发动机的摩擦面上能够形成足够厚度的油膜,在保证机件正常润滑的前提下,选用黏度尽可能低一些的润滑油。例如,某一汽油机,经过试验或实际使用,30 号或 40 号汽油机油都能够保证机件的正常润滑,那就应选用 30 号汽油机油而不是 40 号汽油机油。

载货汽车发动机高温运行状况下的黏度要求——100 ℃的最低黏度,与润滑油的黏温性能及高温润滑性能有关。就不含抗磨及减摩剂的润滑油而言,不宜小于 7 ~ 8 mm^2/s。

在润滑油黏度的选择上,许多人有偏高的倾向,错误地认为高黏度油利于保证润滑及减少磨损。实际上并非如此。高黏度油的低温启动及泵送性差,启动后供油慢,磨损大。因此,应当在保证发动机活塞环密封、机件磨损正常的条件下选用低黏度润滑油。

我国从20世纪60年代起,国内各研究单位在不同气候下发动机油黏度的选择问题,进行了大量的试验研究工作,得出了下列结论:

北京地区冬季使用20W号汽油机油(原为6号),发动机启动轻快,磨损正常,而且比用30号汽油机油(原为10号)平均节省11%。

多次行车试验证明,在南方夏季使用30号汽油机油使发动机运转良好,磨损正常。可见在我国华东、华南、中南及西南地区的运输汽车30号汽油机油(原为10号)或30号柴油机油可全年通用。

时常停歇的短途运输汽车,发动机启动频繁,曲轴箱油温较低,即使启动气温不低,也以采用低黏度油为好。反之,负荷重、运距长的双班运输汽车,必须考虑以保证热车润滑为主,所用润滑油的黏度不能太低。

发动机技术状况好,磨损很小,应该用低黏度的润滑油。如果发动机磨损严重,润滑油的黏度应该大一些。

新车走合期中,不论冬季或夏季、北方与南方,都应用低黏度汽油机油或柴油机油。

4.3.2.5 润滑油的黏温性能

润滑油的黏度是随温度变化而变化的,温度升高黏度变小,温度下降而黏度增大。这个关系及其变化程度就叫润滑油的黏温性。对发动机油来说,黏温性能是它的一项重要指标。因为润滑油在发动机中工作时,接触到的各润滑部位的工作温度的差别相当大,如活塞环处为205 ℃(汽)~300 ℃(柴),活塞裙部为110 ℃(汽)~115 ℃(柴),主轴承为85 ℃(汽)~95 ℃(柴),而且在冬季室内停车后,油底壳里的机油温度可降至和大气温度一样低。因此,就要求发动机润滑油在高温部件上工作时能保持一定的黏度,形成一定厚度的油膜,起到应有的润滑作用;而在低温时,黏度不要变得太大,以免内燃机启动困难,增大磨损。

总的来说,油在50 ℃以下黏度随温度变化较显著,50~100 ℃变化幅度较小,100 ℃以上变化更小。这是因为50 ℃以下时,油分子运动能量较小,分子间距离近,分子间引力加大,同时石蜡结晶逐渐析出,出现结构黏度。而在高温时(>100 ℃),油分子运动能量大,分子间距离较远，引力较小，固体烃充分溶解，因此黏度随温度变化缓慢。黏温特性是润滑油很重要的性质之一，反映油品黏温关系最常用的是 Walther 方程：

$$\lg\lg(\nu + a) = b + c\lg T$$

式中　ν——运动黏度；

T——热力学温度；

a、b、c——与油品组成有关的常数。

试验表明，我国润滑油、柴油 a 值取 0.6，汽油、煤油 a 值取 0.7 较好。

表示润滑油黏温性能有多种形式，目前在国产发动机润滑油质量指标中采用两种形式。

1）黏度指数（*VI*）

黏度指数是国际通用的表示黏温特性的方法。黏度指数（Viscosity Index）越大，表示润滑油的黏温特性越好；反之越差，所以这项指标的规格是“不小于”某数值。例如：国家标准 SD40 汽油机润滑油（GB 11121—95）要求是黏度指数不小于 80。

采用两种标准油，一种是黏温性能极好的石蜡基础，以它的黏度指数为 100，另一种是黏温性能极差的沥青基油，它的黏度指数是 0。未知油的黏度指数与上述两种进行比较评定，方法是先测定试油在 98.9 ℃（210 ℉）的运动黏度，再从石蜡基、沥青基油各窄馏分中，各选出一种油，使其在 210 ℉时的运动黏度与试油相同。分别测出三种油在 37.8 ℃（100 ℉）时的运动黏度。设试油在 100 ℉的运动黏度为 U，石蜡基标准油为 H，沥青基标准油为 L，则试油黏度指数通过下式求得：

$$VI = \frac{L - U}{L - H} \times 100$$

在实际工作中只要测试油 40 ℃和 100 ℃下的运动黏度，然后通过一些经验公式计算出 L、H、$L-H$ 的值，再代入上式求出 *VI*，或者查出有关 L、H 的数值表，再求 *VI* 值。也可测出试油 100 ℃和 40 ℃运动黏度值，利用有关图表直接查出试油的 *VI* 值。

国家标准试验方法 GB/T 1995 是用测试验油 40 ℃和 100 ℃运动

黏度来计算黏度指数的方法：

方法 A 适用于黏度指数低于 100 的石油产品。

方法 B 适用于黏度指数为 100 或高于 100 的石油产品。

先按 GB/T 265 测试油 40 ℃、100 ℃运动黏度（mm^2/s），再按公式计算出试油的黏度指数。

黏度指数可以较好地反映 40～100 ℃温度范围内油黏温曲线的斜率，要求黏度指数只要测试油的运动黏度即可，但查图法误差较大，用计算法太烦杂，当温度不在 40～100 ℃范围时误差更大，目前尚无更好的方法取代，是国际广泛采用的方法。

按黏度指数可将润滑油分成四级：$VI<35$ 为低黏度指数油；$VI=35\sim80$为中黏度指数油；$VI=80\sim100$ 为高黏度指数油；$VI>100$ 为特高黏度指数油。

2）运动黏度比

运动黏度比是同种油 50 ℃和 100 ℃运动黏度比值。黏度比 $\nu_{50\ ℃}/\nu_{100\ ℃}$，这种比值越小，表示润滑油在测定的温度范围内（50～100 ℃）的黏温性能越好；反之，则越差。所以这项指标的规定是“不大于”某数值。目前，在润滑油规格中这个指标的应用范围日益减少，有被黏度指数取代之势。此方法虽简便，但不准确。通常是黏度大的油，其黏度随温度变化大；黏度小的油，其黏度随温度的变化小。所以，黏度比衡量黏温性能，只有当油品黏度相近时才可以。

4.3.3 清净分散性

所谓清净分散性有两层意义：其一是内燃机油（即发动机油）能将其氧化后生成的胶状物、积炭等不溶物增溶或悬浮在油中，形成稳定的胶体状态而不易沉积在部件上；其二是指将已沉积在发动机部件上的胶状物、积炭等洗涤下来。

润滑油基础油本身并不具备清净分散性能。内燃机油的清净分散性能，是通过添加剂而获得的。

在汽车发动机内部，各处温度不同。按照温度的高低可划分为三个区域，在各个区域里生成的沉积物性质是不同的。

(1)燃烧室高温区。燃烧时火焰温度可以高达1 500~1 800 ℃，但活塞顶、气缸盖及气缸壁的温度，由于冷却和传热作用要低得多，在250~500 ℃。这样高的温度足以使进入燃烧室后落在这些部件表面上的润滑油和未燃尽的燃料发生深度变化，生成焦状固体或疏松的烟灰状物，主要覆盖在活塞顶、排气门、导管、火花塞及喷油嘴上。这类高温沉积物通称为积炭。

(2)连杆活塞组为中温区。一般说来活塞部位由上到下的温度是260~175 ℃。有的增压柴油机还要高得多，第一环槽温度可达315 ℃。活塞裙的上部最高温度是150~200 ℃，下部是100~150 ℃。从最上面的活塞环槽（包括活塞环）到活塞裙部，内外表面及连杆表面通常都覆盖着黄、褐甚至黑色的漆状物，通常叫做漆膜。漆膜里常夹有焦炭状的固体颗粒或油膏状物质。

(3)曲轴箱为低温区。曲轴箱机油的温度一般不超过90 ℃，冬季或停停开开状态下运行时，温度会更低。在曲轴箱油底壳底部、侧面及油泵等处，产生一种油泥状的沉淀，通常称做低温油泥或油泥。

积炭、漆膜和油泥，组成和性质不同，对清净分散添加剂的感受性能也不一样。金属清净剂（磺酸盐、烷基水杨酸盐等）对积炭和漆膜作用效果好，但对低温油泥效果差。无灰分散剂（丁二酰胺型、酚醛胺型）正相反，对低温油泥有很好的分散作用，但高温清净性差。目前这两种添加剂一般都复合使用，复合后有明显的协合作用。

4.3.3.1 积炭

积炭有密实、疏松、柔软等各种形态，其组成和性质随发动机工况、燃料、润滑油性质及随空气进入燃烧室的杂质而异。在同一燃料室内，不同零件上积炭性质和组成也不同。积炭主要包括：燃料和润滑油燃烧生成的碳质沉积物，汽油抗爆剂（四乙基铅）生成的铅化物，燃料中的硫燃烧后与金属生成的盐类，润滑油中金属添加剂燃烧后形成的金属氧化产物，空气携带的灰、沙等硅化物，发动机零部件磨损下来的金属屑及其化合物。

发动机燃烧室的温度虽然高到足以使任何有机物燃烧完全，但由于燃烧过程是在极短时间内进行的，部分燃料及掺入燃烧室的润滑油来不及与空气充分混合燃烧，因而在燃烧室内总免不了生成烟、炭粒及其他不完全燃烧产物。燃烧室内各部的温度是不相同的。除排气门温度超过 500 ℃外，由于散热作用，燃烧室壁和活塞顶部温度在 250 ~ 500 ℃。燃料及润滑油落在这些零部件的表面，在金属的催化作用下，产生深度的氧化及缩合，形成黏性的树脂和漆膜。树脂和漆膜能把落在它上面的烟灰、炭粒、金属氧化物等固体杂质黏附在金属表面上。在发动机运转过程中，一方面漆膜不断落上未燃燃料、润滑油、烟灰、炭粒等；另一方面，靠近金属的树脂、漆膜进一步氧化缩聚变成叫做积炭的固体沉积物。如此往复，积炭层便逐渐增厚。但积炭的表面层增长到接近高温区时，落在上面的有机物将被烧净，这时积炭便停止增长而达到平衡状态。可见，积炭的生成、增长只限于燃烧室面层的低温区。

积炭增长到平衡厚度的时间，取决于发动机的结构和温度状态、润滑油的质量和耗量、燃料性质及混合气的组成等。润滑油耗量大、残炭值高、热安定性差等，达到平衡的时间就会短；发动机经常以富气工作会形成较多的烟灰及炭料，也将加速积炭的形成。

若发动机工况稳定，积炭层达到平衡厚度后便不再增加，若发动机工况经常改变，燃烧室的高温区扩大，或向燃料室壁移动，积炭层因表面烧掉而减少或因振动及热应力作用而剥落。反之，若高温区缩小或朝离开燃烧室的方向移动，积炭层将继续增加，以达到新的平衡厚度为止。所以，就一定的发动机而言，积炭的厚度主要取决于发动机的热状态。

积炭的导热性很差，覆盖在零部件表面会降低传热系数，阻碍热散失，引起燃烧室温度上升，火花塞或喷油嘴、排气门、活塞及汽缸盖等过热。积炭增多后导致燃烧室容积减小，热强度增大，使汽油发生爆震。此外，燃烧室内的炽热积炭颗粒在铅盐的催化作用下可引起汽油机失控燃烧，出现早期点火、燃烧不稳等现象，导致发动机零部件急剧磨损或损伤。柴油机喷油嘴上的积炭妨碍燃料正常喷射雾化，使柴油机功率下降，排气烟多。二冲程汽油机的积炭还会造成火花塞跨连，发动机熄火。气门座积炭会破坏气门的密封性，致使气门烧坏。若积炭落入曲轴箱内，通过润滑油的循环，还会引起活塞环卡死，气缸、曲轴等的磨损甚至擦伤。

综上所述,发动机内生成积炭是不可避免而又有害的。现在还没有好的清除零部件表面积炭的方法。一般采用手工清除。有的用金属丝锯和刮刀清除,这种方法工效低且易损伤机件;有的先用三氯乙烯清洗发动机及其他有积炭的零部件。三氯乙烯能溶解积炭中的胶质和沥青质等粘住物质,使剩余的炭质化合物和金属氧化物等变得松脆而易于清除。

较小的零部件可以用化学洗涤液清除。把脏污的零部件放入80~95 ℃的洗涤液内浸泡2~3 h,再移到热水中用刷子清除残余的积炭。洗净积炭后,最好用0.1%~0.3%铬酸钾(或钠)溶液清洗一遍,再用压缩空气吹干。

需要强调,由于苛性钠(NaOH)对铝有腐蚀,故含有苛性钠的洗液绝不可用来清洗铝质机件。

4.3.3.2 漆膜

漆膜主要沉积在活塞环槽、裙部及连杆上。颜色有淡黄色、棕褐乃至深黑色。活塞裙部的漆膜一般颜色较浅,平滑而光亮。活塞环槽膜常常夹杂有积炭,颜色深而表面粗糙;漆膜与金属表面结合得非常牢固,只有新生成的漆膜才能被苯、丙酮、氯仿等溶剂洗掉。

漆膜是润滑油和燃料氧化缩聚的产物。润滑油和燃料油的示踪原子氚的柴油机试验证明,漆膜90%来自润滑油,10%为燃料氧化及不完全燃料产物。结果如下:

部位	润滑油产生沉淀(%)
活塞冠部	88
顶环槽	94
第二环槽	93.5
第三环槽	92.8
第四环槽	91

研究表明,温度在曲轴箱的80 ℃到环区的300 ℃之间的润滑油的液相氧化是漆膜生成的主要原因。发动机零部件表面的薄层润滑油,在高温、氧及金属表面的催化作用下被氧化,生成复杂氧化物和不饱和化合物的混合物,如烯烃、醛、酮及醇类等。这些初级氧化产物进一步

反应，一方面生成以聚酯和聚醚为主的漆状物；另一方面，曲轴箱内润滑油的氧化结果，使油中可溶性氧化物、固体氧化产物增多。这些物质通过润滑油循环而沉积在活塞环区，吸附燃气中的碳化物，进一步氧化缩聚生成漆膜。燃气中硫的氧化物和空气中氮的氧化物都可能与润滑油及燃料油中的氧化产物结合，加速漆膜和积炭的生成。图 4-4 是漆膜和积炭形成示意图。

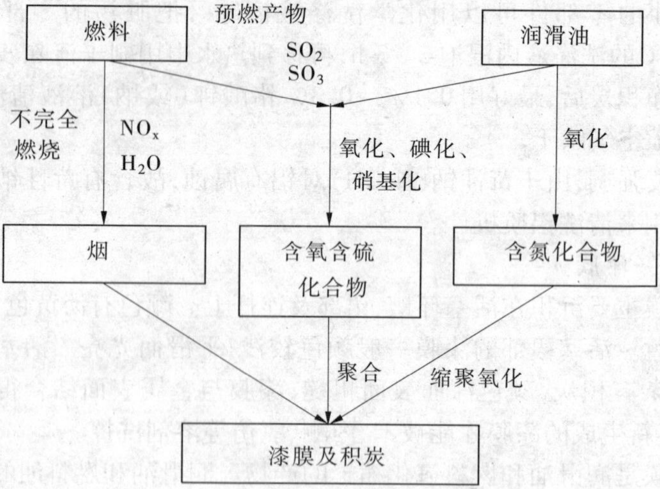

图 4-4　漆膜积炭形成示意图

润滑油和燃料油的质量及发动机运行状况，对漆膜的形成影响很大。

环烷基润滑油基础油比石蜡基润滑油基础油在活塞环槽区生成的沉积物多，且温度越高差别越大。基础油中加入清净分散剂和抗氧抗腐剂可有效抑制漆膜的生成，提高活塞环区的清洁度。

汽油中的高沸点（沸点大于 149 ℃）芳烃会增加活塞裙部漆膜的生成量。从燃烧室逸出的铅化物可能沉积在环槽内，增大沉积物量。

柴油在预燃时生成的复杂有机物，进一步氧化缩聚生成胶质，它们与润滑油氧化产物结合在一起将增加漆膜生成的倾向。柴油中硫的影响不可忽视，硫含量增加，活塞环槽区漆膜增多。

漆膜的导热性很差，黏附性很强。覆盖在活塞表面的漆膜，会阻碍热量的散失，过多时甚至导致活塞烧坏。沉积在活塞内的漆膜，对发动机工作状况影响最大。它阻碍活塞环的自由活动，使活塞环的密封性能变坏。若沉积过多可造成粘环。粘环后，活塞环的密封作用变坏甚至丧失，大量机油上窜入燃烧室，燃烧室内的燃气下漏入曲轴箱。由此而引起一系列严重的后果；燃烧气体沿活塞环和气缸套之间的间隙下窜，烧掉了气缸壁上的润滑油膜，活塞环与缸壁间发生"干磨"，使缸套和活塞环的磨损急剧增大，甚至严重擦伤。同时，发动机功率下降，燃料和润滑油消耗增大，排烟增多，机件表面迅速脏污。

漆膜黏附性很强不易清除，最好用前述清洗积炭的洗涤液加热洗涤。

4.3.3.3　油泥

油泥主要沉积在曲轴箱油底壳和壁、机油泵集油器滤网、油道、正时齿轮盖等处，颜色从灰到黑，稠度介于软膏状、半固体或固体之间。据研究，燃烧室的气体通过活塞环和气缸壁之间的间隙窜入曲轴箱是形成油泥的主要原因。窜气主要发生在压缩及燃烧过程。若将窜气引出冷却，会分成气、液、固三相。气相成分主要是空气（氧、氮），CO_2、CO、烃类及硫、氮氧化物含量很少，对油泥生成无直接关系。液相中含有未燃烧燃料油、润滑油、溶于油中的液相氧化产物、水及水溶性氧化物、卤化物、氮和硫的氧化物等。固相中含有60%的有机物（含羰基和羟基的聚合物）、40%的无机物（添加剂和磨损零部件的金属及金属氧化物、灰尘等）。

窜气进入曲轴箱后，由于环境温度较低，高沸点组分和水汽冷凝，并与曲轴箱内的润滑油混合。其中润滑油和燃料油中的液相氧化产物（羟基及羰基化合物、羟酸及酯等）进一步氧化缩聚，形成一种黏性物质，此物质能将固体物质、燃料、水、炭黑、磨损金属粒子及曲轴箱内的润滑油的氧化产物黏合在一起形成油泥。窜气中极少量润滑油和燃料油的液相氧化产物，对油泥的生成起着决定性作用。图4-5是油泥生成示意图。

油泥的主要成分是润滑油和固体物质，燃料油和水的含量很少，见表4-9。

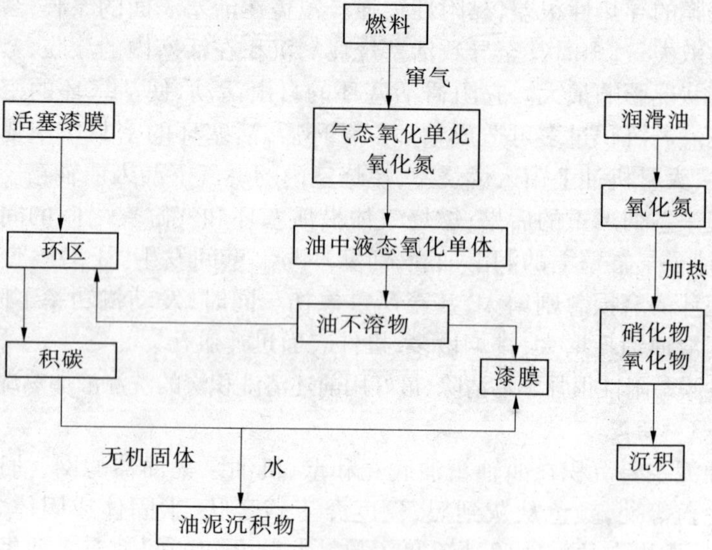

图 4-5　油泥生成示意图

表 4-9　油泥组分分析

润滑油的分散性	油泥中构成物(%)(质量)			
	水	润滑油	燃料油	固体物
差	2.00	60.90	4.60	32.50
中好	1.00	67.90	5.10	26.00
良好	0	79.60	4.00	16.4

油泥中所含的三种液相组分的分析结果见表 4-10。

一切使液体氧化产物、水分及杂质增多的条件，都将促使油泥生成。发动机运行温度对油泥生成影响大。发动机运行温度过低，即交通拥挤城市中停停开开的小轿车或轻型汽油机货车及高功率经常短途行驶的汽车都容易生成油泥。

油泥沉积的存在，导致油泵入口、输油管路的堵塞，使润滑油循环系统供油量减少甚至中断，从而引起运动部件的摩擦和磨损，严重时因

“干磨”而导致擦伤、烧瓦甚至抱轴等严重事故的发生。

表 4-10　油泥中所含的三种液相组分的分析

液相组分		部分		
		A	B	C
水(mg/kg)		200	150	0
卤化物(mg/kg)		5	10	0
硝酸盐(mg/kg)		5	10	0
硫酸盐(mg/kg)		80	60	0
燃料油(%)(质量)	饱和烃	58.8	59.1	56.9
	不饱和烃	19.0	18.8	18.1
	芳烃	22.2	22.1	25.0
润滑油(%)(质量)	烃类	65.9	64.4	78.6
	羟基及羰基化合物、羧酸及酯	5.0	3.5	1.0

基础油中加入金属清净剂,对低温油泥的抑制和分散作用不大。加入无灰分散剂(丁二酰亚胺类、酚醛胺类),可显著抑制低温油泥的生成,使油泥母体和油泥增溶于或以胶态分散于油中而不沉淀析出。基于此,一般较高级的汽油机油中都要加入无灰分散剂。

4.3.4　抗腐蚀性能

4.3.4.1　腐蚀机理

润滑油在使用过程中总会和各种金属接触,不腐蚀这些金属是最基本的要求。所谓腐蚀,是指润滑油中所含的侵蚀性物质和金属零部件发生电化学反应而引起的损坏。

腐蚀是汽车发动机轴承和其他摩擦零部件磨损增大的主要原因之一。

现已查明:润滑油中的基本组分——烷烃、环烷烃对金属是无腐蚀的。对金属有腐蚀作用的是酸类——水溶性无机酸类和油溶性有机酸类及水溶性低分子有机酸类。

成品润滑油本身不含无机酸。引起金属腐蚀的无机酸,一是来自润滑油加工过程中未除尽的硫酸等,再者是在使用、储存、运输过程中混入的。无机酸可以直接和铁、铝、铅等金属作用生成相应的无机酸盐,造成化学腐蚀。

有机酸包括油溶性的高分子有机酸和水溶性低分子有机酸类两种。在加工过程中,润滑油基础油中所含的有机酸类(环烷酸类、羰酸和羟基酸类)绝大部分都已被除去。引起金属腐蚀的有机酸类,主要是润滑油使用过程中的氧化产物。

低分子有机酸,在水存在下对金属的腐蚀作用十分强烈,其腐蚀性随分子的增大而减弱。

油溶性高分子有机酸,只在有其他氧化剂时才会与金属作用。研究表明,金属先与润滑油氧化的中间产物过氧化物作用生成金属氧化物,接着金属氧化物与有机酸类反应生成有机酸盐而溶于油中,可用下述化学反应式表示:

$$\underset{\text{金属}}{Me} + \underset{\text{过氧化物}}{R_2O_2} \longrightarrow R_2O + MeO$$

$$\underset{\text{金属氧化物}}{MeO} + \underset{\text{有机酸}}{2RCOOH} \longrightarrow \underset{\text{有机酸的金属盐}}{Me(RCOO)_2} + \underset{\text{水}}{H_2O}$$

空气中的氧也可使金属氧化,生成氧化物。此氧化物与酸反应生成盐而使金属被腐蚀。若油中同时含有空气(分子氧)和水,则金属能够被油中的高分子有机酸腐蚀。首先生成金属氢氧化物,然后与酸反应生成溶于油的高分子有机酸盐:

$$2Me + O_2 + 2H_2O \longrightarrow 2Me(OH)_2$$

$$Me(OH)_2 + 2RCOOH \longrightarrow Me(RCOO)_2 + 2H_2O$$

为了提高润滑油的抗腐蚀性能,一般都要在基础油中加入抗腐蚀添加剂。抗腐蚀添加剂能在金属表面形成保护膜,从而隔绝了侵蚀性物质对金属的侵蚀作用。常用多效添加剂二烷基二硫代磷酸锌(T202),兼有抗氧抗腐蚀作用,它在热分解过程中产生的偏磷酸盐的无机络合物能够在 Cu - Pb 轴承上形成保护膜,从而起到抗腐的作用。

4.3.4.2 影响因素

1)润滑油基础油酸值的影响

一般说来,润滑油基础油的酸值越大,对金属的腐蚀性就越强,但这不是绝对的。由于原油种类、精制方法等的不同,润滑油基础油氧化生成的酸的种类及特性也是不同的,对金属的腐蚀性自然也不一样,

尽管如此,酸值的大小仍可看做润滑油基础油精制深度、腐蚀大小及老化程度的定性判断指标。

现代发动机润滑油、工业用油中一般都加入了抗氧抗腐抗磨多效添加剂二烷基二硫代磷酸锌(T202),此剂酸值较大,加入后油品的酸值要相应升高。加有此剂的油品酸值虽然增大,但抗腐蚀性能却提高了。因此,加有添加剂的成品油的酸值的大小与腐蚀性能无对应关系。新油品使用一段时间后酸值的增长与对金属的腐蚀性有良好的相关性。

2)温度、负荷及燃料性质的影响

润滑油的使用温度与腐蚀性有密切关系。油温升高,油品氧化生成腐蚀性氧化产物的速度加快,同时氧化产物与金属反应的速度即腐蚀的速度也加快。一般说来,温度每升高 10 ℃,化学反应速度加快一倍,金属腐蚀增大几倍乃至几十倍。

燃料的化学组成及燃烧完全与否,对金属的腐蚀也有影响。即使不含硫的燃料的燃烧产物也能增加润滑油的腐蚀性;若含有少量的硫,便会急剧增加气缸套和活塞环等的腐蚀磨损。

4.3.5 低温性能

4.3.5.1 低温启动性能

在我国东北、西北地区,有的地方冬季室外温度可冷至 -40 ℃以下。在这些地区冬季行驶的汽车停车后,发动机逐渐冷却下来,时间稍长可冷却至环境温度。在严寒的气候条件下发动机能否启动,与发动机启动所需功率有关。只有发动机启动所需功率小于其直流电机所能提供的功率,发动机才能启动。对于一个确定的发动机,启动所需功率主要与内燃机润滑油的阻力有关。

油品阻力主要来自屈服应力和黏度。如果在阻力中屈服应力起重要作用,启动时的扭矩——时间曲线上应出现明显的峰,见图 4-6 曲线 1。这是因为先要有足够的扭矩才能克服屈服应力。一旦油品中蜡的结晶结构破坏,油开始流动时,阻力就迅速降低,这时阻力主要来自黏

度。图 4-6 曲线 2 是含蜡内燃机润滑油在其倾点以下的情况。可以看到,它的启动扭矩只有微小的峰,表明屈服应力不大。图 4-6 曲线 3 是不含蜡油,没有出现峰,表明其阻力主要取决于运动条件下油品的黏度。

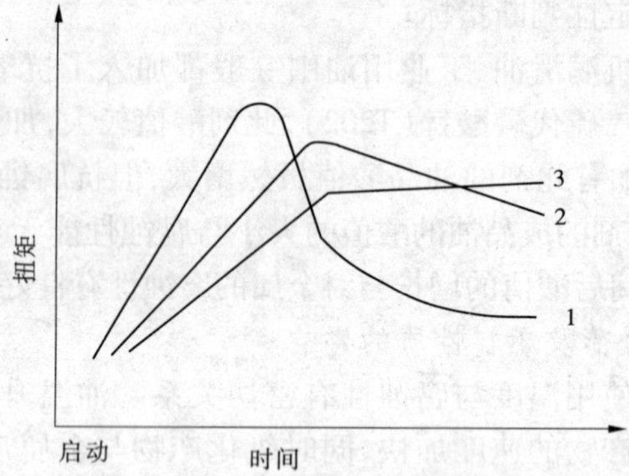

图 4-6　不同油品的启动扭矩

1—冻结的橄榄油;2—在倾点以下的含蜡润滑油;3—不含蜡油

据研究,油品的凝点对发动机的低温启动性能影响不大。黏度相同凝点不同的油,在接近凝点、低于或高于凝点的不同条件下,测得的转速转矩关系曲线都是一样的,表明凝点以上蜡的析出似乎并不影响启动。这是因为发动机启动时剪切力大,足以破坏蜡的结构而使油品在低温时的表观黏度接近于它的纯液相的黏度,见图 4-7。

发动机的低温启动性能和内燃机油的低温黏度有关。

由纯矿物油组成的润滑油的低温黏度,以前一直用 ASTM 外推黏度法(ASTM D341 - 43),即通过测知润滑油在 98.9 ℃(210 ℉)及 37.8 ℃(100 ℉)时的黏度,在 ASTM 黏度关系图上作一直线并外延,以求得 -17.8 ℃低温时的黏度。这个方法一直沿用并用以制定规范。它和发动机冷启动情况的关联是较好的。

早期稠化机油(多极油)的低温黏度测定法,仍沿用纯矿物油的 ASRM 外推黏度法。但是,ASTM 外推黏度法是以华尔脱方式为基础的适合于黏度不随剪切速度而改变的牛顿液体。只有牛顿液体,黏度与温度的关系在 ASTM 黏度—温度关系图上才呈直线关系。稠化机油

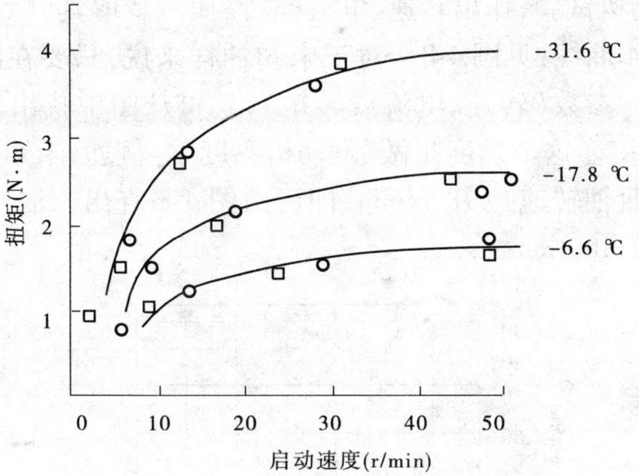

图 4-7　蜡对启动速度和扭矩的影响

	倾点	37.8 ℃黏度(SUS)	98.9 ℃黏度(SUS)
□油 A	-9 ℃	452	62.2
○油 B	-20.5 ℃	458	62.0

中由于加入了高分子聚合物黏度指数改进剂，其黏度随剪切速度而改变，属非牛顿液体，它的黏—温关系在 ASTM 黏—温关系图上不再是直线关系。正因为如此，用 ASTM 外推法求稠化机油 -17.8 ℃的低温黏度，某些时候求出的黏度值比矿物基础油在 -17.8 ℃时的外推黏度值还要低。这显然是不合理的。因为，加入的高分子聚合物的分子量要比基础油大几十甚至几百倍，其黏度比基础油大得多，故 -17.8 ℃的黏度只能比基础油高。

由于用外推法不能满意地求出稠化机油的低温黏度，于是人们进行了深入的研究。

(1)发动机测黏方法的研究。美国研究协调委员会(CRC)，为了找到一种适合发动机工作情况的测量稠化机油低温黏度的方法，于 1961 ~1963 年间，在 CRC 下属 11 个实验室中的 12 台全尺寸发动机上进行试验(11 台汽油机、1 台柴油机)。在 -17.8 ℃冷室中进行全尺寸发动机试验。试验中，先对发动机转速及启动马达所需电流进行精确测量，并在已知转速条件下测量转矩。用校正油(低凝低浊点纯矿物油)进行发动机试验,作出转速、电流或转矩(三者取其一)与校正油黏度关系的工作曲线,见图4-8。对于未知油样来说,只要在同样条件下测得其中任一参数(转速、电流或转矩),就可从图中找出未知油样的-17.8 ℃黏度。这个黏度叫做“发动机黏度”。例如,未知油样经发动机试验测得曲轴转速是78 r/min,即可由图4-8查出该油-17.8 ℃发动机黏度为1 900 mm^2/s。

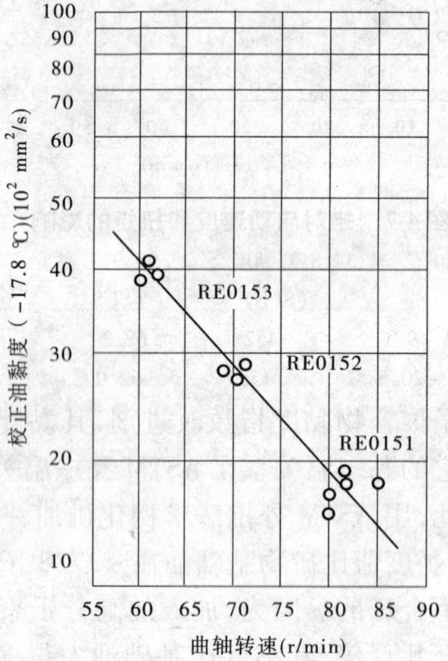

图4-8 校正油黏度与发动机曲轴转速的工作曲线

(2)实验室测黏方法的研究。美国材料试验协会(ASTM)在所属实验室内开展了大量的研究工作,以寻求一种简便而又能较真实反映稠化机油低温黏度的测定方法。为此,采用了不同剪切力和几何形状的黏度计,分别用上述发动机试验中使用的校正油和试验油进行试验,取多次试验的平均值与平均发动机黏度值对比。

大量的试验、对比表明,弗兰提-谢里锥板式黏度计及外力-球黏度计(校正凝胶黏度后)两种方法测出的数值相对好一些,总的趋势比较靠近平均发动机黏度。但是,这两种黏度计本身试验误差较大,重复性和再现性都不好,作为实验室测定是不理想的。此后出现的黏度测定法,以 CRC 所属海湾公司研究的“往复式黏度计”法及 CRC 所属埃索公司研究的“冷启动模拟机”法为最好。

往复式黏度计法。海湾公司在进行发动机模拟测定黏度的方法研究时,曾采用两种小型模拟装置,一种是航空发动机模拟机(单缸),另一种是往复式黏度计。后者比前者简单,用新设计的带有连杆的活塞及活塞筒代替航空发动机的单缸部分,其他部分两者几乎完全一样。两种模拟装置均采用不同的冲程,以考察不同剪切速度下所得黏度值与“平均发动机黏度”的差别,从而为设计有代表性的模拟测黏装置提供依据。同时,这两种模拟装置也要用校正油。像求“发动机黏度”一样,作出装置本身的校正曲线,然后再对未知油样进行测定。这两种装置所测得的黏度与“平均发动机黏度”都很接近,因此 ASTM 在 1969 年把往复式黏度计作为测定发动机润滑油低温黏度的推荐方法。测定范围 -17.8 ℃(0 ℉)及 -28.9 ℃(-20 ℉)。

冷启动模拟机法的精度比往复式黏度计法更高,已被广泛采用。

目前我国测定润滑油性能是采用 GB/T 6538—2000《发动机油表观黏度测定法”,也称冷启动模拟机法,将试样加在转子与定子之间,用直流电机驱动一个紧密装在定子里的转子,通过调节流经定子的致冷剂流量来维持试验温度,并在靠近定子内壁处测量试验温度,转子的转速是一个黏度的函数,由标准曲线和所测的转子转速来确定试样的黏度,主要测定剪切应力为 50 000 ~ 100 000 Pa、试验温度 -5 ~ -30 ℃范围内油的表观黏度。

4.3.5.2 低温泵送性能

低温黏度并不能完全说明内燃机油的低温性能。这是因为,即使在低温下油品的低温黏度小,发动机容易启动,但也不能保证发动机启动后能正常润滑。实际使用中发现,有的内燃机润滑油能使发动机在低温下启动,但却使机油泵不能及时、正常供油,给发动机运动部件提供合适的润滑,从而造成运动部件的严重磨损和噪声增大等问题,可见,内燃机油还应具有良好的低温泵送性能。

莫耶尔早就发现,影响润滑油泵供油,是由进油管的尺寸、浸入深度和润滑油在低剪切速度下的黏度所决定的。凝点只是低剪切速度下黏度情况的一种表现。

据研究,内燃机润滑油的凝点不影响发动机的低温启动性能,而主要影响低温下油泵的供油。表4-11是凝点不同、-17.8 ℃(0 ℉)低温黏度也不相同的一组试油的试验结果。从表4-11可知,凝点较高的4号油(-3.9 ℃(25 ℉)凝点),-17.8 ℃低温黏度12 600 mPa·s不算大,但由于已凝固,难以流到泵入口处去,给油泵输油造成困难,27 min后才达到输油压力。而凝点-34.4 ℃(-30 ℉)、-17.8 ℃低温黏度高达30 000 mPa·s的3号油,油泵送油正常,很快达到规定的油压。从表4-11还可看出,凝点-20.6 ℃(-5 ℉)的1号油(比试验温度-17.8 ℃(0 ℉)仅低2.8 ℃(5 ℉)虽然低温黏度比4号油小不了多少,但由于尚未凝固,油泵供油仍然良好。

表4-11 凝点对油泵输送能力的影响

编号	凝点(℃(℉))	黏度(-17.8 ℃)(mPa·s)	最初油压(kPa(1 bf/in²))	达到连续有油压的时间(min)
1	-20.6(-5)	9 500	358.5(52)	0
2	-26.1(-15)	23 000	344.7(50)	0
3	-34.4(-30)	30 000	399.9(58)	0
4	-3.9(25)	12 600	0	27

注:汽车时速20 km/h,试验-17.8 ℃(0 ℉)。

关于油品低温可泵送性能的测定,人们进行了大量的研究,采用了许多方法,但仍未找到比较满意的关联。一直到1974年才有了较好的模拟方法。此法采用V8型发动机的底盘和油泵系统,并在底盘开看窗观察油品的泵送状态。为了便于研究,首先制定出判断正常泵送和不正常泵送的标准:发动机启动1 min后,泵压下降至146 kPa以下称为正常泵送;发动机启动1 min后,泵压降至140.6 kPa以下,但不小于42.2 kPa称为边界泵送;发动机启动1 min后,泵压降至42.2 kPa以下称为不可泵送状态。

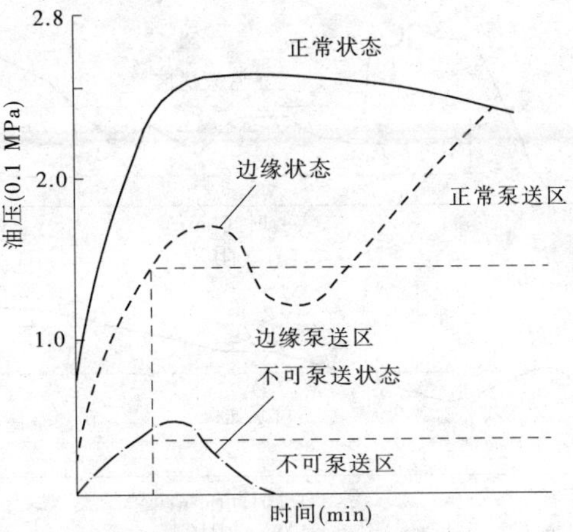

图 4-9　典型泵压曲线

油品在温度高时能正常泵送,但当温度降至某一数值后就出现边界泵送状态。这个温度叫做边界泵送温度。低于这一温度,该油品就不能正常泵送。

据研究,泵供不上油有两种情况。一是油的流动性太差,泵抽油时周围的油不能流到泵入口处,造成油泵抽入空气而产生气阻。二是油的黏度、进口筛网和管道的阻力都太大,流不过足够的油而致使供油不正常。这种情况叫做流动限制。表现为泵出口压力不稳定、达不到设计压力。这种现象不会持续太久。因为油经过发动机的运动部件循环后,温度要升高,使油的黏度降低,流动性能变好。即使如此,对发动机运动部件造成的磨损仍然是严重的。据报道,冷启动造成的磨损是内燃机磨损量的 1/4。

由气阻或流动限制造成的边界泵送状态的典型泵压曲线见图 4-10。

油品的低温泵送性能,可以用低剪切速率下的表观黏度表示。

试验证明,微型旋转黏度计法(MRV 法)即 ASTMD3829 试验方法,和油品的低温泵送性能有很好的相关性。这一方法是经过 10 年研究(1969 ~ 1979 年),于 1979 年由 ASTM 标准化,1980 年由 SAE 批准应用于 SAEJ300 的新的内燃机油黏度分类中的。但是在 1980 ~ 1981 年冬天,先是美国接着是欧洲,在现场使用中商品内燃机油出现了数百

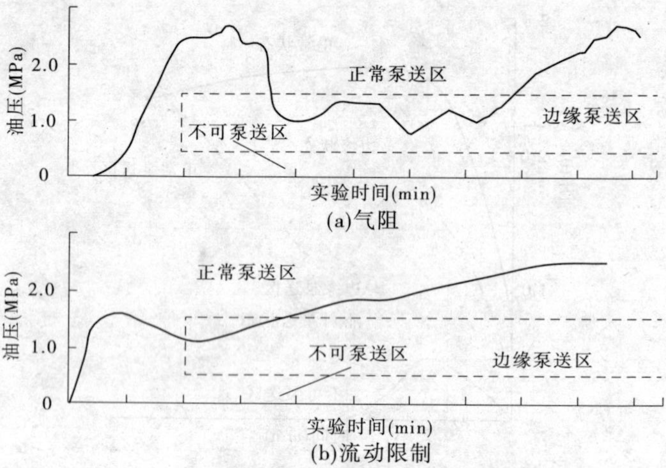

图 4-10　两种典型的边界泵压曲线

次泵送性失败，暴露出用微型旋转黏度计法预测内燃机油的低温泵送性能是不能令人满意的。与此相反，这些商品内燃机油却在美国联邦稳定倾点试验 FTM791B · Method 203 中通不过。作为补救的办法，在新的 SAE J300 84 内燃机油黏度分类中，补充了联邦稳定倾点试验，以便更好地预测和控制内燃机油的低温泵送性。

在最新的 SAE（美国汽车工程师协会）发动机油黏度分类 SAE J 300—1999 中，不仅规定了每种油的最高边界泵送温度，而且还规定了该温度下油的最大低温黏度，如 5W 油的低温泵送温度不能高于 -35 ℃，在该温度下的油低温黏度规定不能大于 60 000 mPa · s。我国目前的发动机油黏度分类 GB/T 14906—94 只规定了边界泵送的最高温度，却没有规定在该温度下的最大低温黏度，如我国分类中的 5W 油仅规定边界泵送温度不高于 -30 ℃。

我国目前测定边界泵送性能的方法是 GB/T 9171《发动机油边界泵送温度测定法》，将试样在 10 h 内以非线性程序冷却率，由 80 ℃冷却到试验温度，恒温、冷却 16 h，然后在旋转黏度计上，逐步施加规定扭矩，观察并测定其转速运动，再计算该温度的屈服应力和表观黏度。由 3 个或 3 个以上的试验温度所得结果，确定该试样的边界泵送温度。

4.3.6 氧化安定性

4.3.6.1 润滑油的氧化过程

在汽车运行中，各摩擦件间及曲轴箱润滑油质量的变化，主要是空气中氧的作用所引起的。在一定条件下，一切正常精制的润滑油都有诱导期。在诱导期内，润滑油质量看不出变化。对于不同的油，诱导期长短差别很大，主要取决于原料油的特性、精制的深度和有无抗氧剂及添加剂的效能。就某一润滑油而言，其诱导期的长短则由温度、氧的压力、氧与油接触的状态及有无催化剂而定。诱导期结束后，油与氧发生激烈的化学反应，放出热量，生成大量的过氧化物及其分解物（初级氧化产物），油的酸值和皂化值升高。起初酸值及皂化值增加得很慢，以后逐渐加快。如油继续氧化，便将生成不溶性的沉淀物。根据润滑油的化学组成，激烈氧化阶段生成的产物可能不同，但其氧化特征却是一样的。如果油的温度保持不变，氧化进程会自动地逐渐稳定下来。这种氧化过程可用图 4-11 表示，图中 t_1 是诱导期，t_2 以后氧化趋于稳定。

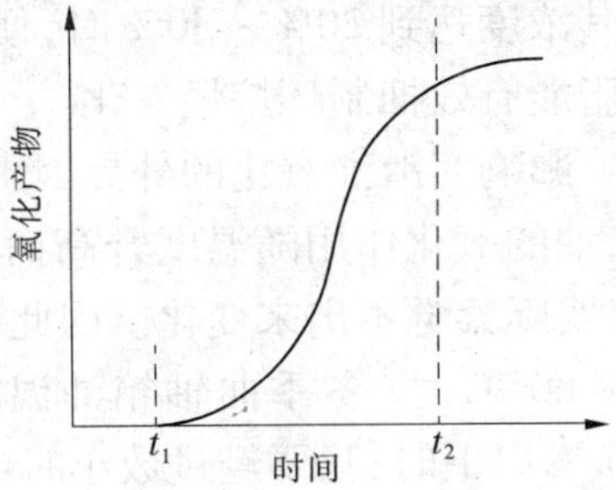

图 4-11 润滑油的氧化过程

4.3.6.2 影响润滑油氧化的因素

润滑油的主要成分中以环烷烃最易氧化，分子量大的比分子量小的更易氧化。环烷烃带有短侧链时，氧化安定性降低。环烷烃的主要氧化产物是羧基酸、羟基酸及酮基酸，此外还生成酮、醇、一氧化碳、二氧化碳、氢、水和羟基酸、酮基酸与酮的缩合物。

芳烃的氧化性因其结构而异，分子结构愈复杂、含芳香环愈多，愈容易氧化。含有短侧链或芳环间以短链相连接的芳烃，氧化产物主要是酚、树脂（胶质）、碳沥青质及炭青质；侧链长度增加，这类产物减少，而酸性产物及中性产物（酸、羟基酸、醇、醛、酮、酯等）则增多。

环烷芳烃很易氧化成酸及其他化合物和缩聚产物。当分子中环烷核居多时,氧化产物与高分子环烷相似;当分子中芳环居多时,氧化产物与带短侧链的多环芳烃相似。

烷烃氧化主要生成物中有羧酸、醇、醛、酮及酯。具有分支结构的烷烃深度氧化后才会生成羟基酸及其缩聚产物。

树脂结构很复杂,它们的氧化产物因其来源和性质不同而有很大差异。有些树脂的氧化产物像带长侧链的芳烃,有些像带短侧链的多环芳烃及多环环烷芳烃,还有像氧化后生成含氮的中性沉淀物。

环烷烃内混合有足够浓度的芳烃时,可以增加环烷烃的抗氧化性。不带侧链或带短侧链的多环芳烃的抗氧化效果很好。带长侧链的多环芳烃如果浓度低,并不能抑制环烷烃氧化,有时甚至会增加氧化产物;当其浓度达到20% ~30%时,便能够阻止环烷烃氧化。经氧化,少量树脂能有效抑制环烷烃氧化。

影响润滑油氧化的外界因素最重要的是温度。和其他化学反应一样,油的氧化作用随温度升高而急剧加快。在常温下油的氧化极其缓慢,实际察觉不出来变化。因此,润滑油可以保存数年不变质。温度到50~60 ℃时(冬季曲轴箱油温),油的氧化作用就明显了;温度升到200 ℃以上时,只要经过数小时或数十分钟,油的质量便会恶化。

温度不但影响油的氧化速度,而且影响油的氧化产物。温度较低时油的氧化产物以过氧化物较多;油温升高则生成挥发性氧化物及沥青质和炭青质等深度氧化产物。

润滑油在发动机内的物理状态对其氧化速度也有密切关系。油与氧接触面积增加,有利于氧向油内扩散,所以薄层润滑油比同温度的厚层油氧化的快;分散状态的油雾氧化比上述两种状态更快。

许多金属、金属氧化物及有机盐对润滑油的氧化起催化作用。最活泼的氧化催化剂是铜和铅、铁、氧化铁、银及其相应环烷酸盐。当柴油机的燃料含硫量高时,漏入曲轴箱里的燃烧产物也加速油的氧化。

汽车发动机内润滑油氧化条件最苛刻的部位是气缸活塞组的活塞环区。活塞第一道环槽附近的油温,解放、跃进一类国产汽油发动机大约是200 ℃;现代轿车行驶于高速公路时第一槽温度可能达270 ℃;柴油机汽车、拖拉机及非公路工程车辆的柴油机多在200 ~250 ℃范围内;增压柴油机第一环槽可能超过260 ℃。在这样高的温度和金属表面的催化作用下,摩擦面上的薄层润滑油进行着十分激烈而复杂的氧化、分解、缩合等过程,生成挥发性产物(包括水)、低分子及高分子有机酸和树脂、沥青质、碳沥青质及炭青质等。

曲轴箱里润滑油的温度要低的多。低功率汽油机一般在60~80 ℃,柴油机为70~85 ℃,不过汽车高负荷低速挡行驶(如上坡)时,油温可能很快便升到100 ℃。现代的高功率汽车发动机曲轴箱油温最高可以到140 ℃或更高些。由于旋转着的曲轴强烈地搅动着油箱里的油,曲轴箱里弥漫着细粒的油雾,它们与氧的接触面积很大,所以氧化作用相当强烈。

润滑油的物理化学性质随氧化产物及外来杂质(如从燃烧室窜入的灰尘、未完全燃烧的燃料及磨损下来的金属微粒等)增多而改变。例如颜色的加深变黑、酸值变大及机械杂质含量增高、油内出现沉淀物等。润滑油变质的快慢一方面取决于油本身的安定性,一方面也与发动机的结构、技术状况和运行条件有密切关系。

4.3.7 润滑油的润滑性

4.3.7.1 润滑的基本概念

润滑油维持流体润滑是理想状态,在实际工作中常常出现其他状态,例如边界润滑状态是较为普遍的情况。当摩擦间的油膜厚度小于0.1 μm后,润滑不再靠油分子的运动(油的黏度)而是靠边界膜滑动。处于边界摩擦时,润滑油降低摩擦磨损和防止金属烧结的能力称润滑性。润滑油的润滑性取决于它的油性和极压性。油性是润滑油在摩擦金属表面上的吸着性。润滑油中极性分子定向排列吸附在金属表面上形成吸附膜,这种膜通常只能在常温、低速、低负荷或中温、中速、中负荷的情况下,保持边界润滑。当高压、高温、高速时,吸附膜脱附,油性失效。极压性是润滑油在摩擦表面的化学反应性。当油中加入含硫、磷、氯化合物添加剂时,高温下这些化合物分解生成的活性元素与金属形成化学反应膜,膜的熔点和剪切强度都比较低,能降低摩擦与磨损。边界摩擦系数通常在0.1~0.25范围内。在一般情况下摩擦系数与膜的剪切强度成正比。有效的边界润滑要求反应膜厚度大于 1 nm(10 Å)。

4.3.7.2 评定润滑性方法简介

评定润滑性方法一般可分成三大类:模拟试验法、台架试验法和实际使用试验。

1)模拟试验法

国际上尚未标准化,只是通过一些摩擦试验机作为评定润滑性的参考。当前我国常见的摩擦磨损试验机的摩擦副形状见图 4-12。常见摩擦试验机的性能参数见表 4-12。

图 4-12 常见的摩擦磨损试验机的摩擦副形状

表 4-12 常见摩擦磨损试验机性能参数

试验机名称	四球试验机	梯姆肯 Timken 试验机	阿姆拉斯试验机	阿尔门(Almen)试验机	法莱克斯(Falex)试验机
接触状态	点接触	线接触	线接触	面接触	线接触
运动形式	滑动	滑动	滑、滚动	滑动	滑动
旋转速度(r/min)	1 500	800	1 050	600	300
滑动速度(m/s)	0.56	2.00	2.32	0.20	0.098
加负荷方法	由液压或杠杆加负荷	由杠杆加负荷	由杠杆加负荷	由杠杆或液压加负荷	由液压加负荷
润滑方法	浸渍	循环	喷淋	浸渍	浸渍
主要测定项目	耐负荷性、磨损、摩擦系数			耐负荷性、磨损	

(1) 四球试验机。四球试验机是目前广泛使用的一种摩擦试验机。它的摩擦元件是由 4 个直径为 12.7 mm 的钢球组成，下面 3 个装在油杯内固定不动，上面 1 个装在主轴上可以转动，并与下面 3 个球构成一对摩擦副（见图 4-13）。

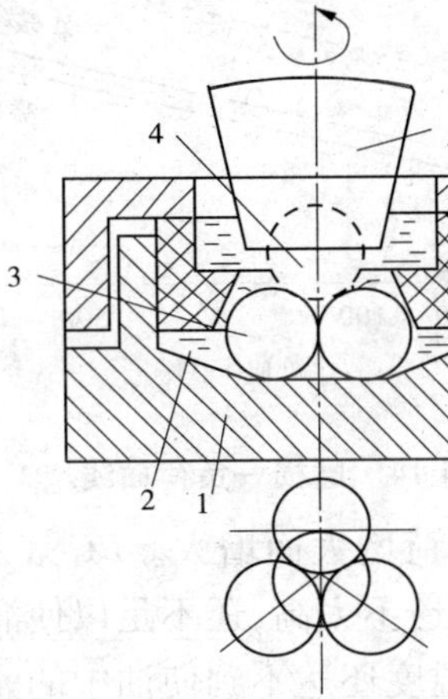

图 4-13　四球试验机示意图

1—套圈；2—试验润滑油；3—下面的钢球；
4—上面的钢球；5—夹具

四球试验机结构简单，每次试验所需的试样数量少，试验件接触点单位面积上压力较大，以及试验结果重复性较好，区分能力强，所以采用的国家较多，我国的国家标准 GB/T 3142—82（90）也是这种方法。试验条件：主轴转速为 1 420 ~ 1 500 r/min，温度为室温，负荷 60 ~ 8 000 N，共分 22 个负荷级，从低到高规定每一级负荷下运转 10 s，直至负荷加到钢球发生烧结为止，并在每运转 10 s 后，测量钢球的磨损斑痕直径，根据钢球的磨痕直径和相应的负荷，在双对数坐标纸上绘出磨损—负荷曲线。通过四球试验机可以做的试验指标比较多，下面我们介绍一些最主要的评价指标。

磨损—负荷曲线（见图 4-14）为比较典型的形状，几乎所有矿物油特性曲线的趋势都基本如此。*AB* 段称无卡咬区，此段吸附膜起润滑作用，油膜完好，机械能正常工作。*BC* 段为延迟卡咬区，达 *B* 点后吸附

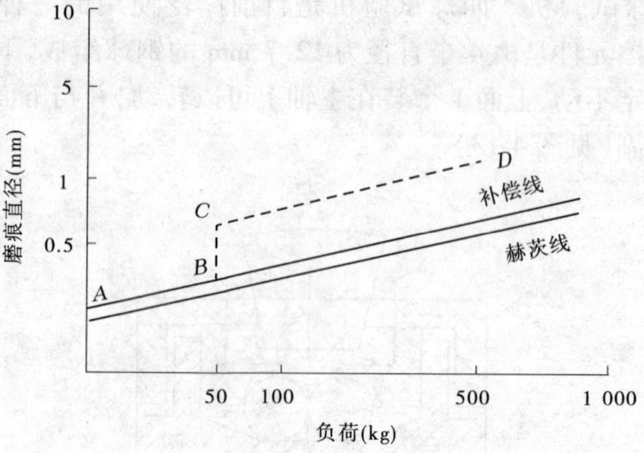

图 4-14　磨损—负荷曲线

膜开始破裂,以后磨损随负荷增大而增大。*BC* 表示吸附膜破裂,磨损变大,但这时摩擦面的温度还不太高,还不足以使润滑油中的极压剂发挥作用,也就是说,这时的温度还达不到使油中的元素与金属表面进行化学反应。*CD* 段为接近卡死区,为什么超过 *C* 点磨损又缓和下来了呢? 对纯矿物油来说,有人解释为由于激烈摩擦,使油受高温而氧化生成胶质等极性物质,在摩擦面形成新的抗磨层,缓解了磨损。对含极压剂的润滑油,常解释为达到 *C* 点以后,摩擦面温升足以使极压剂与摩擦金属表面形成反应膜,缓和了磨损。*D* 点称烧结点。大于 *D* 点负荷,反应膜被破坏,金属直接接触,磨损剧增,温升急剧,达到金属熔点,遂将两摩擦面熔接在一起,摩擦面出现了烧结现象。磨损—负荷曲线的形状与油的化学组成有很大关系,含有油性剂和极压剂的润滑油,*AB* 段和 *CD* 段都比较长,即润滑性能好。

临界负荷又称最大无卡咬负荷。用 P_K 或 P_B 表示,是磨损—负荷曲线中 *B* 点的负荷。它代表润滑油的油膜强度。在此负荷下摩擦表面间可保持完整的油膜,超过此负荷后,油膜破裂,磨损迅速增大。通常机械油 P_B 为 300 ~400 N;轧钢机油为 700 N 左右;极压齿轮油900 ~1 200 N。类似此项指标在国外有采用"发生卡咬的最低负荷",以 ISL 符号表示,它是油膜开始破裂时的负荷,所以 ISL 的数值比 P_B 略大一点。

烧结负荷是在试验条件下使钢球发生烧结的最低负荷。用 P_D 表示,即磨损—负荷曲线上 D 点的负荷。它代表润滑油的极限工作能力。超过此负荷后,润滑油完全丧失润滑作用,对偶件将损坏。烧结负荷是评定润滑油抗摩擦性能的一个重要指标。

综合磨损指标。它是表示润滑油从低负荷到烧结负荷整个过程的平均抗磨性能,用符号 ZMZ 表示。综合磨损值越大,润滑油抗磨性能越高。求值方法如下:

$$P_c = P\frac{D_h}{D}$$

式中 P_c——校正负荷;

P——实际负荷;

D——相应于负荷 P 的钢球磨痕直径;

D_h——静止状态下相应于负荷 P 的钢球压痕直径或称赫茨直径,赫茨直径由下式算出:

$$D_h = 8.73 \times 10^{-2} P^{\frac{1}{3}}$$

按上式可绘出图 4-14 中赫茨线。从低负荷开始顺序在规定的负荷下进行 10 s 的负荷试验,达烧结负荷,如得 10 个测值,通过上式可求得 10 个校正负荷,其数学平均值即为综合磨损指标。综合磨损指标可以反映出磨痕与负荷关系中的一些特点,是润滑油抗极压能力的一个指标。一般认为综合磨损值大于 80,P_{D1}(1 mm)磨痕时的负荷 >1 313 N(135 kg),则能满足 1962 年前国外发展的双曲线齿轮要求。当综合磨损值大于 90,P_{D1} >1 666 N(170 kg),则可满足现代双曲线齿轮的要求。

目前我国采用的四球机试验方法有:

GB/T 3142—80(90):润滑剂承载能力测定法(四球机法);

GB/T 12583—90:润滑剂极压性能测定法(四球机法);

SH/T 0189—92:润滑油抗磨性能测定法(四球机法);

SH/T 0202—92:润滑脂极压性能测定法(四球机法);

SH/T 0204—92:润滑脂抗磨性能测定法(四球机法)。

(2)梯姆肯(Timken)试验机。梯姆肯试验机又称环块试验机。所用摩擦元件是一个钢质圆环和钢板,钢板固定不动,钢环则以 800 r/min的转速在钢板上滑动,负荷施加在钢板下面从下往上紧紧压在环上,待测试的润滑油盛在上部油箱中,通过油管流在摩擦副上,再由泵抽回油箱。试验时每增加一次负荷运转 100 min,停车观察钢板是否出现擦伤,如无擦伤可再提高一次负荷(每一次都换新试件),直到没有擦伤的最高负荷是合格负荷,又称梯姆肯负荷或通过负荷。

试验后从磨迹宽度求摩擦面平均接触压力,其计算式为:

$$P(\text{磅}/\text{英寸}^2)=\frac{\text{杠杆负荷(磅)}\times 10}{\text{磨迹宽度(英寸)}\times\text{磨迹长度}(\frac{1}{2}\text{英寸})}$$

实验表明:梯姆肯通过负荷一般矿物油为 0 ~ 20 磅(0 ~ 89 N),中极压润滑油为 20 ~ 60 磅(89 ~ 267 N),高极压润滑油大于 60 磅(267 N)。

也可用梯姆肯试验机做磨损试验来评定润滑油的润滑性。在 20 磅的负荷下运转 6 h,试块减重(mg),即摩擦副的磨耗量,此值越低,润滑油润滑性越好。

由于各种摩擦磨损试验机元件的形状、运动方式、试验条件都各不相同,因此它们之间的试验结果很难进行比较,对同一种油不同试验机评定有时可能得出矛盾的结果,对润滑油试验使用性能只在条件相近情况下才有参考价值。

目前我国采用的 Timken 试验方法有:

GB/T 11144—89:润滑油极压性能测定法(梯姆肯试验机法);

SH/T 0203—92:润滑脂极压性能测定法(梯姆肯试验机法);

SH/T 0532—92:润滑油抗擦伤能力测定法(梯姆肯试验机法)。

2)台架试验法

台架试验法是利用一些轴承试验机和齿轮磨损试验机进行试验,常用的有 FZG、IAE、雷德等。我国采用 FZG 的单位比较多。

FZG 为双齿轮试验机,其试验方法是将一对直齿轮浸没在试验油池中,加热至 90 ℃,使试验齿轮在 1.45 r/min 下运转,所加负荷共分为

12 级(100 ~1 600 N),加一级负荷后运行 15 min,然后检查齿轮的擦伤痕迹并称量齿轮质量。无论哪一级当齿轮质量损失达 10 mg 时,则判为不通过。极压齿轮油要求通过 12 级。FZG 重复性比较好。

台架试验与模拟试验相比,要消耗大量资金和时间,但可靠性好。

3)实际使用试验

在规定的设备上按使用条件运转,它的真实性、可靠性好,但投入人力、物力比台架试验更大,所用时间更长。

4.4 发动机润滑油的选用

发动机油的选择,主要指黏度号和性能水平,换油周期涉及机油的老化和已用油的检验方法。

4.4.1 黏度级号的选择

润滑的目的在于减少机件的摩擦与磨损,以期提高机械效率和延长发动机寿命。摩擦与磨损相互密切联系着。机械磨损给人们带来明显的危害,而摩擦造成的机械功损失为发动机总机械功率的 25% ~29%,其中消耗于发动机摩擦者 19% ~23%。据估计,通过改善润滑状况,摩擦损失可以减少 30%,大体相当总机械功率的 6% ~7%。在目前能源严重危机的情况下,这对节约可贵的液体能源具有十分重要的意义。

4.4.1.1 发动机主要摩擦组件的润滑状态

发动机主要有三种不同润滑状态的摩擦组件:曲轴及连杆轴承;凸轮及气门挺杆机构;活塞气缸组。在汽车运行中,轴承与轴颈基本处于液体润滑状态,摩擦系数与机油黏度有最好的关联性,在不出现边界润滑的条件下,低黏度油使摩擦损失相应减小。关于凸轮轴及气门挺杆的润滑,根据用不含添加剂的机油试验得出的结果,黏度级 SAE 5W 及 SAE10W 机油的磨损是 SAE20W 及 SAE30 机油的 3 倍。可见这里存在着边界润滑和弹性流体动压润滑的混合润滑状态。无疑,活塞环与气缸壁间的润滑是十分困难的。虽然摩擦面有些与轴承相似,但是由于高温及经常改变运动方向，不易保持完全的流体润滑，特别是上止点附近。气缸壁经常出现磨损和擦伤现象。如果润滑黏度太低，会增大磨损。同时，活塞环与缸壁间的摩擦是高温启动阻力增大的主要原因，热启动扭矩与黏度有近似反比的直线函数关系。从以上发动机摩擦组件的润滑状态可以清楚地看出，每一摩擦组件对润滑油料黏度及抗磨减摩性有不同的要求。为了减少摩擦节约燃料，应根据发动机结构特性及运行条件，通过试验和经验选用适当黏度的润滑油。

4.4.1.2　*发动机对润滑油黏度的要求*

汽车运行条件复杂，发动机润滑油工作条件苛刻、工作温度范围很宽。露天停放车辆及冬季启动时的机油温度常低到和气温相近，而长途重负荷运行之后，活塞气缸间的机油温度可以上升到 200 ℃（低功率汽油机）或 300 ℃（高功率柴油机）。为使发动机低温易于启动，而走热后又能维持正常的润滑状况，润滑油必须有优异的黏温性。正因为如此，目前多级油（稠化油）得到迅速的发展。国外生产汽车发动机润滑油的基础油都是选用石蜡基原料油，经过深度精制，黏度指数在 90 以上。近来开始用黏度指数更高的超精制基础油和聚 α－烯烃合成油调配成长寿命、节省燃料的发动机润滑油。

由于发动机的结构和试验条件不同，对机油低温启动和高温润滑性能研究得到的结果颇不一致，图 4-15 是用符合发动机要求的标准蓄电池得出的黏度指数为 100 的 SAE10W 及 SAE20W 级发动机润滑油最低启动温度。温度降到 －40 ℃发动机仍能启动的最高黏度与发动机类型、蓄电池性能等因素有关，为 2.5～3.5 Pa · s（2 500～3 500 cP）。黏度指数为 100 的 SAE10W 可能启动的最低温度是 －22～－27 ℃，SAE20W 油是 －13～－23 ℃。多数汽车制造厂都根据自己的试验结果，推荐自己所用润滑油的最低操作温度（见表 4-13）。

机油的泵送性一般用发动机开始启动到润滑系机油（润滑油）泵送压力升到 140 kPa（1.4 kgf/cm^2）的时间或用油在低剪切率下的表观黏度表示。表 4-14 所列的低温黏度包括低温启动黏度和低温泵送黏度，该规格是美国 SAE 在 2000 年开始执行，比我国 GB/T 14906 黏度分类中相对应的黏度级别其泵送温度和启动温度都低 5℃，边界泵送温度亦称低温泵送界限。

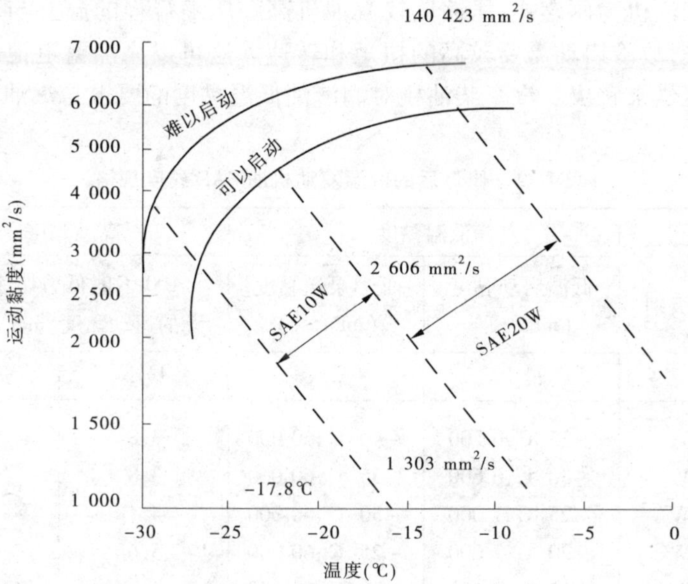

图 4-15　SAE 黏度级润滑油冷启动最低温度($VI=100$)

表 4-13　汽车制造厂推荐的润滑油最低操作温度

SAE 黏度级号	最低操作温度(℃)
5W	-32
5W-30	-32
10W	-23
10W-40	-23
20W	-12
20W-50	-12

表 4-14 中规定了 100 ℃最小黏度。由于冬用润滑油基本上都是多级油(稠化油),所以黏度实际上是对基础油的最低和最高温度黏度

的规定。成品多级油的 100 ℃黏度按表列值要求。

柴油机为压燃式,压缩比较汽油机高。压缩行程的温升与环境温度有关,故冷启动需要较高的扭矩和转速。这可以靠加蓄电池的电压及电容量来解决。汽车柴油机对润滑油低温黏度的要求与汽油机无大差别。

表 4-14　修订后的低温发动机油 SAE 黏度规格

黏度级别	低温黏度		高温黏度	
	低温启动黏度(mPa·s)	低温泵送黏度(mPa·s)	100 ℃时低剪切速率的运动黏度(mm^2/s)	
	最大	最大	最小	最大
0W	-35 ℃,6 200	-40 ℃,60 000	3.8	—
5W	-30 ℃,6 600	-35 ℃,60 000	3.8	—
10W	-25 ℃,7 000	-30 ℃,60 000	4.1	—
15W	-20 ℃,7 000	-25 ℃,60 000	5.6	—
20W	-15 ℃,9 500	-20 ℃,60 000	5.6	—
25W	-10 ℃,13 000	-15 ℃,60 000	9.3	—

载货汽车发动机高温运行状况下的黏度要求(100 ℃的最低黏度),与润滑油的黏温性及高温润滑性能有关。就不含抗磨、减摩剂而言,不宜小于 7～8 mm^2/s,否则不能保证热车润滑。

现代汽车发动机轴承内润滑油的最高工作温度达 150 ℃以上,剪切率在 10^5～10^6 s^{-1}。为防止轴承损伤,要求润滑油 150 ℃动力黏度在 2.6～3.7 Pa·s,换算成 150℃运动黏度应在 2.9～4.1 mm^2/s。

在美国 SAE J300—1999 发动机油黏度分类中,已规定出发动机油 150 ℃时高剪切率下的动力黏度,详情见表 4-15。

由于毛细管黏度计测的黏度不能代表润滑油在发动机中的实际黏度,美国正在研究用高温(150 ℃)高剪切率(10^5～10^6 s^{-1})下的黏度代替 SAE 黏度规格中的 100 ℃黏度。

表 4-15　SAE J300－1999 发动机高温黏度规定

黏度级别	100 ℃低剪切速率的运动黏度(mm^2/s)		150 ℃高剪切速率的动力黏度(mPa·s)
	最小	最大	最小
20	5.6	<9.3	2.6
30	9.3	<12.5	2.9
40	12.5	<16.3	2.9(0W－40、5W－40 和 10W－40)
40	12.5	<16.3	3.7(15W－40、20W－40、25W－40、40)
50	16.3	<21.9	3.7
60	21.9	<26.5	3.7

4.4.1.3　汽车发动机润滑油黏度牌号的选择

目前我国多级油产量很少,民用限于供应轿车。在寒冷地区的冬季,载货汽车用的普通内燃机油的黏温性质不可能同时满足低温及高温的要求。因此,只能根据地区季节气温、汽车的运行状况和发动机技术特性选择润滑油的黏度牌号。

在润滑油的黏度选择上,许多人有偏高的倾向,错误地认为高黏度油利于保证润滑与减少磨损,实际上并非如此。高黏度油的低温启动性及泵送性差,启动后供油慢,磨损大。更重要的是润滑油黏度过大,会使发动机摩擦功率损失增大,燃料消耗也相应增加。低黏度油不仅发动机摩擦功率损失小,而且由于油的黏滞摩擦生成热量较少,在润滑系内循环流动的快,冷启动好;同时低黏度油中悬浮携带的杂质容易被滤清器滤掉,所以对发动机正常运行和减缓氧化变质都有好处。因此,应当在保证发动机活塞环密封、机件磨损正常的条件下选用低黏度润滑油。

国产 SC 级汽油机油中有 20、30、40 三个黏度牌号,CA 级、CC 级柴油机油也有 20、30、40 三个黏度牌号。其中 20 号低温性能好,它们的黏度比及凝点分别比同一原料炼制的 30 号汽油机油及 30 号柴油机油低。20 号汽油机油能保证解放牌汽车发动机启动的最低温度是 -16 ~ -20 ℃。我国黄河以北地区冬夏温度差别大,在寒冷的冬季,特别是短途运输的汽车,发动机的磨损主要是冷启动及走热过程中的磨损。为了保证发动机易于启动和减少启动时的磨损,应采用低黏度润滑油。近年来生产的 CA1090 载重汽车在寒区适用低黏度多级油 SD 级汽油机油 0W/30(倾点 -32 ℃)、15W/40 油(倾点 -23 ℃),老式解放牌 CA10B 载重车在寒区选用 SC 级中的 5W/20 油(倾点 -42 ℃)、10W/30 油(倾点 -32 ℃)、15W/30(倾点 -23 ℃),东风公司生产的 EQ1090 型载重汽车在寒区可选用 SC 级汽油机油中的低黏度油 15W/30(倾点,-23 ℃)。以上的多级油可四季通用。

夏季南方气温较高,同时对重负荷、长距离的双班运输汽车都应选用黏度较高的油,以利于减少磨损及易于热启动。可以选用 SD 级中的 30 号、40 号油及柴油机油中的 CC 级 30 号、40 号油。在炎热的南方,解放 CA1090 载重汽车应选用 SD 级汽油机油中的 30 号、40 号油。东风 EQ1090 载重车应选用 SC 级汽油机油中的 30 号、40 号油。

时常停歇的短途运输车,发动机启动较频繁,曲轴箱油温较低,即使气温不低,也应选择低黏度润滑油。

发动机技术状况好的、磨损小的,应选用低黏度润滑油。如果发动机磨损严重,润滑油黏度应大一些。

新车走合期中,不论冬季夏季、北方与南方,都应当用 20 号的汽油机油或 20 号的柴油机油(即原来的 6 号或 8 号油)。

降低内燃机油的黏度要有一定的限度。黏度过小,会使流体润滑向混合润滑过渡,甚至进入边界润滑区域,增大发动机的摩擦与磨损。据研究,在工作温度下(130 ~ 150 ℃),内燃机油的最低黏度应在3.5 ~ 5.0 mm^2/s。有的认为,内燃机(发动机)油的黏度(100 ℃)以在4.5 ~ 6.5 mm^2/s 为宜。我国发动机油除带 W 的级别外,以 20 号汽油机油的黏度最小,100 ℃时为 5.6 ~ 9.3 mm^2/s,尚在最小黏度极限以上,今后要开展使用低黏度润滑油的试验。以确定适合我国气候特点和车况的最佳黏度。目前我国不同黏度牌号发动机油适用温度范围见表 4-16。发动机油黏度级别、倾点、边界泵送温度和适用环境温度的关系见表 4-17。

表 4-16　我国不同黏度牌号发动机油适用温度范围

原黏度牌号	新黏度牌号	使用温度范围
严寒区合成 8 号稠化汽油机油	5W/20	气温在 -45 ~ -30 ℃地区使用（严寒冬季）
严寒区合成 14 号稠化汽油机油	5W/30	
6D 汽油机油	10W	气温在 -35 ~ -10 ℃地区使用（寒区冬季）
寒区 8 号稠化机油	10W/40	
11 号稠化柴油机油	10W/30	气温在 -35 ℃以上地区可全年使用
14 号稠化柴油机油	10W/40	
14 号稠化汽油机油	10W/40	
6 号汽油机油	20	气温在 -15 ~ 5 ℃地区使用
8 号柴油机油	20	
10 号汽油机油	30	气温在 -10 ℃以上地区使用
11 号汽油机油	30	
14 号柴油机油	40	夏季磨损较大的发动机使用
15 号汽油机油	40	
18 号、20 号柴油机油	50	供要求高黏度润滑油的柴油机（钻井机等）使用

表 4-17　发动机油黏度级别与其使用温度的关系

SAE 黏度级别	100 ℃运动黏度（mm^2/s）	倾点（℃）不高于	闪点（℃）不低于	边界泵送温度（℃）不高于	适用的环境温度范围（℃）
20	5.6 ~ 9.3	—	—	—	-10 ~ 30
30	9.3 ~ 12.5	-15	210	—	-10 ~ 35
40	12.5 ~ 16.3	-10	220	—	-5 ~ 40
5W	<3.8	—	—	-30	-40 ~ 10
10W	5.6 ~ 7.4	-30	—	-25	-30 ~ 15
5W/20	7.0 ~ 9.3	-40	—	-30	-40 ~ 10
5W/30	9.3 ~ 12.5	-40	—	-30	-40 ~ 35
10W/30	9.3 ~ 12.5	-30	205	-25	-30 ~ 35
15W/40	12.5 ~ 16.3	-23	210	-20	-20 ~ 40
20W/40	12.5 ~ 16.3	-18	215	-15	-15 ~ 40
20/20W	7.0 ~ 9.3	-18	—	-15	-10 ~ 35

4.4.2 发动机润滑油质量等级的选择

发动机润滑油质量等级又称为使用性能等级，是正确选用润滑油的重要依据。

4.4.2.1 柴油机油

柴油机润滑油质量等级的选择有两个主要依据：一是根据汽车发动机的机械负荷和热负荷的总和，以强化系数来表示；二是根据发动机工况苛刻程度与润滑油的相应使用性能等级关系图求得。

1）强化系数法

强化系数由下式计算：

$$K = P_e C_m Z$$

式中 P_e——平均有效压力，0.1 MPa；

C_m——活塞平均速度，m/s；

Z——冲程系数（四冲程 $Z=0.5$，二冲程 $Z=1.0$）。

强化系数小于 30 的普通柴油机，上部活塞环区的温度约为 230 ℃，可使用 CA 级柴油机润滑油。

强化系数 30～50 的中强度柴油机，活塞环区的温度一般在 230～250 ℃，可使用 CC 级柴油机润滑油。

强化系数大于 50、活塞平均速度大于 9 m/s 的高强度柴油机，活塞环区温度高于 250 ℃可使用 CD 级柴油机润滑油。

2）发动机工况苛刻程度

由发动机苛刻程度与润滑油相应使用性能等级的关系图求出，见图 4-16。

发动机工况苛刻程度由气缸中的平均有效压力（纵坐标）与活塞平均线速度（横坐标）确定。图 4-16 中的曲线划分出 CA（MIL－L－2104A）、CB（MIL－L－2104A SupplyI）、CC（MIL－L－2104B）、CD（MIL－L－2104C）四个等级的区域。活塞平均线速度与平均有效压力的交点落在哪一等级区域，就使用此一等级的润滑油。

4.4.2.2 汽油机油

根据发动机工况的苛刻程度和进口汽车进排气系统中的附加装置

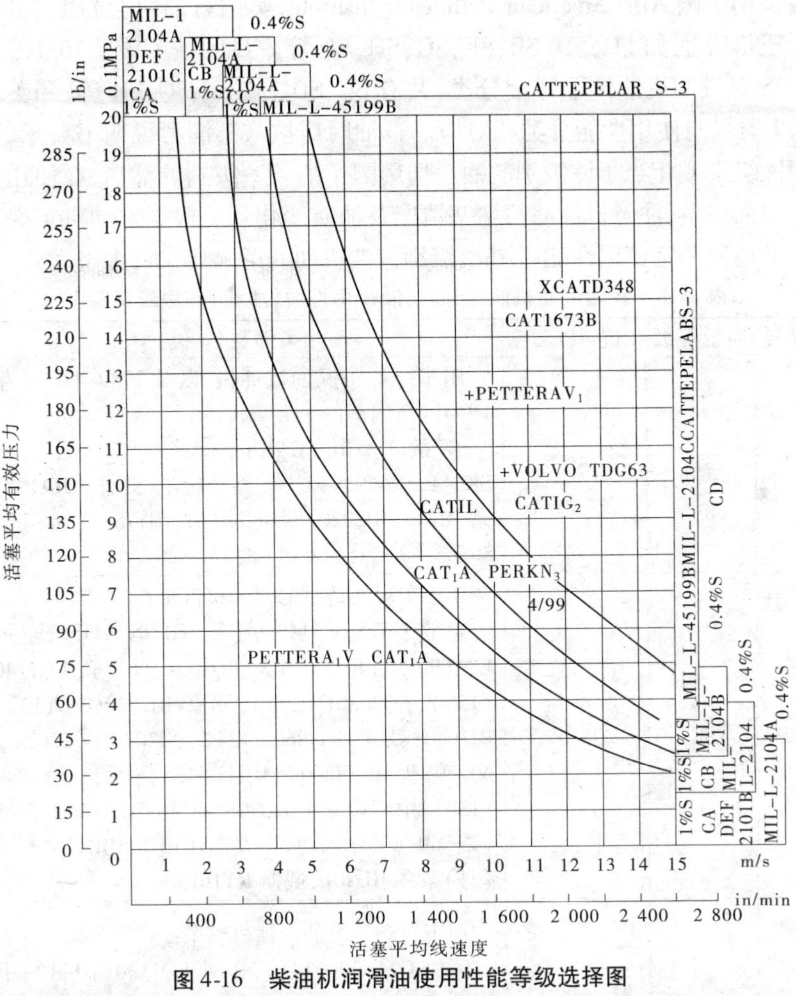

图 4-16　柴油机润滑油使用性能等级选择图

及生产年代来选用相应使用性能等级（质量等级）的汽油机油。一般来讲，高质量等级可代替低的质量等级的油，但绝不能用低质量级别的油去代替高质量级别的油，否则会导致发动机故障甚至损坏。

1）根据工况苛刻程度及汽车使用说明书

国外进口车辆及引进国外技术在国内生产的汽车，说明书都规定了发动机用汽油机油的质量级别。注明了对使用性能的要求，一般大多数采用美国 API(American Petroleum Institute,美国石油协会)用途分类的质量级别如 SC、SD、SE、SF、SG、SH、SL 等。我国按 GB/T 7631.7—1995 对汽油机油作了详细分类,共有 SC、SD、SE、SF、SG、SH 等,和美国 API 质量与使用性能分类相对应。选油时应按汽车润滑说明书要求,选用该级别或相当于该级别的油。选用国产的某一级别的油后,在使用中要加强观察,注意机油滤清堵塞情况及油质变化等。根据发动机工况及车型选用一定使用性能(质量)级别汽油机油的情况列在表 4-18。

表 4-18　我国汽油机油、柴油机油使用性质(质量)等级应用实例

序号	质量等级	相应 API 等级	使用条件及车(机)型
1	SB	SB	用于一般工况的汽油机,以及 1980 年以前生产的国产汽车: 解放 CA10B, CA10C, CA30A, CA304; 上海 SK644, SK660, 58-1 三型三轮车; 交通 SH141; 北京 BJ212, BJ2020; 跃进 NJ130, NJ170; 吉斯(俄) 59, 63, 69M, 151; 华沙(波) M-20
2	SC	SC	用于工况较苛刻的汽油机汽车: 解放 CA15, CA140; 上海 SH130, SH432; 东风 EQ1090E(140-1)*, EQ1091(141), EQ1140(155), EQ2080E(240); 北京 BJ1030Q3(130), BJ1040; 跃进 NJ1060(134), NJ2040H(220B), NJ230; 天津 TJ210, TJ1043(133); 沈阳 SY1040(130); 中型客车 EQ1090KS, CA6890, 640, 6 格斯(俄) 69, 69M; 布切奇(罗) 5R13N, 5BR1N; 丰田(日)戴娜 RU20L; 威斯 RY16L
3	SD	SD	用于苛刻工况的汽油机汽车: 解放 CA1090(141); 东风 EQ1130F(144); 上海 SH760B, SHD630, SH7231; 上海二汽飞羚 SD6530, SD6538; 跃进 NJ1041(136), NJ1061A(131A); 金杯 SY1031, SY1040; 哈尔滨伟建 WJ110, HFJ1010; 中型客车 620, 630; 桑塔纳轿车; 红旗轿车 CA7560; 伏尔加(俄) M21, M24; 吉姆(俄) RN30L, RU20

续表 4-18

序号	质量等级	相应 API 等级	使用条件及车(机)型
4	SE	SE	用于国外1972年以来出厂的由于增加排气循环系统而对润滑油的使用性能提出苛刻要求的进口汽车: 上海 SH7221;飞羚 SD6580;CA120;桑塔纳轿车;天津 TJ1010(TJ110);北京切诺基 BJ2021(BJ/XJ-213)
5	SF	SF	用于解放 CA7220,奥迪轿车,捷达轿车,高尔夫轿车,标致轿车 GP1030(504),GP7200(505);天津夏利 TJ7100;神龙雪铁龙 ZX 富康轿车
6	SG	SG	
7	CA	CA	用于轻负荷非增压柴油机及汽车,强化系数<30: 解放 CA15K;黄河卡车 柴油机 90、95、120、130、135 系列如 B_2-300、12V-150 等
8	CC	CC	用于低增压中等负荷条件柴油机及汽车,强化系数 30~50: 解放 CA1110K2(151),CA1111K2;东风 EQ1115G;延安 SX2150(250);北京 BJ1041Q2DG(136);济南 JN150/100(150),JN150/113(152),JN1171/127(162);南京依维柯 9 t 车; 柴油机 130、135、140 系列如 12V135、12V180、12V190、M2828,4740Z 等
9	CD	CD	用于国产及进口匹配高速、大功率及中增压柴油机及汽车,强化系数>50: 济南斯太尔 91 系列车(1291,1491);包头奔驰系列重型车;得意-南京依维柯轻型车系列;红岩 CQ1300,CQ1301(CQ30.290)
10	CE	CE	用于大功率高增压的柴油机及汽车

注:* 括号内为旧型号,例如 EQ1090E,旧型号为 EQ140-1,下同。

2)观察发动机进排气系统有无附加装置

各国政府为防止汽车排气系统对环境的污染,都相继颁布了排气控制法,而且这种排气法规的要求日益严格。为了适应这种情况,在发动机进排气系统增加了几种附加装置,以减少汽车排出的有害物质。这些装置使润滑油的工作条件恶化,并对润滑油提出更高的性能要求。为使发动机能正常运转,在润滑油中加入不同配方的添加剂后即形成7种质量等级的油品(由SA到SG),以满足各附加装置及各种使用条件对润滑油的要求。所以,发动机进排气系统的附加装置对选用润滑油的使用性能(质量)等级有决定作用。

没有附加装置的汽油发动机可选用SC级汽油机油(GB/T 11121—1995),SC级单级油有30号、40号两个黏度级别,多级油有5W/20、10W/30和15W/40三个黏度级别,可根据当地气温变化和车辆使用状况选取一定的黏度级别。

有PCV(Positive Crankcase Ventilation,曲轴箱正压通风)装置的汽油发动机可用SD级汽油机油(相当API SD级汽油机油)。CA1090载重汽车发动机要求用SD级油。该油有30、40、5W/30、10W/30、152/40、20W/40等六个黏度级别(牌号),在选用时要根据当地气温情况和汽车使用特点。SD级油的标准号为GB/T 11121—1995。

有E.G.R.(废气循环)装置的汽油发动机可选用SE级汽油机油(相当API中的SE级)。国产SE级汽油机油规格中有30、40、5W/30、10W/30、15W/40、20W/20等六个黏度级别(牌号)。SE级油的标准号为GB/T 11121—1995。

有催化转化器的汽油发动机可选用我国SF级汽油机油。我国引进技术生产的标致(Peugeot)、雪铁龙(Citroen)的说明书中规定用SF级汽油机油,近年来这些车型已选用质量级别更高的SJ、SL级油。

20世纪90年代后期国外生产的轿车都要求使用SG、SH、SJ级汽油机。从2001年开始使用SL级汽油机油。我国尚未有此级别产品。

也可以根据进口汽车生产年代大致区分所要求使用的汽油机油质量等级。这主要是对美国、日本、德国、英国等汽车工业发达的国家生产的车而言的。

1964~1967年	用SC级汽油机油
1968~1971年	用SD级汽油机油
1972~1980年	用SE级汽油机油
1981~1986年	用SF级汽油机油
1987~1993年	用SG级汽油机油
1994~1997年	用SH级汽油机油
1998~2000年	用SJ级汽油机油
2001~ 年	用SL级汽油机油

4.4.3 使用中应注意的问题

4.4.3.1 正确进行质量等级的选择

选用合适质量等级的润滑油,这对发动机的正常运用最为关键,一定要谨慎进行。但遇到下列情况之一者,用油质量等级要酌情提高一级。如原用CC级柴油机油,但因工作条件苛刻,使用条件恶化,应将油提到CD级。

五种苛刻工况为:

(1)汽车长期处于停停开开使用状态,如邮递车和出租轿车,易产生低温油泥。

(2)长时期的低温、低速(温度0 ℃、速度16 km/h以下)行驶,易产生低温沉积。

(3)长时间在高温、高速下工作,尤其是满载或超载长距离行驶。

(4)牵引车或中型以上载货车,满载并拖挂车长时间行驶。

其中(3)和(4)两种情况使润滑油长期高温,易氧化变质,并生成积炭、漆膜等高温沉积。

(5)灰尘大的场所。

另外是燃料的质量对发动机润滑油的使用影响很大。燃料质量差,含硫量高,对发动机油的质量要求就苛刻。一般说来,柴油中含硫量大于0.5%时,应选用质量高一个等级的润滑油。

发动机的机油容量大小,对选油的质量等级也有影响。发动机润滑油的容量愈小,则对润滑油的质量要求愈苛刻。油容量大的发动机,可适当降低选用内燃机油的质量等级。例如,从法国进口的内燃机车,强化系数达到85,增压压力为0.2 MPa(2.0 kgf/cm²)应使用CD级油。由于机油容量大(一次加646 L),只规定使用CC级内燃机润滑油。

4.4.3.2 要多选用多级油

多级汽油机油或多级柴油机油与单级油比较有如下优点:

(1)多级油具有良好的低温启动性能。多级油对低温黏度有严格要求,以保证在较低气温下,使发动机顺利启动。多级油使用CCS冷启动模拟机测定高剪切速率下低温黏度。如果100 ℃黏度相同,多级油有较小的低温黏度和较高的150 ℃及230 ℃黏度,见表4-19。上述情况有利于发动机的低温和高温的启动。

表4-19 多级油的黏度

黏度等级	黏度(mm²/s)				CCS黏度(mPa·s)
	230 ℃	150 ℃	100 ℃	40 ℃	-18 ℃
30	1.7	4.3	11.4	110	15 000
40	1.9	4.9	14.5	160	20 000
15W/40	2.3	5.6	14.5	110	5 000
相当发动机部位	缸套/活塞上部	轴承	油底壳	启动	冬季冷启动

(2)多级油具有优良的热启动性能。实际使用中往往会遇到这种情况,发动机在高温转动了一个时期后,暂时停机,而后短时间内又重新启动。由于润滑油在高温下会从气缸壁流失掉,油膜破坏失去润滑,会产生很高的机械摩擦。目前国外很多发动机要求热启动性能比冷启动性能更苛刻。

(3)多级油能改善发动机的磨损和机油消耗。由于以上优点,与使用同样黏度的单级油比较,能节省2%~3%的燃料。节油的主要原因是多级油具有良好的低温和高温启动性,在发动机正常运转时,由于高剪切速率作用,油品有暂时黏度损失,油的黏度变得小了些,减少流体间摩擦,这一点与使用低黏度油相似,但能避免低黏度油带来的缺点。多级油与单级油比较归纳如表4-20。

综上所述,为了节能和延长发动机使用寿命要多采用多级油。

表4-20　多级油与单级油性能比较

油种	低温启动性及泵送性	高温启动性	抗磨损性	机油耗	燃料经济性
多级油	+ + +	+ +	+ −	+ −	+ + +
单级油	○	○	○	○	○

注:以单级油为比较标准。"+"表示比单级油好,"−"表示比单级油差。

4.4.3.3　采用中、高档油以减少油泥、积炭的生成

在发动机中使用内燃机油时,由于高温、空气的存在及金属的催化作用,发生氧化是不可避免的,结果会生成漆膜和积炭。漆膜和积炭的生成也与发动机使用的燃料有关,燃料由于不完全燃烧生成的炭和部分氧化的燃料窜入曲轴箱后,也与内燃机油进一步氧化、缩合生成漆膜和积炭。

漆膜和积炭如果在活塞环槽中沉积,严重时就会把活塞环粘死,环不能很好密封,窜油现象更为严重。漆膜和积炭如果沉积于摩擦表面,使摩擦损失增大,降低了发动机有效功率。漆膜和积炭进入曲轴箱后,与水及其他杂质一起形成油泥,机油通过油滤器时会堵塞滤网,影响正常供油,缩短换油期。

漆膜和积炭的生成除了与发动机的工作条件和使用的燃料性质有关外,主要与机油的化学组成有关,即与选择的机油质量等级关系极大。中、高档内燃机油的氧化性能和清净性能都较普通机油好得多,对漆膜、积炭和油泥的形成具有较强的抑制能力,能够减少机油在使用过程中形成上述沉积物,保证发动机的正常工作。

4.4.3.4　加强机油使用中的管理

内燃机油在使用过程中的管理主要有以下几方面内容:

(1)在内燃机油使用过程中,在保证油品质量等级和黏度等级满足内燃机使用要求的前提下,可以使用不同厂家生产的或者牌号不同的机油,但最好不要混用,切忌使用假冒伪劣产品。

(2)在内燃机运转时,应经常检查油底壳内机油的液面高度,以油面保持在标尺上、下二刻度线之间的位置为宜。油面过低,则由于油量不足而导致油温过高,甚至泵不上油;油面过高,易引起窜机油,使机油耗量增加。这些都会影响内燃机的正常使用。

(3)在开机前,应先用预供油泵,在确信机油已到达各润滑点以后,方可启动发动机。

(4)要按照发动机使用说明书的要求,定期对机油滤清器和离心滤清器进行清洗与保养,以确保进入主油道的机油清洁。

(5)在对发动机进行冲洗和保养时,要严防燃油和水进入机油内。如果在发动机运转过程中,发现呼吸器处有水蒸气逸出,则表明发动机某部位可能有漏水现象。要及时停机查找原因,待故障排除后更换机油,方可以重新开机。

4.4.3.5 积极推广四季通用内燃机油

多级内燃机油是它的黏度范围可以跨越几个黏度级别,可在一定地区冬夏通用,一年四季都可以使用一种机油。

以10W/30SE级汽油机油为例,10W/30可以包括10W、20、30等三个黏度级,故称为多级油。又10W/30黏度级既具有10W油的低温度黏度又具有30油的高温黏度,因而冬夏两季可用一种机油,不必因季节变化而更换机油,故多级内燃机油也是四季通用机油。

常用的多级内燃机油黏度牌号有5W/30、10W/30、10W/40、15W/40和20W/40等。由于多级内燃机油具有优良的低温性能,冬季发动机容易启动。节省燃料和机油,目前在国外已普遍使用。美国汽油机油的82%、柴油机油的55%是多级油。日本汽油机油97%都是多级油。

多级内燃机油以前称稠化机油,它是选用较轻些的基础油加黏度指数改进剂、降凝剂和其他功能添加剂调配成的。凡是多级内燃机油,在油品规格中,都要提供低温黏度(CCS法)和边界送温度(MRV)两项分析结果,如此才能保证机油使用过程中具有良好的低温性能。

4.4.3.6 关注汽、柴油机通用油的应用

汽、柴油机通用油,即一种内燃机油既可以用于汽油机润滑,也可以用于柴油机润滑。汽、柴油机通用润滑油特别适用于混合车队。我国已研制生产的有SC/CC、SD/CC、SE/CC、SF/CD等质量级别的通用润滑油。每一质量级的通用油,还可以有不同的黏度级别。如30号SC/CC、10W/30 SC/CC和10W/30 SF/CD、15W/40 SF/CD等。

多级的汽、柴油机通用润滑油,既可以用于汽油机和柴油机润滑,

同时还可以四季通用,如15W/40 SF/CD即“双通用”内燃机油。单级的汽、柴油机通用油则不能四季通用。

美国、日本等发达国家的内燃机油大多都是通用油,尤其是美军的规格,都是汽、柴油机通用润滑油。美军MIL－L－2104C规格的油品,即相当CD/SD级,这种内燃机油,可用于要求使用CD级油的柴油汽车,也可用于要求使用SD级油的汽油汽车。

使用通用内燃机油,可以简化机油品种,便于管理,防止用错机油,给使用部门带来极大方便和效益,同时对于生产内燃机油的工厂,由于简化品种,给油品调合储存、运输等方面都将带来方便和明显的经济效益。

4.4.3.7 要选用黏度适宜的润滑油

按气温选用黏度适宜的油品,冬季选用黏度小且低温流动性好的油,夏天选用黏度稍大的油。认为黏度越大越好是不对的,黏度太大发动机启动时上油太慢,油压虽高但油的通过量并不大,此时最易使机械磨损增大,甚至造成烧瓦故障。

为了正确选用汽、柴油机油的黏度级别,我们先看一下油品黏度等级与使用环境温度范围的关系,见表4-21。

表4-21 黏度等级与使用环境温度范围

黏度等级	使用温度(℃)	黏度等级	使用温度(℃)
5W	－40～－10	5W/30	－40～30
10W	－30～5	10W/30	－30～30
20	－10～30	15W/40	－20～40
30	0～30	20W/40	－10～40
40	10～50		

可以根据用油地区的年最低气温和最高气温,作为使用的温度范围,参考表4-21,选用汽、柴油机油的黏度等级。举例说明,北京地区最高气温35℃,最低气温－20 ℃。因此,选用15W/40黏度级的汽、柴油机油,可以在北京地区四季通用,可以用一种多级油,而不用冬夏换油。

4.4.3.8 其他应注意的问题

(1)保持曲轴箱通风良好。由燃烧室窜出的气体有腐蚀性,能促使机油的氧化变质并污染发动机,因此必须及时换入新鲜空气。

汽油发动机为了排气净化而禁止曲轴箱中的污染空气排入大气，所以现在市售的大部分汽油机都加有 PCV(Positive Crankcase Ventilation,曲轴箱正压通风装置)阀而成为密闭系统。

在这个系统中,窜气中的污染物沉积在 PCV 阀的周围,可能使阀堵塞。如果 PCV 阀堵塞则污染空气逆向流入空气滤清器,沾污滤芯,使过滤能力降低,吸入的混合气过脏,更加造成曲轴箱的污染。因此,燃料消耗增大,以致曲轴破损。

(2)经常维护空滤器。空气滤清器要经常保持清洁,并及时更换滤芯。如果空滤器堵塞,会因空气吸量不足,导致不完全燃烧,且砂粒和尘埃直接吸入发动机将造成磨粒磨损。

(3)定期或按质换油。任何质量的润滑油,在使用中都会发生变化,到一定里程后,性能恶化,会给发动机带来危害,产生种种故障,为了避免故障的发生,应结合使用条件定期换油或根据油的理化指标变化情况按质换油。

(4)更换机油时一定在较高油温下进行。油温高、油的黏度小,油易由放油孔里放出,并且油温高时油中劣化物被悬浮分散,易和机油一起排出发动机。

(5)在换油时应将废油放净。为了延长发动机的使用寿命,在换油时将旧油放净,以免污染新加入的润滑油,造成迅速变质,引起对发动机的腐蚀性磨损。在使用中要加强曲轴箱通风,保持发动机正常温度,防止发动机油变稀或加速氧化。

(6)临时采用代用油品要加强观察。如因油品供应不及时或没有合适的品种牌号时,可临时采用代用油品,则必须在使用中加强观察,注意滤清器(润滑油)堵塞情况及油质变化等,发现问题及时停车处理。

4.5 发动机润滑油的更换

4.5.1 发动机润滑油的报废标准

发动机油使用一段时间后就不能再用了,必须更换新油。

已用发动机油理化性质的改变是油内进入了外来杂质和机油本身产生了有害物质所造成的。表4-22列出了已用油中常有的杂质、杂质的来源及其危害。从表中的杂质来源可看出，发动机技术状态及工作状况是影响机油污染的重要因素。因此，把机油污染分成三种不同的情况：

表4-22　发动机油污染与发动机运行的关系

机油污染	污染原因	对机油及发动机运行的影响
水分或冷却液	低温运行的冷凝作用 冷却水温度太低 曲轴箱通风不畅 发动机怠速时间太长 开停频繁 活塞环密封不好，窜气严重 活塞环或缸套磨损 活塞环黏结或损坏 排气系统受阻碍 冷却系渗漏 缸盖缸套密封 缸体或缸盖产生裂缝	增加： 低温沉积物油泥 机油乳化 锈蚀及腐蚀 降低： 机油安定性 机油清净分散性
燃料稀释	汽油机 富混合气 节气门工作不正常 活塞环黏结或损坏 火花塞积炭，点火失效 窜气量大 柴油机 柴油回路受阻碍 喷油嘴尺寸变大 喷油嘴滴油 雾化质量不好 排气系统受阻碍 活塞环黏结或损坏	增加： 发动机磨损 漆状沉积物 降低： 黏度 闪点 机油安定性

续表 4-22

机油污染	污染原因	对机油及发动机运行的影响
灰尘沙粒	吸入尘土 空气滤清器效率低 进气系统漏气 曲轴箱呼吸口无滤清器 机油或燃料不清洁 燃料储放、转移、加注时污染 燃料滤清器效率低 机油储存、转移、加注时污染 机器滤清器效率低	增加： 磨料磨损 沉积物 机油产生泡沫 阻塞空气滤清器及机油滤清器
金属屑粒	过度磨损 吸入尘土 空气滤清器维护不好 机油润滑性不适合发动机要求 机油滤清器效率低	增加： 机油催化氧化作用 形成沉积物 磨料磨损 轴承嵌入物
烟炱炭质物	柴油机 富油贫气燃烧不良 供油过多 进气系统受阻碍 喷油嘴技术状况不良 窜气	增加： 机油颜色变黑 黏度 沉积物 机油滤清器堵塞
可溶性及不溶性氧化产物	机油氧化 曲轴箱油温过高 发动机有高温点 冷却系效率低 活塞及缸套温度过高 点火时间不适当 窜气量大、曲轴箱通风不良	增加： 漆状沉积物 轴承腐蚀 黏度 酸值 降低： 机油安定性 机油清净性
清净分散性消失	机油含水量过多 窜气量严重 机油加深氧化	增加： 发动机沉积物 磨损

(1)发动机技术状况不正常，可以出现燃料稀释、冷却液渗漏、磨损过度、灰砂进入机油等现象，特别是活塞窜气，将引起种种不良后果，使机油性能迅速恶化，即使机油质量很好，也只能使用很短的时间。在这种情况下，首先要使发动机技术状况恢复正常。

(2)发动机工况正常，机油在使用过程中也会逐渐氧化变质，使黏度升高、酸值增大、不溶物增多。

(3)发动机工作状况苛刻，如长时间持续高负荷运转，以致油温过高而深度氧化。结果黏度大幅度上升，可溶性及不溶性产物增多。另一种相反的情况是发动机时停时开，启动频繁，负荷过轻，工作温度太低，也会加速机油的污染，产生大量的低温沉积物。

为了使发动机正常工作，要不断向润滑系统补充加入一些新油，但就现在机油质量水平来看，并不能希望借此完全补偿机油性能的损失，因而随着使用时间的延长，油的性能越来越差，以致使用这种变质油可能会引起一系列不良后果。例如发动机沉积物急剧增多，动力性能下降；机件磨损加剧，以致发生严重故障。为了确保发动机能长期正常运行，必须适时更换润滑系内的全部润滑油。

为了正确判断发动机油报废标准，国内外都进行了大量的研究工作。具体报废标准，各式各样不尽相同。归纳起来，主要是外观、黏度变化、酸值增长、水分增加、闪点降低、沉积物的生成量及斑点试验等项目。

表4-23是我国的汽油机油换油指标（GB/T 8028—94），该标准规定了汽油机油在使用过程中的换油指标。适用于汽车汽油机和固定式汽油机所用的汽油机油在使用过程中的质量监控与换油要求，当使用中的汽油机油有一项指标达到换油指标时应立即更换新油。

100 ℃运动黏度变化率η(%)按下式计算：

$$\eta = \frac{\nu_1 - \nu_2}{\nu_2} \times 100\%$$

式中　ν_1——使用中油的黏度实测值，mm^2/s；

ν_2——新油黏度实测值，mm^2/s。

注：ν_1、ν_2 按 GB/T 265 或 GB/T 11137 测定。

为了使取出的分析样品能代表发动机中在用油的真实情况，希望能按 GB/T 8028—94 中的取样规范进行。

表 4-23　汽油机油换油指标(GB/T 8028—94)

项目	换油指标								试验方法
	SB		SC		SD		SE		
100 ℃运动黏度变化率(%) 超过	±25		±25		±25		±25		GB/T 265 或 GB/T 11137 和本标准 3.2 条
水分(%) 大于	0.2		0.2		0.2		0.2		GB/T 260
闪点(开口)*(℃)低于	单级油 165	多级油 150	单级油 165	多级油 150	单级油 165	多级油 150	单级油 165	多级油 150	GB/T 267 或 GB/T 3536
酸值(mgKOH/g) 增加值 大于	2.0		2.0		2.0		2.0		GB/T 7304
铁含量(mg/kg) 大于	250		250		200		150		SH/T 0197 或 SH/T 0077
正戊烷不溶物(%) 大于	1.5		1.5		1.5		1.5		GB/T 8926A 法

注: * 油用 GB/T 267,L－SC、SD、SE 油用 GB/T 3536。

表 4-24 是我国的柴油机油换油指标(GB/T 7607—1995)。该标准规定了柴油机油在使用过程中的换油指标。适用于车用柴油机、固定式柴油机和船用柴油机(不包含使用重质燃油的柴油机)所用各质量等级柴油机油在使用过程中的质量监控,当使用中的柴油机油有一项指标达到换油指标时应更换为新油。

100 ℃运动黏度变化率 η(%)按下计算:

$$\eta = \frac{\nu_1 - \nu_2}{\nu_2} \times 100\%$$

式中　ν_1——使用中油的黏度实测值,mm^2/s;

ν_2——新油黏度实测值,mm^2/s。

为了使分析的结果能真正反映使用中柴油机油的实际情况,请按 GB/T 7607—1995 中的取样规范从发动机中取出样品。

美国车用汽油机油和柴油机油的报废标准见表 4-25、表 4-26。

表 4-24　柴油机油换油指标(GB/T 7607—1995)

项目		换油指标			试验方法
		CA	CC	CD	
100℃运动黏度变化率(%)	超过	+25 或 −15	+25 或 −15		GB/T 11137 和本标准 3.2 条
碱值(mgKOH/g)	低于	—	新油的 50%		SH/T 0251
石油醚不溶物(%)	大于	2.5	—		SH/T 0473
正戊烷不溶物(%)	大于		3.0 1.5*		GB/T 8926 B 法
铁含量(mg/kg)	大于	400	200 100*	150 100*	SH/T 0197 或 SH/T 0077
酸值增值(mgKOH/g)	大于	2.0			GB/T 7304
闪点(开口)(℃)	低于	单级油　180 多级油　160			GB/T 3536
水分(%)	大于	0.2			GB/T 260

注: * 适用于固定式柴油机。

表 4-25　美国汽油机油报废标准

检验项目		报废指标	附记
基本检验项目			
外观和气味		迅速变化	观察者判断
斑点试验		密集,黑而小	观察者判断
爆裂试验		有水	测水分
黏度变化			
40 ℃,降低(%)	超过	25	亦可用 100 ℉(37.8℃)
40 ℃,增加(%)	超过	50	
补充检验项目			
燃料稀释(%)	超过	5	
水(%)	大于	0.2	只在爆裂试验有水时测定
乙二醇		有乙二醇	只在使用防冻液时测定
微量磨损金属(mg/kg)			金属来源:
铝	大于	40	活塞
铬	大于	40	活塞环、缸套
铜	大于	40	轴承、轴瓦

表 4-26　美国汽车柴油机油报废标准

检验项目		报废指标	附记
基本检验项目			
外观和气味		迅速变化	观察者判断
斑点试验		密集,黑而小	观察者判断
爆裂试验		爆裂有水	测水分
黏度变化			
40℃,降低(%)	大于	25	亦可用 100 ℉ (37.8℃)
40℃,增加(%)	大于	50	黏度值
补充检验项目			
燃料稀释(%)(体积)	大于	5	
水(%)(体积)	大于	0.2	只在爆裂度检验有水时测定
乙二醇		有乙二醇	只在使用防冻液时测定
微量磨损金属(mg/kg)			金属来源:
铝	大于	40	活塞、轴承
铬	大于	40	活塞环、缸套
铜	大于	40	轴承、轴瓦

我们认为应当结合发动机状况和机油变化趋势,综合考虑确定是否换油。下面就有关某些性质的报废指标略加讨论。

(1)黏度。机油黏度过高,低温启动及泵送性能变坏,循环冷却作用下降,对发动机摩擦、磨损有不利影响。黏度太低,机油润滑能力下降,也会增加磨损。所以,黏度报废指标大多数规定为 100 ℃运动黏度变化范围不超过 20% ~25%,亦有规定不超过该油的 SAE 黏度级的。可能由于近年柴油机强化程度及机油清净分散性能日益提高,柴油机油黏度变化上限有容许 35% 的。

(2)不溶物。从正戊烷及苯不溶物可以大体判断机油污染情况(见表 4-27)。

对机油不溶物极限含量规定差别颇大。20 世纪 50 年代规定正戊烷不溶物限值小的为 0.4%,大的只有 1.5%,近期有容许为 5% ~6%(凝聚剂法)的。这可能与内燃机油的清净分散性水平有关。

表 4-27　机油污染与不溶物的关系

正戊烷不溶物(A)	苯不溶物(B)	苯可溶物($A-B$)	机油污染性质
少	少	少	污染轻微
多	少	多	油氧化严重
多	多	少	杂质污染严重
很多	多	多	机油本身变质及外来杂质污染均严重

(3)水分。由于汽车发动机的工作温度范围很宽,机油内进入少量冷凝水是难免的,可能是冷却泵渗漏的征兆。因此,一般已用机油的水分最高值定为0.5%,超过此值表示可能有游离水。

(4)中和值。发动机最易受到酸性腐蚀的机件是轴承。锡或铅基巴士合金的耐腐蚀性较好,即使机油酸值高到1.5~2.0 mmKOH/g,亦未见轴承有腐蚀现象。柴油机的轴承多为易受腐蚀的铜－铅合金,故原来把柴油机油酸值的报废指标定为0.5。使用含添加剂机油后,因有些金属盐添加剂与氢氧化钾起化学反应,新油酸值有时远远超过0.5的规定。所以,已用油的酸值宜根据油中添加剂及酸值变化来规定最高限值,或只规定已用油的最低碱值,而不控制酸值。

无论汽油机油或柴油机油,都不容许出现强腐蚀性的水溶性酸,即油的 pH 值不能小于5。

总碱值主要是控制柴油机油碱性添加剂消耗程度的指标。国外已用柴油机油碱值报废指标多定在0.2~1.0,也有规定不小于新油碱值的10%～20%,有的则按柴油含硫量规定为已用沿用碱值不小于(2S＋0.2),S代表柴油的硫量。我国柴油含硫量低,对已用普通柴油机油的碱值可不必控制,至于高档柴油机油,有待试验后确定。

加装 PCV 阀的汽油机曲轴箱内高酸性窜气不能流畅排出,因而SD 级汽油机油需要加入高碱性金属盐清净剂。国外试验表明,总碱值为5的新机油,使用到碱值不小于0.3不会发生腐蚀作用。

(5)闪点及燃料稀释。这两项指标互相关联,而且都显著影响油的黏度。因此,宜与黏度一起考虑作报废指标。

4.5.2 发动机润滑油的换油周期

目前换油有三种不同准则：

(1)定期换油。根据发动机结构特性、运行条件和润滑油及燃料的质量由汽车制造厂推荐或用户自行确定固定的换油周期(时间或里程)。

延长汽油机油及柴油机油的换油周期是近年来美国汽车公司及石油公司的主要活动。延长换油期可以节约机油的消耗和减少处理废机油带来的污染。自1975年汽油车使用无铅汽油和降低发动机压缩比后，机油氧化条件缓和，换油期延长到8 000~12 000 km。近期延长换油期的计划如表4-28所示。延长换油期必须要发动机改进设计，润滑油性能优异，能减少气门组件的磨损，经受高温氧化和抑制低温油泥及漆膜。柴油机油的换油期也在不断延长。

表4-28 美国汽油机油换油期

年份	换油里程(km)	措施
1954	2 800	汽车厂推荐
1970~1975	6 500~10 000	汽车厂推荐
1975	8 000~12 000	无铅汽油
1977	12 000~16 000	无铅汽油
1980	24 000	SF级汽油机油
1980~1986	25 000	SG级汽油机油
1981~2001	30 000	SH、SJ、SL级汽油机油

OEM(Original Equipment Manufactures，原产设备制造商)所要求的汽车发动机油换油期见表4-29。

无论汽车制造研制或用户，在确定或变更换油期前都必须按照发动机实际(或将要)使用的润滑油及燃料质量水平，经过认真的行车试验。在试验中，除定期从发动机采取油样，考查其主要性质与汽车行驶(同时考虑运行条件)的关系外，还必须注意发动机运行中的性能的变化，结合发动机的维修观测发动机的技术状况，包括润滑系及各部机件的清洁状况，主要摩擦机件的磨损、腐蚀情况，这样才能确定合理的换油期。一般地说，过去汽车制造厂推荐的换油期失于安全系数过大。

表 4-29　OEM 所要求的换油期　（单位：km）

制造商	载客汽车		卡车
	汽油	柴油	
宝马	15 000～30 000①	15 000～25 000①	—
DAF	—	—	50 000～100 000
DAIMLERCHRYSLER	15 000～30 000①	15 000～30 000①	20 000～10 000③
菲亚特	15 000～30 000	15 000～30 000	—
福特	15 000	15 000～20 000	—
依维柯	—	—	30 000～10 000③
MAN	—	—	45 000～80 000③
欧宝	15 000	15 000	—
宝时捷	20 000	—	—
标致－雪铁龙	30 000	15 000～20 000④	—
雪诺	20 000	15 000	—
RVI	—	—	最大值 12 000②
ROVER	20 000～25 000①	10 000～20 000④	—
SCANLA	—	—	20 000～120 000③
沃尔沃	15 000～20 000	7 500～15 000	15 000～75 000③
VAG（VW/Audi/Seat）	15 000	75 000～15 000	—

注：①通过电脑来确定。

②只有在一定条件下对确定的卡车类型有效。

③与油质量、燃料油质量、发动机类型、驾驶条件、加油量和/或电脑的应用有关。

④IDI：10 000～15 000 km；DI：20 000 km。

例如解放牌汽车发动机油原来推荐 3 000 km 换油。后来经过试验与实践，延长到 6 000～8 000 km。机油中加入添加剂后。很多运输单位实行 10 000 km 左右换油。我国标准局颁布的车用汽油机油换油指标（GB/T 8028—94）的附录 A 中推荐的换油周期见表 4-30。汽车柴油机油（GB/T 7607—1995）附录 A 中推荐的换油里程或换油期见表 4-31。

为了节约润滑油，近年来各运输企业有进一步延长发动机换油期的愿望。这里就延长换油期能否达到节油效果加以阐述。

表 4-30　汽油机油换油里程或换油期(GB/T 7607—1995 附录 A)

车型	汽油机油品种	路面状态	参考换油里程(km)
解放牌 CA－10B(10C)	SB	较好路面	$(2.4\sim3.0)\times10^4$
解放牌 CA－10B(10C)	SB	一般路面	$(1.2\sim1.5)\times10^4$
东风 EQ140	SC	一般路面	$(1.5\sim2.0)\times10^4$
解放牌 CA141	SD	较好路面	$(1.2\sim1.5)\times10^4$
解放牌 CA141	SD	一般路面	1.0×10^4
小轿车	SE	一般路面	$(0.8\sim1.0)\times10^4$

表 4-31　柴油机油换油里程或换油期(GB/T 7607—1995 附录 A)

车型或机型	使用油品	使用条件	换油里程或换油期
车用 110、120、135 系列柴油机及同类非增压柴油机	CA	3、4 级路面	9 000～12 000 km
黄河 JN162,JN163	CC	3、4 级路面	12 000～15 000 km
解放 CA－15K		3、4 级路面	20 000 km
五十铃 TXD50,NPR 595		3、4 级路面	8 000～10 000 km
日野 FC164/166		3、4 级路面	6 000～8 000 km
船用 6135Z 柴油机		航运	300 h
12V190 系列柴油机		野外固定式作业	800 h
12V190 系列柴油机	CD	野外固定式作业	900 h
日野 FC164/166,FC100		3、4 级路面	10 000～15 000 km
船用 6135Z 柴油机		航运	400 h

注:①如发动机使用比表中高一质量等级的油品,其换油里程或换油期可延长。

②如油品实际使用条件不在本表列出的范围内,其换油里程或换油期可根据使用条件的优劣适当延长或缩短。

③对于同类型发动机,其换油里程或换油期可参照执行。

我们通常把汽车发动机油的消耗理解为加注于发动机内的机油总量。实际上这些润滑油并不是全部消耗了,其中一部分在维护换油及临时修理时从油底壳、机油滤清器及湿空滤器中作为废油放出来了。这些废油经过适当的收集、保管及再生处理,可以回收 75% 以上可供利用的再生机油。所以,发动机油的消耗实际上是汽车在一定的运行期内加注到发动机内的机油总量与同时从发动机内放出废油量的差数。这样计算的机油消耗称为"机油烧失量"，其数值接近汽车运行中的补充机油量。因为烧失之外还包括汽车运行中损失的一些无法统计的机油。例如密封不严的漏失、空气泵的消耗及漏失、灌注新油及排出废油的溅失、机油滤清器滤芯的吸附及润滑系残存油量等。可以想象，延长换油期后，因换油次数减少而节省了换油量。同时也应看到，如果换油期不适当的延长，以致损害了发动机的技术状况，则会增加机油的烧失量（补充加油量）。这就是说延长换油期的节油效果是有限的。从国内外大量的试验结果来看，当换油期延长到一定里程（取决于发动机的结构和机油的质量）后，尽管换油量减少，但是由于烧失量的增多，结果机油总消耗量不再减少，有的还增加了。前面已经说过，还必须考虑延长换油期可能给发动机维修带来的不利影响。也就是说，应当用技术经济的尺度来衡量换油周期是否合理。最佳换油期必须根据汽车单位行程的润滑油消耗及与之有关的维护修理费来计算确定的。

（2）不定期换油。根据机油老化变质的程度，控制若干主要指标（理化性质），规定已用机油的报废标准（见表4-23、表4-24，而不对换油期作硬性规定。）

（3）规定换油期同时控制油的指标。在规定了发动机换油期的同时也控制在用油的某些理化指标，必要时可提前报废。

就汽车发动机而言，目前国内多采用第一种准则。这主要是因为汽车已成为一种非常普遍的交通运输工具，数量很多（2000年底国内汽车保有量已达 15×10^6 辆），而每辆汽车的机油用量很少，油样化验费用高，定期换油较经济。在美国单独测定润滑油黏度的费用相当于小型发动机曲轴箱一次换油的费用，一个油样的全项常规分析费用相当全年用机油的总费用。

不定期换油主要应用于大型发动机，这类发动机大多是重要的动力设备，润滑出现问题时，会因发动机不能正常运行及维护修理带来重大损失。同时，润滑系机油量大，一次换油费用较多，故大多对润滑系机油经常取样分析化验，实行按需换油。

随着对已用润滑油化验技术的进步，特别是快速分析方法的建立与广泛应用，原来实施定期换油的发动机也倾向于同时采用简易有效的在用机油快速分析方法作为发动机运用及技术状况的监测手段。这样不仅可及时更换不适用的机油。更为重要的是能够发现发动机的隐患,提前采取措施予以消除,从而避免造成重大损失。

4.5.3 在用油的快速检测方法

实施不定期换油需要对发动机内的在用机油进行定期检验。用光谱分析、薄膜过滤技术虽先进而准确,但设备昂贵、操作复杂,需要在专门的实验室内由专职技术人员操作和分析结果。这对交通运输部门来说是难以应用的。为了便于现场快速检测,下面介绍几种应用较广的方法。

(1)外观及气味检测。用一个洁净的试管接取在用机油样品,用肉眼观察机油状况。若机油比较清澈透明,仍保持着接近新机油的颜色,表明污染不严重。机油变得不透明,呈雾状,表明机油进了水。机油变成灰色,可能是被含铅汽油所污染。机油变成黑色,是燃料不完全燃烧产物引起的,特别是柴油机燃料气体中的烟炱,会使机油很快变成深黑色。

如果将油样放置一段时间,油中砂粒、金属屑、铁锈等将沉淀析出。仔细观察管底有无沉淀物并用放大镜检查沉淀物的性质很重要,将有助于了解空气及机油滤清器的性能和发动机有无异常磨损。

在用机油若出现刺激性气味是机油高温氧化的象征,有燃料气味则表明机油已被燃料严重稀释。

(2)油滴斑点试验。这是一种简单而有效的已用油检测方法。用金属或玻璃棒把刚从发动机内取出的油样滴一滴在滤纸上,油滴内的污物便随油向滤纸四周扩散。2 ~3 h 后,滤纸上便形成颜色不同的晕环似的斑痕。斑痕的图像因滤纸、机油质量及污染度而异。一般都显示三个或更多的晕环(见图 4-17)。中心有黑色的圆核,是油内粗颗粒杂质的集中沉淀区,其外围有时出现一条色度更深、边缘不齐的圆带,是这一沉淀区的边界。中心沉淀区的色度可粗略表示油的污染深度。如果发动机磨损异常,这里偶然会发现金属屑粒。沉淀区以外是细分散悬浮杂质继续向外扩散留下的痕迹,颜色愈向外愈浅。扩散区的宽度代表机油残余清净分散性的好坏,也就是清净分散剂有效程度。如果扩散环很宽以至沉淀区与扩散区无明显界限,说明油的清净性还很好。反之,如果只有中心沉淀区而没有扩散区,则表示油的清净分散性消耗殆尽。把油样加热到200 ℃保持5 min,再滴一个油斑与未加热的油滴斑痕相比较,更能说明清净分散性能。不含添加剂的机油即使污染很轻也没有扩散区。

如果油内含有2%以上的水分,油滴扩散便受阻碍,可以肉眼辨识。

最外层是机油及油内可溶性氧化产物的扩散圈,颜色从淡黄到深褐,代表着氧化深度。

用这种方法试验观察已用机油,日久积累一定经验后,可以从油斑图像了解发动机内机油变质情况。定期系统地用油斑检查发动机内的机油,可从油斑的变化了解发动机工作状况是否正常。油斑异常或突然变化往往是发动机润滑系出现问题的前兆。

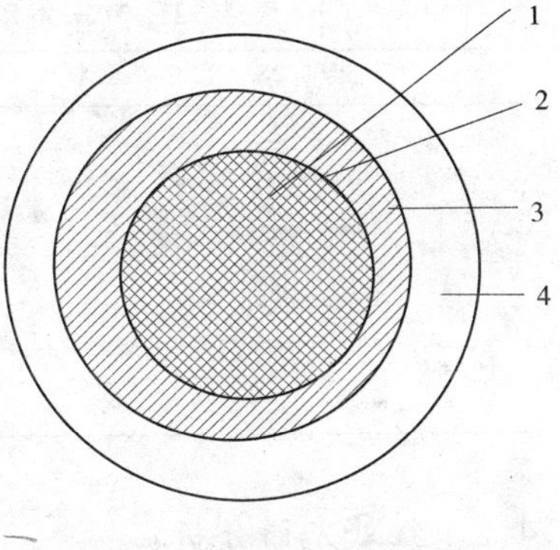

1—沉淀区;2—圆带;3—扩散区;4—油环

图4-17　滤纸油斑示意图

(3)爆裂试验。把薄金属片或金属箔加热110 ℃以上,滴上一滴机油,如油爆裂表明有水。此方法虽简单却很灵敏,能检验出0.1%以上的含水量。

将上述三项快速机油检验方法和油品的闪点降低、黏度和不溶量增加、酸值增大等理化分析结合起来,综合判断机油的变质老化程度是经济而合理的。

4.5.4　发动机油的现代检测方法

研究表明,一般理化分析指标,虽能代表油的变质、污染程度,但与油的实际使用性能之间无明显的对应关系。20世纪60年代以来出现的三种分析方法,在这方面具有明显的优越性。

4.5.4.1　金属元素(及硅)分析

用发射光谱或原子吸收光谱分析油中的微量金属及硅元素的含

量，根据在用油中某种元素含量变化的积累数据，可以判断发动机某些部位的磨损情况。例如，硅含量增高表明空气滤清器故障，铝含量增大表明活塞异常磨损，铁含量增大表明活塞环及缸套磨损，铜、铅含量增大表明轴承材料磨损或被腐蚀。因此，可以规定已用机油中金属及其他元素含量的最大限值，作为控制换油的标准如表4-32所示。

表4-32　汽车发动机油的元素含量限值

元素	含量极限(mg/kg)
硅	20~25
铜	35~45
铅	30~35
铁	100~150
铬	40
铝	30~40

4.5.4.2　红外光谱分析

机油氧化变质，一定含有特定的官能基团，如羧基(COOH)等。添加剂亦各有其作用的官能团。这些官能团有其在红外范围内的一定吸收波长。例如ZDDP(二烷基二硫代磷酸锌)在10~10.6 μm氧化产物在5.8 μm、水及乙二醇在2.9 μm或6.05 μm的波长下吸收最强。把新旧机油的谱线加以比较，从官能基团的消失和增长可以判断添加剂的消耗及机油的氧化深度。

4.5.4.3　微孔薄膜过滤分析

用一定尺寸的孔径薄膜可以分离悬浮在油中的不溶物。不溶物虽不一定都对发动机造成危害，但可以代表添加剂的消耗程度。0.3 μm孔径薄膜分离出的不溶物含量的变化与机油使用性能有密切关系。图4-18是一个柴油机汽车队(6缸、154 kW)使用MIL-L-2104B(CC级油)，在30×10^4 km行车中发动机漆状沉积物评分与红外光谱分析(5.8 μm波长氧化产物)及0.3 μm薄膜过滤不溶物之间的关系。

综合以上的阐述可以看出，合理确定我国各型汽车发动机的换油周期，既可节约润滑油，又可延长发动机使用寿命，经济效益十分可观。最好的方法是，根据机油报废标准(换油指标)和汽车制造厂家推荐的

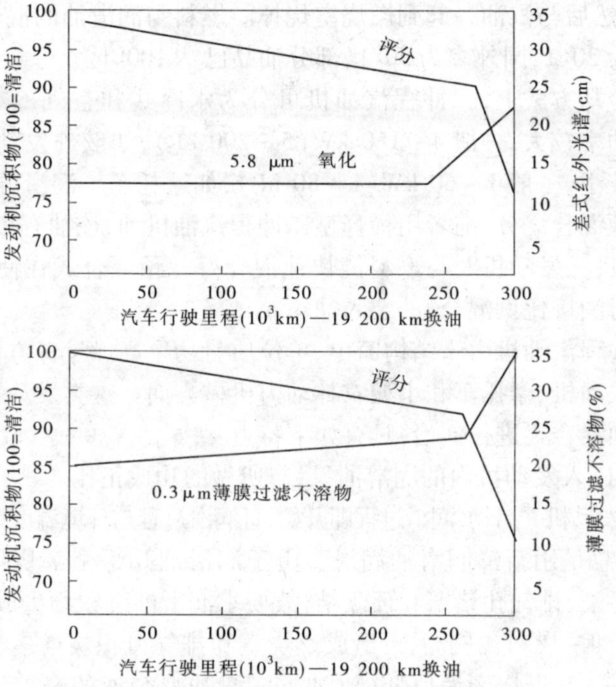

图 4-18　汽车行驶里程与红外分析氧化产物及薄膜过滤不溶物间的关系

换油周期,在汽车行驶里程接近推荐换油周期时,取机油进行快速分析(斑点试验、爆裂试验和外观、气味检查),如果机油质量很好,可适当延长换油期。如果三项快速分析试验结果不好,特别是斑点试验不合格、外观和气味变化大,应提前换新油。

4.6　二冲程汽油发动机润滑油

4.6.1　二冲程汽油发动机的润滑特点

二冲程发动机采用油雾润滑,燃料与润滑油按一定比例混合后进入发动机,汽油首先气化与润滑油分离,于是润滑油雾对运动部件起润滑作用,然后与汽油一起到燃烧室烧掉。燃料与润滑油的混合比,目前国内多为20:1,国外多为50:1,部分油品已达100:1。

从冷却方式上,二冲程汽油机可分为水冷式和空气冷却式两种。水冷式功率较大,一般4～150 kW(5～200 hP),如舷外发动机。空气式功率较小,一般1～60 kW(1－80 hP),如摩托车。润滑方式有快速混合和预混合之分,前者用稀释型二冲程汽油机油,该油有很好的低温流动性,进入发动机时与燃料能快速混合好。预混合式在使用前将燃料与润滑油按比例混合好,装入油箱。

二冲程汽油机由于结构简单、单位质量功率高、经济、方便,广泛用于舷外发动机、摩托车和小型农林动力机械方面。这类发动机,目前主要采用预混合式进行润滑,具有如下特点:

(1)进入发动机内的润滑油量,与所做的功成正比。

(2)发动机一启动,润滑过程即开始,且润滑过程与环境温度无关。

(3)总是用新鲜润滑油润滑。由于润滑油几乎全部烧掉,易造成火花塞污染、排气孔堵塞和环黏结,故要求润滑油沉积物生成要少。

(4)油－燃料比例高,可造成燃烧室和排气口积炭增多、火花塞污染、排烟量大、燃烧辛烷值低(汽油－润滑油混合液的辛烷值,随润滑油加入量增加而降低)。

(5)当关闭节气门下坡时,由于润滑油的供应被切断,故易发生活塞卡死现象。

(6)运行过程中油被稀释,加之机器的比功率大、转速高,故要求油的润滑性能好。

(7)由于二冲程发动机的活塞、环槽温度要比相应的四冲程机高,故要求油的高温清净性要好。

近20年来,随着二冲程汽油机功率不断增大、燃料和润滑油的混合比不断提高,工况日渐苛刻,如V4 BIA 85HP(63.4 kW)和V4 BIA 40HP(29.8 kW)发动机第一环槽温度达315 ℃,对润滑油的质量要求也越来越高。为了满足发动机对润滑油的要求,润滑油的配方也在不断的变化。20世纪60年代以来,发动机功率和燃油比进一步提高(1964年到1969年,燃油比50:1,1969年以来63:1;目前有些水冷机

100∶1,空冷机 50∶1),工况更加苛刻,用有机金属盐清净分散剂调配的油,虽然活塞清净性好,但由于灰分高,易引起火花塞污染和提前点火,无灰分散剂的使用,使这一问题得到了满意的解决,1963 年留勃瑞佐尔公司正式生产了无灰二冲程油,为 6% 的 Lz 224。但是,单独使用无灰分散剂,虽然对抑制火花塞污染和提前点火很有效,但是在高温清净方面却不太令人满意。为达到预期的活塞清静性,无灰剂的加入量要比金属清净剂略微多一些。鉴于此,许多公司对空冷二冲程汽油机油多采用有灰和无灰添加剂的复合,以达到改善清净分散性和降低灰分的目的。1966 年留勃瑞佐尔公司开始出售中等灰分的二冲程油(5% Lz981),1977 年又研制出具有优良使用性能的低灰添加剂 Lz6827。然而,对高功率的操舟机,由于使用有灰润滑油确有引起提前点火的倾向,故目前多采用全无灰剂的配方。

4.6.2 二冲程汽油机油的规格

为了建立统一、正式的规格,美国石油协会(API)做了大量工作,并取得了一定的成效。早在 1967 年,由于受到制定四冲程汽油机油规格的鼓舞,提出将二冲程汽油机油分成三类:

TL——直馏矿物油馏分油;

TM——低燃料/润滑油混合比的含添加剂油;

TS——高燃料/润滑油混合比的含添加剂油。

1968 年又进一步按发动机性能将油分成两类:

TC-1——适用于中等功率,对沉积物控制无特殊要求的油;

TC-2——适用于在最高功率下工作,对油的抗擦伤、磨损、燃烧室沉积物和积炭生成要求很高的发动机。

在欧洲,欧洲协调委员会(CEC)原打算制定一个欧洲分类,并在小型二冲程发动机中广泛开展了试验,后来决定与美国共同制定一个国际标准。经 API、SAE、ASTM 和 CEC 的共同努力,在过去分类的基础上于 1985 年提出了新的使用性能分类方案,见表 4-33。

表 4-33　API、SAE、ASTM 和 CEC 推荐的二冲程汽油机油分类

使用分类	用途	主要性能指标	试验方法
TSC－1	每缸排量在 50～100 mL 的小型空冷二冲程汽油机，如机器脚踏车、小型摩托车、链锯、割草机和小型皮电机等	程序Ⅰ润滑性试验： 火花塞垫圈温度从 200 ℃升到 300 ℃的功率（扭矩）下降不大于参比油 ASTM VI－D（或性能指数 *PI* 不小于 0） 程序Ⅱ排气系统沉积物试验： 排气系统堵塞 70% 或功率下降 30% 所需时间均不小于 250 h；环槽沉积物评分不得比参比油 VI－T 低 1 分；活塞裙部漆膜部分不得比参比油 VI－T 低 0.5 分；火花塞面积不得比参比油 VI－T 大 10%	（A）胀紧、擦伤、提前点火 CEC L－19－T－77 Yamalia CE50S （B）动力损失 CEC L－20－A－79
TSC－2	每缸排量在 100 mL 以上的空冷二冲程汽油机，如摩托车、三轮摩托车 链锯（燃油比高达 32:1）	程序Ⅰ活塞抗卡住试验： 火花塞温度从 190 ℃升到 290 ℃的功率下降（或扭矩下降）不大于参比油 RL56（或分辨指数 *DI* 不小于 0） 程序Ⅱ沉积物和一般性能试验： 由于沉积物引起的功率下降不大于参比油 RL07；活塞各部位污染评分；活塞和气缸擦伤情况 程序Ⅲ提前点火试验： 提前点火指数不大于参比油 RL05	CEC L－21－T－77 Vespa 125T5 胀紧、动力损失、提前点火 CEC L－21－T－77

续表 4-33

使用分类	用途	主要性能指标	试验方法
TSC－3	每缸排量在 250 mL 以上的大型空冷二冲程汽油机，燃料/润滑油比 50∶1，预混合或注入式润滑，如大型摩托车、雪车等 链锯（燃油比 >32∶1）	程序Ⅰ环黏结和沉积物试验： 环黏结评分不得低于参比油 VI－D 0.5 分；活塞裙部漆膜评分不得低于参比油 VI－D 0.5 分；火花塞污染每一个全过程试验（运转 2 次）不得比参比油 VI－D 多发生 2 次；不产生提前点火；排气孔堵塞面积不得比参比油 VI－D 大 10% 程序Ⅱ润滑性试验： 火花塞垫圈温度从 200 ℃升到 350 ℃功率（或扭矩）下降量不大于参比油 VI－D 程序Ⅲ提前点火试验： 较大的提前点火不超过 1 次，较小的提前点火不得比参比油 VI－E 大 2 倍；火花塞非提前点火的危害不超过 1 次	Yamaha $Y350M_2$ 两冲程两缸空冷汽油机试验 清净性 环黏结 Yamaha CE50S 修改的 CECL－19 试验 Motobecane AV7L 单缸空冷两冲程发动机试验

续表 4-33

使用分类	用途	主要性能指标	试验方法
TSC－4	大型水冷式舷外发动机	润滑性： 按工况 1 试验完后，活塞无擦伤，缸壁无明显损伤，没有明显润滑不足现象； 按工况 2 和 3 试验完后，缸壁和其他工作部位的润滑状况不比参比油差 活塞环黏结： 按工况 2 和 3 试验完后，所有四个顶活塞环平均黏结评分不得比参比油低 1 分，且无热粘环 活塞漆膜： 按工况 2 和 3 试验完后，四个活塞平均漆膜评分不得比参比油低 0.5 分 提前点火： 提前点火发生次数不大于参比油 活塞污染： 每试验完一次，不得发生一次活塞污染 排气孔堵塞： 排气孔堵塞面积不得比参比油大 10% 防锈性： 不次于参比油	ASTM 研究的低于 66 kW、1.5 L 气缸舷外发动机试验 BIA TC－W OMC 63.4 kW（85 hP） 擦伤、使用性能提前点火、锈蚀试验，混溶性试验

推荐的新分类将二冲程汽油机油分成了四类，TSC－1 类油适用于每缸排量 50～100 mL 的小型空冷二冲程汽油机；TSC－2 类油适用于

每缸排量 100 mL 以上的空冷二冲程汽油机；TSC－3 类油适用于每缸排量在 250 mL 以上的大型空冷二冲程汽油机；TSC－4 类油适用于大型水冷式舷外发动机。在评定时，将试油的评定结果与参比油进行对照。

我国的内燃机油分类国家标准 GB/T 7631.3—1995 附录 B（参考件），将二冲程汽油机油按特性和使用场合分为 ERA、ERB、ERC、ERD 四个品种。二冲程汽油机油的详细分类见表 4-34。

表 4-34　二冲程汽油机油详细分类

代号	特性和使用场合
ERA	用于缓和至中等条件下工作的小型风冷二冲程汽油机。具有防止发动机高温堵塞和活塞磨损的性能，另外还能满足发动机其他一般性能要求
ERB	用于缓和条件下工作的小型风冷二冲程汽油机。具有防止发动机活塞磨损和燃烧室沉积物引起提前点火的性能，另外还能满足发动机其他一般性能要求
ERC	用于苛刻条件下工作的小型至中型的风冷二冲程汽油机。具有防止高温活塞环黏结和由燃烧室沉积物引起提前点火的性能，另外还能满足发动机其他一般性能要求
ERD	用于苛刻条件下工件的中型至大型水冷二冲程汽油机。 具有防止由燃烧室沉积物引起提前点火、活塞环黏结、活塞磨损和腐蚀性能，另外还能满足发动机其他一些性能要求

二冲程汽油机油具有很好的高温性能、混合能力、润滑性能。二冲程汽油机油为了减少火花塞的沉积物，通常不用含钡、锌添加剂。

近两年，国际上逐渐采用日本 JIS 标准的二冲程汽油机的分类方法及其相应的评定方法。日本将二冲程汽油机油分为 FA、FB、FC、FD 等 4 类，摩托车大都使用 FB、FC 油，FC 油是加有聚异丁烯的低烟型产品，我国也将按此分类研制低烟或无烟型二冲程汽油机油，国产 FB、FC 产品已经推向市场，国际标准化组织也将原则上采用日本的分类，即 GB、GC、GD。水冷二冲程汽油机油采用美国船舶协会标准（NMMA），推行 TCW Ⅱ 及 TCW Ⅲ 油品。

我国二冲程汽油机油暂行技术条件见表4-35，各国二冲程汽油机油规格标准及对应关系见表4-36。ASTM/JASO/CEC 全球二冲程汽油机油规格指标见表4-37。

表4-35　我国二冲程汽油机油暂定技术条件

项目		ERA－Ⅰ	ERB－Ⅱ		ERC－Ⅲ	试验方法
		30	20	30	30	
运动黏度(100 ℃)(mm²/s)						GB/T 265
加稀释剂后		9.3～12.5	5.6～9.3	9.3～12.5	5.6～9.3	
加稀释剂前		9.3～12.5	9.3～12.5		9.3～12.5	
黏度指数(加稀释剂前)	不小于	90	90		90	GB/T 2541
闪点(开口)(℃)						GB/T 3536
加稀释剂后	不低于	120	100		80	
加稀释剂前	不低于	200	200		200	
倾点(℃)	不高于	－10	－15		－25	GB/T 3536
水分(%)	不高于	痕迹	痕迹		痕迹	GB/T 260
机械杂质(%)	不高于	0.01	0.01		0.01	GB/T 36531
硫酸灰分(%)		报告	报告		报告	GB/T 2433
混溶性试验(－10℃)		通过	通过		通过	兰炼方法
溶剂加入量(%)		0～5	5～10		5～20	
沉积物试验		—			—	ERB－Ⅱ油评定法
沉积物效应系数 *Ed*	不小于		0.86			
清净性总评分	不小于		82.5			
排气管及排气口堵塞率(%)	不大于		13.2			
润滑性试验						ERB－Ⅱ油评定法
鉴别指数 *DI*	不小于	0	0		0	
选择性指数 *SI*	不大于	0	0			

续表 4-35

项目		ERS－Ⅰ	ERB－Ⅱ		ERC－Ⅲ	试验方法
		30	20	30	30	
早燃试验		—				ERB－Ⅱ油评定法
发生早燃时间(h)	不小于		45		50	
排气堵塞试验			—		—	ERA－Ⅰ油评定法
堵塞时间(h)	不小于	90				
黏环与沉积物试验			—			ERC－Ⅱ油评定法
活塞气缸及缸盖清净性总评分	不小于				5.5	
活塞沉积物(g)	不大于				0.25	
排气口堵塞(%)	不大于				1.0	
火花塞故障(次)	不大于				2	

表 4-36　各国的二冲程汽油机油的规格标准对应关系

类型	国际标准	API/NMMA	API/CEC	美国 NMMA	日本 JASO	中国	使用对象
风冷	GA	TA	TSC－1		FA	RA	<50 mL 摩托车
	GB	TB	TSC－2		FB	RB	50～200 mL 摩托车
	GC	TC	TSC－3		FC	RC	50～500 mL 摩托车
	GD	TC＋			FD	RC＋	无烟
水冷		TD	TSC－4	TC－WⅠ		RD	舷外发动机
				TC－WⅡ			
				TC－WⅢ			

表 4-37　ASTM/JASO/CEC 全球二冲程汽油机油规格指标

性能要求	—	GLOBAL'GB'	GLOBAL'GC'	GLOBAL'GD'
	JASO FA	JASO FB	JASO FC	—
润滑性	最小 90	最小 95	最小 95	最小 95
扭矩指数	最小 98	最小 98	最小 98	最小 98
清净性	最小 80	最小 85	最小 95	最小 125 *
排气烟量	最小 40	最小 45	最小 85	最小 85
排气堵塞	最小 30	最小 45	最小 90	最小 90

注：* 3 h 试验。

所有极限是以参考油为基准的指标，1996 年采用 JATER－1 全球分类。

试验发动机：Honda DIO　　· 润滑性

· 扭矩指数

· 清净性

Suzuki SX800R　　· 排气烟量

· 排气堵塞

4.6.3　二冲程汽油机的评定方法

目前评定二冲程汽油机油使用性能的方法很多，依国家和制造厂不同而异。表 4-38 列出世界上比较著名的试验方法及其评定内容。由表 4-38 可知，评定方法虽然多种多样，但评定内容都基本相同。

4.6.3.1　特殊理化性质测定方法

1）润滑油和燃料的混合性

将带刻度的量筒、润滑油和汽油都保持在零度，整个试验都在零下进行。首先向量筒内加入 17 mL 试油，而后加入汽油，使量筒内液体总体积达 450 mL。来回倒转密闭量筒，以使汽油和试油完全混合，记录汽油和润滑油完全混合所需倒转的次数，完全混合的标志是无润滑油黏附在管壁上。如试油与汽油在 2 min 内不超过 24 次倒转即能完全混合，则认为混合性合格。

表 4-38　二冲程汽油机试验方法及其评定内容

来源	国家	磨损	粘环	混合性能	活塞擦伤和卡死	火花塞污染	提前点火	燃烧室沉积物	活塞清净物	孔堵塞	排气系统沉积物	曲轴箱沉积物	防锈性	功率损失
BIA	美国	×	×	×		×	×	×	×	×	×		×	
Amoco	美国		×			×	×		×	×				
Ethgl Corp.	美国		×			×	×		×					
Calif. Rcs. Coop	美国		×			×		×	×			×		
Philips	美国		×			×	×		×				×	×
Homelie	英国	×	×			×		×	×	×				
Monsanto	美国	×	×					×	×	×		×		
Socony Hobil	英国		×			×	×							
British Petro	瑞典		×		×			×		×		×		×
Saab	美国	×			×	×		×	×	×		×		
Lubrizol	法国		×						×					
Motobe Cane.	英/法							×	×	×	×			×
Dyaon/L. F. P	意大利				×				×	×				×
Lambretta Eng	意大利		×		×			×						×
Piaggio Eng	比利时				×			×	×	×				
Fin Eng			×						×	×				×
CEC－L－402－T－68			×			×	×	×	×	×	×			
CEC－L－402－T－68		×		×		×	×	×	×	×	×			

2)均一性

在两个标准的100 mL的离心管中各加入100 mL规定制备的试油,离心机在37.8 ℃ ±1.2 ℃、600 r/min的条件下,离心4 h。如试油无沉淀或不大于0.01%(体积)的不溶物出现,则认为试油均匀性合格。

3)污染性

将15.14 L(4 gal)试油与等量的经过过滤的干净汽油在室温下混合,通过已称重的筛网进行过滤。试油过滤后,试油的容器用干净汽油冲洗,冲洗物用同一筛网过滤。筛网用干净汽油仔细冲洗,而后在100 ℃干燥除去汽油。干燥冷却后称重,如筛网的增重量不超过40 mg,则污染性合格。

4)防锈性

将浸过试油的钢试片,垂直浸没于25 ℃ ±2.8 ℃的1 gal(3.875 L)蒸馏水加1/2 lb(0.227 kg)化学纯的NaCl的溶液里,在浸入8 h后,除去试片边缘1/8 in(3.1 mm)的面积里或距小孔1/8 in(3.1 mm)的面积外,不应有可见的锈蚀。

4.6.3.2 发动机试验

根据二冲程汽油机的使用特点,要求发动机台架试验评定下列性能。

1)润滑性

在活塞、活塞环和缸套之间保持油膜的能力。包括活塞和活塞环不擦伤在高温、高负荷、发动机冷却不良的情况下不出现故障。

2)清净性

活塞环槽和活塞环上少出现沉积物。包括:

(1)活塞环黏结,由于高温和燃烧不完善,促使活塞环黏结在环槽内,即环槽内的沉积物过多会夹紧或妨碍活塞环的活动,这会使燃烧室内压缩压力减小,或产生擦伤或黏着。

(2)活塞环台或活塞裙部上产生重碳沉积物会产生擦伤。

(3)活塞内顶部产生严重的沉积物会使活塞销轴套发生故障(卡死)。

3）早燃

性能不好的二冲程汽油机会使燃烧室内产生积炭，严重时这些积炭会引起早燃，即提前点火。

4）排气的烟度

这是排放法规要求的。JASO（日本汽车标准化组织）的规格中有要求，而美国的 ASTM 和 NMMA（美国船舶生产者协会）无此项要求。

5）其他

（1）火花塞上沉积物，也称"搭桥"，使火花塞不能正常点火。

（2）排气口堵塞，排气管和消声器上产生积炭，排气流动阻力加大。

（3）轴承润滑不良。

随着二冲程发动机的不断强化，寿命不断提高，高功率稀（燃/油）混合比的采用以实现节能和减小污染，要求二冲程汽油机的质量进一步提高，1988 年 2 月，ASTM 公布了 ASTM TC 风冷二冲程汽油机油的技术标准。1988 年 9 月，NMMA 公布了 TC－WⅡ水冷二冲程汽油机油技术标准。1993 年 NMMA 又进一步改进为 TC－WⅢ标准，见表 4-39。

表 4-39　二冲程汽油机油技术标准

分类	使用范围	评定试验	燃/油混合比	试验发动机
ASTM TC	高功率，稀混合比，风冷二冲程汽油机	Ⅰ. 环黏结沉积物	50:1	YAMAHA RD 350B
		Ⅱ. 润滑性	150:1	YAMAHA CE－50
		Ⅲ. 早燃	20:1	YAMAHA CE－50
NMMA TC－WⅡ	高功率，稀混合比，水冷二冲程汽油机	Ⅰ. 润滑性	150:1	YAMAHA CE－50
		Ⅱ. 总体性能	100:1	OMC E 40 ECC
		Ⅲ. 早燃	20:1	YAMAHA CE－50
NMMA TC－WⅢ	高功率，稀混合比，水冷二冲程汽油机	Ⅰ. 环黏结，擦伤	100:1	MERCURY 15HP
		Ⅱ. 总体性能	100:1	OMC 40HP
		Ⅲ. 活塞沉积物	50:1	OMC 70HP
		Ⅳ. 润滑性	150:1	YAMAHA CE－50
		Ⅴ. 早燃	20:1	YAMAHA CE－50

1992 年日本 JASO 制定了所谓低排烟二冲程汽油机油标准，提出

FA、FB、FC、FD 四类，当前世界各国风冷二冲程汽油机油标准都在向 JASO 标准靠拢，有可能统一到 JASO 标准上。

根据我国的具体情况，“七五”计划期间，用国产发动机建立了相当于美国 TSC－1、TSC－2、TSC－3 的风冷二冲程汽油机油标准和发动机试验台架，即 L－ERA(Ⅰ挡)、L－ERB(Ⅱ挡)、L－ERC(Ⅲ挡)，见表 4-40。

表 4-40　我国二冲程汽油机油标准

分 类	相当于美国分类	评定试验	标准号
L－ERA (Ⅰ挡)	TSC－1	Ⅰ. 润滑性 Ⅱ. 排气系统堵塞	SH/T 0574—93
L－ERB (Ⅱ挡)	TSC－2	Ⅰ. 润滑性 Ⅱ. 沉积物 Ⅲ. 早燃	SH/T 0575—93
L－ERC (Ⅲ挡)	TSC－3	Ⅰ. 沉积物、环黏结 Ⅱ. 润滑性 Ⅲ. 早燃	SH/T 0576—93

我国在“八五”计划末，为使二冲程汽油机达到国际先进水平，又建立了新的二冲程汽油机的发动机评定台架，风冷台架采用日本的 JASO 试验方法，水冷台架采用美国 NMMA 的 TC－WⅡ试验方法，以与国际接轨，来发展新一代风冷和水冷二冲程汽油机油，见表 4-41。

表 4-41　二冲程汽油机油试验方法

试验方法	试验内容	发动机型号
JASO M340－92	润滑性	本田 AF 27
JASO M341－92	清净性	本田 AF 27
JASO M342－92	排气烟度	铃木 SX 800R
JASO M343－92	排气管堵塞	铃木 SX 800R
ASTM D 4863－92	润滑性	YAMAHA CE 50S
NMMA－9－88	清净性、总体性能	Johnson J40ECC
ASTM D 4858－92	早燃	YAMAHA CE 50S

4.6.4 二冲程汽油机油的选用

二冲程汽油机油国内现有三个质量级别，即 ERA、ERB、ERC。一般根据升功率（或强化程序）的大小来选择。由于升功率往往与排量有关，在选用二冲程发动机油时，排量也应作为参考因素。

升功率小于 50 kW/L，排量小于 50 mL 的小型风冷二冲程汽油发动机，通常选用 ERA 二冲程汽油机油，能防止发动机高温堵塞和活塞磨损。

升功率 50 kW/L 左右，排量 50 ~ 100 mL 的小型风冷二冲程汽油发动机，通常选用 ERB 二冲程汽油机油，能防止发动机活塞磨损和燃烧室沉积物引起的提前点火。

升功率大于 73 kW/L，排量在 250 mL 左右的中型风冷二冲程汽油发动机，通常选用 ERC 二冲程汽油机油。可防止高温活塞环黏结和由燃烧室沉积物引起的提前点火。

根据车型进行选择，举例如下：

济南轻骑 QM50W、重庆嘉陵 CJ50、玉河 50 和洛阳 Ly30 等型号摩托车，均可选用 ERA 二冲程汽油机油。

重庆建设 JS50 与 Cy80、济南轻骑 QS90、沈阳航空 50 与明星 50、天津迅达 80 与 100、株州南方 NF125、北京 BM022 和长春 Ax100 等型号摩托车，均可选用 ERB 二冲程汽油机油。

第 5 章　汽车齿轮油(车辆齿轮油)

5.1　汽车齿轮油的工作条件

5.1.1　汽车齿轮油的工作温度

汽车传动机构中齿轮油的温度,主要取决于齿轮的结构特性、工作条件、外界气温及齿轮油的性质等许多因素。汽车开始运行时齿轮油的温度可能与外界气温接近。在固定不变的条件下,油温决定于传动机构摩擦消耗的能量和散热的强度。摩擦能量与传动功率成比例,散热强度则是油温与外界温差的函数。

对齿轮油的黏度性质提出要求时,油温是十分重要的。最低油温与汽车运行中的最低气温相近。汽车后桥齿轮油的最高温度与气温有近似直线的关系。解放牌 CA10 汽油车使用渣油型普通齿轮油时,后桥油温度高于外界气温 40 ~ 60 ℃。变速器与发动机相连接,油温受大气影响不如后桥那样显著,齿轮工作条件亦不如后桥主降速齿轮那么苛刻,所以对齿轮油性质提出技术要求时或进行评定时,应该考虑后桥齿轮油的温度。

双曲线齿轮的齿面接触压力高,相对滑移速度大,后桥双曲线齿轮油的最高温度通常为 110 ~ 130 ℃,笔者曾在 20 世纪 70 年代用国内产 EQ2080 越野车(采用双曲线齿轮)在南方夏季进行了长时期齿轮油试验,当大气温度为 38 ℃时,汽车满载长时间高速行驶,用 18 号馏分型双曲线齿轮油(相当于车辆齿轮油 GL－4、90 号),其油温可达 120 ℃。当用东风 EQ1090 载货车,满载并带挂车反复地长时间爬一个陡坡时,后桥用 18 号馏分双曲线齿轮油(四元素型),当外界气温 38 ℃时,油温达 135 ℃。

国外高级轿车因车速高,齿面间的滑移速度大,齿形弯曲而压强大,双曲线齿轮油的油温可高达160~180 ℃。

前面谈到的齿轮油最低油温,是指露天停放汽车。如果有车库,齿轮油最低温度决定于车库温度。

5.1.2 轮齿面接触压力及滑移速度

齿轮油的抗磨性能必须与齿面接触压力 p 和平均滑移速度 v 相适应。当摩擦系数 f 为固定值时,发生相对滑移的啮合齿轮对单位面积的摩擦力由 p 而定,单位面积消耗的摩擦功率是 f、p、v 的乘积。齿面油膜的温度也取决于这一数值。当其他条件相同时,f、p、v 的乘积越大,油膜温度也越高,齿轮油的工作条件越苛刻。

汽车传动机构齿轮接触面间的压力及相对滑移速度都是经常改变的。

齿面油膜温度还与冷却时间有关。齿轮转动速度越慢,啮合齿冷却时间越长,齿面油膜温度越低。齿轮油的黏度对油的冷却速率有重要影响。低黏度油的冷却作用优于高黏度油。

5.2 汽车齿轮润滑油的性能要求

齿轮油在齿轮传动中起着重要作用,包括以下几方面:

(1)降低齿轮及其他部件的磨损,这对保证齿轮装置正常运转和齿轮寿命是重要的。

(2)降低摩擦,因而降低功率损失。

(3)分散热量,有冷却作用。

(4)防止腐蚀和生锈。

(5)减少噪声、振动和齿轮之间的冲击。

(6)冲洗污染物,特别是冲洗齿面上的固体颗粒,以免造成磨粒磨损。

为了保证齿轮传动的正常运转,满足各种使用条件的要求,达到齿轮良好润滑的目的,因而对齿轮油性质提出了一定的要求。

5.2.1　油性和极压性

所谓油性是指润滑剂介于运动着的润滑面之间,具有降低摩擦作用的性质。改善这种性质的添加剂叫油性剂。油性剂对边界润滑状态甚为重要,因为这时运动的金属表面上油性剂分子定向吸附(化学吸附或物理吸附)形成油性剂膜,能防止金属直接接触和降低摩擦。

所谓润滑剂的极压性能,是在摩擦面接触压力非常高、油膜容易产生破裂的极高压力的润滑条件下,防止烧结、熔焊等摩擦面损伤的性能,有时也叫承载能力、抗胶合性或油膜强度等。

改善极压性必须依靠极压添加剂。极压剂主要是含有化学性活泼的元素硫、磷、氯的有机化合物。当齿面在高压接触时,表面之间的凹凸相啮合,将产生局部高温(可达几百摄氏度乃至上千摄氏度)。此时齿轮油中的极压剂与金属表面起化学反应,形成剪切强度小、熔点低的固体铁膜,把金属表面隔开,阻止金属间发生胶合。

齿轮油的油性和极压性是很重要的,是保证齿轮正常运转的基本使用性能。对齿轮油来说,特别是双曲线齿轮油和重负荷极压工业齿轮油、涡轮蜗杆用油,极压性是最主要的基本性能。

5.2.2　热氧化安定性

润滑油在使用中,总是暴露在空气中,特别是被部件搅动的油与空气接触更加频繁,且有一定的高温,所以润滑油中各种烃基与空气中的氧化合而形成各种氧化产物,润滑油抵抗热和氧化作用的能力就是热氧化安定性。热氧化安定性对齿轮油的使用很重要,热氧化安定性越好,油就可以延长使用期,而且不会因氧化生成有机酸和沉淀等氧化产物,造成对金属的腐蚀或磨损。

润滑油氧化后,就会出现黏度增加、酸值升高、颜色加深、表面张力下降等现象,进一步氧化则会生成沉淀及酸性物质,从而引起金属腐蚀,并使抗泡沫性和抗乳化性变坏。这些性质变化可以用来及早判断油被氧化变质的情况。

润滑油的氧化受多种条件影响,氧或空气是产生氧化的主要条件。

润滑油氧化主要发生在油中溶解的氧与烃类的反应上。氧化速度受油和氧的接触程度来支配,因为搅动会增加油和空气的接触,从而会显著地促进氧化。

温度也是影响氧化的重要因素之一。一般在 100 ℃以下时氧化速度比较迟缓,100 ℃以上氧化速度显著增加。对氧化速度来说,温度影响最大。例如温度从 110 ℃增加到 160 ℃,氧化速度增加 16 倍,一般不加催化剂时,每升高 10 ℃,油的氧化速度约增加 1 倍。

时间也是影响氧化程度的因素,时间越长则氧化程度越深。

催化剂也能影响氧化。某些金属或金属离子对氧化有显著的催化作用,特别是润滑部位的铜、铁和铅等金属的催化作用很强。一般铜比铁催化作用大。此外,水也有能促进这些金属的催化作用。

油的组成对油品氧化安定性也有直接关系。对于齿轮油的提炼来说,随着精制的加深,油品氧化安定性得到改善,但也不能精制过度,否则会降低其氧化安定性。故有一个所谓最适当的芳烃含量。含硫成分有改善氧化安定性的作用,但含氮化合物会使氧化安定性变坏。

提高油品抗氧化安定性的一个主要途径是加抗氧剂,随着基础油精制程度的提高,抗氧化添加剂的效果就会越显著。

5.2.3 防腐蚀、防锈性能

防腐蚀性主要是指金属抵抗环境介质对它的化学作用或电化学作用而引起的破坏。锈蚀是指黑色金属在大气中受到氧和水的化学作用而引起的破坏(表面生锈)。防锈性是指黑色金属能防止其表面产生锈蚀的能力。

在汽车齿轮箱中,由于空气中湿气在箱中冷凝而有水存在。水是生锈的必然条件,生锈是电化学腐蚀,局部形成微电池,按下列反应并发生锈蚀:

$$Fe + H_2O + \frac{1}{2}O_2 \rightarrow Fe(OH)_2$$

$$Fe(OH)_2 + \frac{1}{2}H_2O + \frac{1}{4}O_2 \rightarrow Fe(OH)_3$$

由此可见，氧和水的存在是黑色金属生锈的必然条件。通常在油中加入一些极性有机物作为防锈剂，可提高齿轮油的防锈能力。

防锈剂是一种表面活性物质，分子中具有非极性基团（亲油基）和极性基团。极性基团吸附在金属表面，而亲油基团（烃类）则伸向油内和其他亲油基形成一体，这样就形成牢固的保护膜，能防止水分和氧接近金属表面，因而起到防锈作用。常用的防锈剂有石油磺酸钙和钡、钠盐，以及多元醇、酯，如山梨糖醇单油酸酯（司苯－80）等。

齿轮油对铜的防腐蚀性是表示其对有色金属的保护能力，腐蚀性物质主要是油中的酸性物和硫化物。对新齿轮油来说，主要是硫对铜的腐蚀，硫主要来自极压添加剂，因此铜腐蚀在某种程度上反映硫化物的活性。防腐添加剂能抑制腐蚀作用，机理与防锈剂相同，也是金属表面形成保护膜，阻止腐蚀性物质侵蚀金属。常用的有苯并三氮唑（T－706）、十二烯基丁二酸（T－746）、十七烯基咪唑啉的十二烯基丁二酸盐（T－703）。

5.2.4 抗泡沫性

齿轮油在空气存在的情况下受到激烈的搅拌，会产生许多小气泡，它们上升到液面，若能很快消失就不会影响使用，若形成安定的泡沫则会发生溢流和磨损等事故。在齿轮油中，泡沫一形成，油和空气一起到达润滑部位，油就不能充分供给，必然成为齿轮磨损和胶合等破坏性事故的主要原因。

泡沫上升到液面时，由于液体界面张力的降低（因油中加的添加剂都是表面活性物）而形成十分牢固的液膜包围气体的现象。泡沫是两个因素的综合效果：容易起泡（起泡性）和泡沫的消失（消泡性），也就是起泡性和泡沫难消失（安定性）的综合效应。前者用吹入空气时产生的泡沫体积来表示，后者用泡沫静置一段时间所剩泡沫的体积来表示。

为要泡沫安定，在气液面上必须存在着液体吸附膜。纯液体不能形成安定的泡沫，而齿轮油是含有多种极性物质的复杂混合物，所以能形成安定的泡沫。

泡沫安定性决定于泡表面液膜厚度，厚度在 $2\times10^{-8}\sim2\times10^{-2}$ m 就安定，$5\times10^{-9}\sim1\times10^{-8}$ m 时就容易破坏，泡膜表面有活性物质吸附时，则有抑制膜变薄的作用，结果使泡沫安定。加有防锈剂和某些抗氧剂等表面活性添加剂的油，一般泡沫多就是这个道理。

为减少泡沫，一方面要破坏已产生的泡沫，另一方面要抑制泡沫的产生。前者可用醇类达到这个目的，后者是用预先加到油中的抗泡剂（泡沫抑制剂）达到目的。常用的添加剂是硅油。

5.2.5　适宜的黏度

齿轮油的黏度应该使传动机构工作时，消耗于润滑油内摩擦的能量少，同时又能保证齿轮及轴承摩擦面不发生擦伤及噪声、油封及连接面不漏油。

一般来说，使用高黏度齿轮油对防止齿轮及轴承损伤、减少噪声及漏油有利，而传动效率、冷却作用及油的传送方面，低黏度的油较好。所以，根据齿轮所在部位及工作条件，选择黏度适宜的齿轮油。

我国汽车齿轮油一向以未精制的黑色渣油为主，因而不少人误认为高黏度油有利于润滑而不注意高黏度齿轮油对传动功率造成的损失。当齿轮油温足够高时（即黏度相当低时），齿轮传动的能量损失，主要是齿轮接触面外摩擦引起的。这种损失通常不超过功率的 2% ~4%。

齿轮油温度降低，黏度增高时，机械传动效率即行下降。试验证明，当汽车使用渣油型齿轮油（黑色）时，变速器的传动效率与齿轮油温度的关系十分明显：齿轮油（黑油）温度为 70 ℃，传动效率等于 0.96；油温下降到 20 ℃，传动效率等于 0.89，即传动效率减少 7%；油温继续下降，汽车传动机构的功率损失可能达到发动机功率的 80%。图 5-1 是牵引 51 型汽车运动所需拉力与后桥内齿轮油及油温的关系。由图 5-1 中曲线可以看出，低黏度齿轮油传动工作效率较高。使用夏用齿轮油的汽车，当温度为 –17 ℃时，齿轮油本身的阻力已使车轮不能旋转，这时拖曳汽车的拉力达 9 826 N。

试验证明，低温引起的传动功率下降与齿轮油化学成分及炼油工艺完全没有关系，而只取决于油的黏度增加量。

齿轮油黏度过低对摩擦系数及齿轮磨损不利。用正齿轮进行的试验表明，当接触齿面间压力为 $9\ 810 \times 10^5$ Pa、滑移速度为 1.75 m/s、温度为 50 ℃时，黏度在 2.85 ~ 45.5 mm^2/s 的矿物油，尽管其化学性质不同，但它们的抗磨损性能与黏度的关系都是一样的。用低黏度油稀释高黏度油可改善其抗磨性，但黏度低到一定界限之后，油的抗磨性能便转而恶化了。

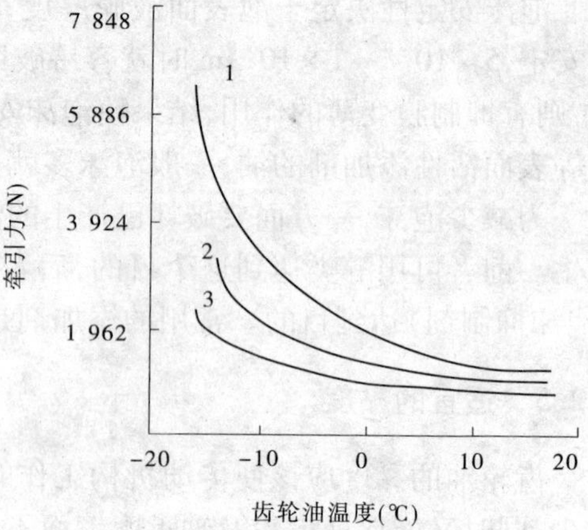

图 5-1　汽车运动所需牵引力与齿轮油及油温的关系

1—夏用齿轮油；2—冬用齿轮油；
3—冬用齿轮油 82% + 冬用柴油 18%

此外，低黏度油还会给油箱的密封带来困难，增加油的泄漏，特别是结构落后的汽车。

黏度降低使磨损减少的原因，可能是低黏度油易达到摩擦面，散热性能较好和易于清洗并带走齿轮接触区磨损的金属颗粒。

综合以上所述，汽车齿轮油黏度性质应当满足的最低要求是：在最低工作温度下的最大黏度须能保证汽车不经预热可以顺利起步；在占运行时间最多的一般工况下，齿轮油内摩擦消耗的功率不应当使传动机构的有效传动功率明显下降；在最高工作温度时的黏度须保证齿轮的正常润滑和允许油耗。根据解放牌一类载货汽车后桥伞状螺旋齿轮减速器长期使用渣油型齿轮油和用其他润滑油试验得到的结果，这三个黏度的极限值大致如下：

(1)低温起步最高黏度小于 400 Pa · s；

(2)工作温度下的黏度不大于 2 Pa · s；

(3)最高工作温度下的最低黏度不小于 10 ~ 15 mm^2/s。

5.2.6 与密封材料的适应性

齿轮油中由于有基础油和极压抗磨剂等，会造成密封材料熔胀、硬化，因而机械强度和使用寿命下降。同时会发生变形，密封作用变差。伴随着密封材料的密封性能下降，一方面会使齿轮油因泄漏而油量不足，以及外部异物进入齿轮传动副和轴承而造成损伤；另一方面泄漏出来的齿轮油如果接触到制动器或轮胎等机件后，会因发生滑动而危及行车安全。所以，齿轮油与密封材料必须有很好的相容性（配伍性）。

5.2.7 储存安定性

齿轮油的基础油和极压抗磨剂之间应该有足够的溶解性，在长期的储存中添加剂组分间不能相互反应，遇水不发生分解，才不至于生成沉淀，降低使用性能。所以，齿轮油必须要有良好的储存安定性。

总之，齿轮油应具有各种性能，由于使用部位和使用条件所要求的性能不同，希望能根据用途去选用适当质量的齿轮油。

通常用精炼的石蜡基矿物油作为齿轮油的基础油，但低温齿轮油和多级齿轮油也有使用环烷基矿物油或聚 α - 烯烃、烷基苯、聚酯等的合成润滑油。添加剂有极压剂、抗氧化剂、抗腐蚀剂、防锈剂、抗泡剂、黏度指数改进剂、降凝剂、摩擦改进剂等，需根据使用要求进行必要的组合。

5.3 国外汽车齿轮油的分类和规格

5.3.1 齿轮油分类

和发动机润滑油一样，国外汽车齿轮油也是按黏度和使用性能水平分类。欧洲、日本和其他许多国家遵循美国的 SAE（Society Automotive Engineers，美国汽车工程师学会）的黏度分级和 API（American Petroleum Institute，美国石油学会）的使用性能分级法。

5.3.1.1 SAE 黏度分类法

美国汽车齿轮油黏度分级(见表5-1)是按100 ℃的运动黏度和低温黏度(动力黏度)为150 000 mPa·s(150 000 cP)的最高温度分为9级。低温黏度规定为150 000 mPa·s是因为若采用比它高的黏度时，后桥减速器驱动齿轮轴承给油减小,容易引起损伤。同时这一黏度也是用布鲁克弗尔德黏度计所能测到的最高黏度和SAEJ306－90黏度分类相比较,本次SAEJ306－98驱动桥和手动变速箱润滑油黏度分类增加80、85两个单级油级别。

表5-1　SAEJ306－98驱动桥和手动变速箱润滑油黏度分类

SAE黏度级别	达到150 000 mPa·s时的最高温度(D2983)(℃)	100 ℃运动黏度(ASTM D 445)(mm^2/s)	
		最小	最大
70W	－55	4.1	—
75W	－40	4.1	—
80W	－26	7.0	—
85W	－12	11.0	—
80	–	7.0	<11.0
85	—	11.0	<13.5
90	—	13.5	<24.0
140	—	24.0	<41.0
250	—	41.0	—

近年生产的同时具有良好的低温及高温两种黏度等级特性的齿轮油称为多级齿轮油。例如,低温黏度特性相当SAE80W和高级黏度特性相当于SAE 90齿轮油,用SAE 80W－90表示。但是,SAE 85W－90、SAE 85W－140则表示分别同SAE 90和SAE 140具有大致相同的黏度—温度特性。“W”是冬季使用的意思。

多级车辆齿轮油的黏度规格指标见表5-2。

表 5-2　多级车辆齿轮油黏度规格指标

黏度级别	100 ℃运动黏度(mm^2/s)		达到 150 000 mPa·s 时的最高温度(℃)	成沟点(℃)	闪点(℃)
	最小	最大		最大	最小
75W/90	13.5	24.0	-40	-45	150
80W/90	13.5	24.0	-26	-35	165
85W/90	13.5	24.0	-12	-20	180
85W/90	24.0	41.0	-12	-20	180

5.3.1.2　API 使用性能分级

API 齿轮油使用性能分级中,根据齿轮油的用途和苛刻的工作条件,分为从 GL-1 到 GL-6 六级,普遍用其表示承载能力。在 1958 年的 API 使用性能分级中,分为普通型、涡轮型、温和极压型和通用型四级,相当现在的 GL-1 到 GL-4 四个级别。API 汽车齿轮油使用性能分级见表 5-3。

表 5-3　API 汽车齿轮油使用性能分级

级别	适用范围
GL-1	低齿面压力、低滑行速度下运用的汽车螺旋伞齿轮、涡轮后轴和各种手动变速器。直馏矿油能满足这级油的要求
GL-2	汽车涡轮后轴,其负荷、温度及滑移速度的状况用 GL-1 级齿轮油不能满足要求
GL-3	中等速度及负荷运转的汽车手动变速器和后桥螺旋伞齿轮规定用 GL-3 级齿轮油。其承载能力比 GL-2 高、比 GL-4 低
GL-4	在高速低扭矩及低速高扭矩下运转的汽车、轿车和其他车辆的各种齿轮,特别是双曲线齿轮
GL-5	在高速冲击负荷、高速低扭矩、低速高扭矩条件下运转的轿车和其他车辆的各种齿轮,特别是双曲线齿轮
GL-6	高速冲击负荷下运转的轿车和其他车辆的各种齿轮,特别是高偏置双曲线齿轮,偏置大于 5 cm 或接近大齿圈直径的 25%,相当于福特公司 M_2C154A

1960年,美国石油学会把汽车齿轮油分级改为GL-1到GL-5五级,1969年又增加了GL-6级。API的齿轮油GL使用性能分级有相应的规格,并用有一定抗擦伤性能的标准齿轮油控制其承载能力。标准齿轮油(用缩写字母RGO表示)是用硫、磷、氯、锌型极压剂调配而成,编号从RGO-100到RGO-115。RGO-100为不含极压剂的直馏精制矿物油,RGO-115含极压剂15%(质量)。极压剂添加量越多,抗擦伤性越好。标准油的黏度级写在标准油符号的最后,例如RGO-108-90代表SAE-90黏度级标准油。

GL-1是不含摩擦改进剂和极压剂的油,但要添加抗氧化剂、防锈剂、抗泡沫剂、降凝剂等添加剂,其抗擦伤性能和RGO-100相当。

GL-2是添加防止涡轮损伤的抗磨剂或活性非常弱的极压剂的齿轮油。

GL-3虽含有极压剂,但因极压剂的反应活性差,添加量又比较少等原因,该油不适合双曲线齿轮的润滑,其抗擦伤性能比RGO-104低。

GL-4抗擦伤性能等于或优于标准齿轮油RQO-105,和美国军用规格MIL-L-2105齿轮油的性能相当。

GL-5的抗擦伤性能等于或优于标准齿轮油RRO-110,油品质量符合美军规格MIL-L-2105B(1962)、MIL-L-2105C(1976)、MIL-L-2105D(1987)。

GL-6是美国福特汽车公司轿车偏置特别大的双曲线齿轮机构用润滑油,比GL-5的抗擦伤性热氧化安定性更好。所以1969年在API分级中增加了这个规格。其质量级别与福特(Ford)规格的ESW-M2C105A(1965)相同,与含质量10%的某种硫-磷系极压剂的福特标准油L-100等同,或抗擦伤性能在其之上的齿轮油。现在由于无法得到评定其高速抗伤的机件,其性能还没有得到承认,但是,作为比GL-5油抗擦伤性能更好的齿轮油,在API使用性能中被保留下来。

5.3.2 汽车齿轮油规格

汽车用齿轮油规格有美国军用规格、JIS规格、汽车厂制定的规格。

5.3.2.1 美国军用规格

1942 年美国以双曲线齿轮油为主要对象制定了联邦规格 VV - L - 761，被美国军用规格 $US_{Army}2-105A$ 所采用。之后，随着使用条件苛刻程度的变化，伴随着质量的提高和名称的更改等，进行了修改增删，经历了如表 5-4 列举的变化情况。直到今天发展成 MIL - L - 2105D 齿轮油。符合这些要求的齿轮油，除了使用在汽车双曲线齿轮及其他齿轮装置外，也适用于转向机构等。

表 5-4 双曲线齿轮油规格的变迁

制定时间(年)	规格	制定时间(年)	规格
1942	联邦规格 VV - L - 716	1958	MIL - L - 002105A(超低温用)
1944	$US_{Army}2-105A$	1962	MIL - L - 2105B
1946	$US_{Army}2-105B$	1976	MIL - L - 2105C
1950	MIL - L - 2105	1987	MIL - L - 2105D
1950	MIL - L - 10324(超低温用)	1998	MIL - LPRF - 2105E
1957	MIL - L - 10324A(超低温用)		

表 5-5 所示为 MIL - L - 2105、MIL - L - 2105B 及 MIL - L - 2105C 的概况。MIL - L - 2105C 是在 MIL - L - 2105B 的基础上，合并了超低温(-18 ~ 54 ℃)用规格 MIL - L - 10324A。黏度级别等内容除了表 5-6的变更外，对防锈性及防泡性也做了若干修改，其承载能力的等级与 MIL - L - 2105B 相同。MIL - L - 2105D 和 MIL - L - 2105C 规格之不同点是允许使用再生油为基础油，并且对所用基础油和添加剂的毒性给予特别的关注。

5.3.2.2 日本 JIS 规格

以汽车及工业齿轮油为对象的 JIS K2519 规格是在 1959 年制定的，但是伴随着黏度分类、使用性能分类等方法的变更，同实际情况已不相符合了。所以，1990 年又进行了修订。在修订后的规格中，汽车用

表 5-5　美国军用齿轮油规格的概况

美军规格	MIL－L－2105	MIL－L－2105B	MIL－L－2105C、MIL－L－2105
API 分类	GL－4	GL－5	
钢板腐蚀	ASTM D130 121 ℃ ×1 h 不变黑	ASTM D130 121 ℃ ×3 h 2C 以下	
防锈性	CRCL－13 合格 CRCL－21 合格	CRCL－33 合格 (1 日或 7 日)	CRCL－33 (7 日)
起泡性	CRCL－12 24 ℃ 640 mL 以下 93 ℃ 650 mL 以下	ASTM D892 24 ℃ 300 mL 以下 93 ℃ 50mL 以下	ASTM D892 24 ℃ 20 mL 以下 93 ℃ 50 mL 以下
热氧化安定性		FTM2504 黏度增加 <100% 戊烷不溶成分 <3% 苯不溶物 <2%	
承载能力	CRCL－19 合格 CRCL－20 合格	CRCL－42 合格 CRCL－37 合格	

表 5-6　MIL－L－2105B 和 MIL－L－2105C 的黏度等级

规格	MIL－L－2105B			MIL－L－2105C、MIL－L－2105D		
SAE 黏度等级	80W	90	140	75W	80W－90	85W－140
运动黏度(99 ℃)(mm^2/s)	8.8～11.6	16.8～19.2	25.7～34.3	高于 4.2	14.0～25.0	25.0～43.0
－18 ℃外推法(mPa·s)	低于 10 850	低于 65 200	—		—	—
达到 150 000 mPa·s 的温度(℃)低于				－40	－26	－12
黏度指数	—	—	高于 75	—	—	—
成沟点(℃)低于	－34	－18	－7	－54	－34	－18
闪点(℃)不低于	163	177	191	149	163	177

齿轮油分为1号、2号、3号三种，要求这三类齿轮油必须分别具有优于API质量分类中的GL－3、GL－4、GL－5的性能。其黏度等级如表5-7所示，采用的是SAE黏度分类。

表5-7　汽车齿轮油的JIS规格(JIS K2519)

黏度级别	运动黏度 (mm^2/s) 100 ℃	低温黏度特性 (℃)*	黏度指数	闪点 (℃)	凝点 (℃)	铜片试验腐蚀 100 ℃×3 h	起泡(起泡性－泡沫安定性，24 ℃、93.5 ℃后24 ℃)
SAE 75W	<4.1	－40	>85	>170	低于－25	>1	小于100/10
SAE 80W	<7.0	－26		>175	低于－20		
SAE 85W	<11.0	－12		>175	低于－15		
SAE 90	13.5～24.0	—		>180	低于－10		
SAE 140	24.0～41.0	—		>180	低于－5		

注：* 表示黏度为150 Pa·s的最高温度。

5.3.2.3　汽车制造厂规格

汽车制造厂对工厂加注出厂车辆和维护用的汽车齿轮油，各厂都有各自独立的规格。表5-8列举了美国汽车厂制定的手动变速器和车轴用齿轮油规格。

5.3.3　汽车齿轮油的质量

由于双曲线齿轮的普及和使用条件日益苛刻，伴随着美国军用规格的变更，汽车齿轮油质量有所提高。但齿轮油的发展，实际就是极压添加剂的发展。自从双曲线齿轮在汽车上被广泛采用以来，为了防止高速时齿轮发生擦伤，使用加有环烷酸铅－活性硫系极压剂的齿轮油，但仍然把高速及高负荷条件、储存安定性、热氧化安定性和防锈性等的提高作为研究目的。表5-9所列为已经开发成功的各种极压剂。

表 5-8　汽车厂齿轮油规格举例

制造厂	福特	福特	克莱斯勒	通用
规格	ESW－M2C 83－C	ESP－M2C 154－A	0－76B	GMC NO 9985290
SAE 黏度分类	80W、(80W－90)	90(85W－90)	80W－140	80W－90
运动黏度(mm^2/s) (99 ℃) 动力黏度(mPa·s) －18 ℃ －26 ℃	10.22～12.96 低于 21 800	16.2 ～18.6 100 ℃ 低于 150 000	25～34 低于 150 000	高于 14.0 低于 150 000
凝点(℃) 成沟点(℃) 闪点(℃)	低于－29 低于－40 高于 177	低于－23 低于－32 高于 182		驱动车轴 刻痕试验合格
铜板腐蚀	90 ℃×3 h 2a 以下	121 ℃×3 h 3a 以下	121 ℃×3 h 3a 以下	差速器十字轴 试验合格
防锈性	BJ5－1 无锈	BJ10－3 无锈 评点 8 以上	CRCL－33 7 日合格	低速驱动无噪声
抗泡性(mL) 程序Ⅰ 程序Ⅱ 程序Ⅲ	<10 <20 <10	<25 <25 <25	<300 <50 <300	低温小齿轮轴承 润滑试验合格
抗氧化安定性	149 ℃×100 h 蒸发减少 10% 以下运动黏度 增加 15% 以下	FTM2504 运动黏度增加 100% 以下戊烷 不溶成分 3% 以下苯不溶成分 2% 以下 BJ15－1 合格 运动黏度变化 ±7% 以下	149 ℃×100 h 蒸 发减少 10% 以下 运动黏度增加 10% 以下 FTM2504 运动黏度增加 100% 以下 戊烷成分 3% 以下 苯不溶成分 3% 以下	车轴齿轮油的密 封耐久性合格 限滑差速器的耐 久性(5 000 mile) 合格
润滑性(油性)	BJ1－1(法列克 斯)>1 500 Ib BJ14－1(摩擦系 数)<0.095	BJ1－2(梯姆肯 磨损)<10 mg BJ1－5(高速梯 姆肯)>56.75 N 阻力启动试验 500 次合格限滑 差速器噪声试验 合格	CRCL－42 合格 CRCL－37 合格	车辆场地试验 35 000 mile 合格 能满足除 CRC－42 和 CRC－47 外的 GL－5 的性能
选用	手动变速器		双曲线齿轮、螺 旋伞齿轮和行星 齿轮车轴	双曲线齿轮车轴、 限滑差速器

表 5-9 双曲线齿轮油极压剂的种类和特性

极压剂	特性
PbS	由环烷酸铅和活性硫合成,从汽车上装用双曲线齿轮时就开始使用,高速抗擦伤能力强,但在大负荷条件下使用易产生塑性流动而增加磨损。对固定运转的齿轮也能使用
SCl(1935)	氯化苯胺在 VV-L-76 中被采用。适用于高速、中等负荷的客车。但在低速高扭矩的货车上使用时,会增加磨损
SPCL(1943)	在硫-氯系中加入磷系极压剂而制成,其种类较多,通常把它作为 NIL-L-2105 用的研究对象,但其高负荷下的抗磨损性能稍不足
PbSCl(1948)	由二烷酸铅和硫-氯系极压剂组成,用于低速高扭矩的货车上效果较好。在 MIL-L-2105 中有合格的产品,但储存安定性差
ZnSPCl(1957)	由二烷基二硫代磷酸锌和氯化石蜡组成,在 MIL-L-2105B(C)中为合格产品,货车和客车都能使用
SP(1960)	由硫化烯烃、活性硫化油等和磷酸酯、磷代磷酸酯或胺盐等组成。它比锌-硫-磷-氯系的热氧化安定性、防锈性等都好,是在 MIL-L-2105B(C)、ESW-M2C105-A 中获得成功的产品
SPN(1982)	由硫、磷、氮添加剂和亚磷酯或磷酸盐组成,比 SP 极压剂有更好的抗擦伤、抗磨损性能

车辆齿轮油所用添加剂要保证油品具有优良的承载能力,在低速高扭矩和高速冲击载荷条件下都能保护齿面。不同的添加剂在双曲线齿轮油中作用也不同,某些极压剂和摩擦改进剂在上述两种工作条件下的表现列于表 5-10 中。由表 5-10 可见,硫化烯烃在高速冲击载荷条件下有效,低活性硫化脂肪酸酯在高扭矩条件下有效,低活性硫化脂肪酸、酸性亚磷酸酯和中性硫代磷酸酯在两种情况下皆有效。脂肪酸和脂肪酸酯摩擦改进剂在高扭矩条件下有效,但在高速冲击载荷条件下有害。

表 5-10　不同的添加剂在双曲线齿轮油中的作用

添加剂	在双曲线齿轮油中的作用	
	高速冲击载荷	高扭矩
含氯极压抗磨剂	+	○→(+)
硫化烯烃(低活性)	+	(-)
硫化烯烃(高活性)	+	-
硫化脂肪酸酯(低活性)	(-)→(+)	+
硫化脂肪酸(低活性)	+	+
脂肪酸酯	-	+
脂肪酸	(-)→-	+
酸性亚磷酸酯	+	+
中性亚磷酸酯	○	○
中性磷酸酯	○	○
中性硫代磷酸酯	+	+

注：+表示有效；(+)表示稍有效；○表示无效，但无害；(-)表示稍有害；-表示有害。

现在，硫化烯烃和磷酸酯系列的极压剂中，配有抗腐蚀剂、防锈剂、清净分散剂和其他添加剂是硫-磷系齿轮油的主流。表 5-11 列举出市售齿轮油用极压剂的组成。一般多是以增加极压剂来获得高承载能力的齿轮油。

表 5-11　齿轮油极压剂的组成和添加量

项目	A	B	C	D	E	F	G
化学成分	ZnSP	SCl	SPCl	PbSCl	ZnSPCl	SP	SPN
Cl (%)	—	34.0	26.5	4.6	14.5	—	—
S (%)	15.8	10.3	8.0	4.9	12.9	31.5	23.3
P(%)	7.55	—	0.55	—	3.9	17.5	1.4
Pb (%)	—	—	—	7.6	—	—	—
Zn (%)	8.0	—	—	—	3.3	—	—

续表 5-11

项目	A	B	C	D	E	F	G
标准添加量(%)(质量)							
GL-3	0.5~2	2~10	2~4		2~4	2~3	2~3
GL-4	—	—	6.5	28	5~6	3.3~3.9	3.5
GL-5	—	—	—	—	9.5~10	6.5	7.0
GL-6	—	—	—	—	—	10.0	10.5~11.0

国外手动变速器和驱动车轴推荐用润滑油的例子,见表 5-12。

表 5-12 手动变速器和后车轴等推荐用润滑油举例

制造厂	手动变速器	后车轴	传动轴
美国汽车公司	80W-90,GL-5 80W-90,80W-140, GL-4	80W-90,GL-5	
克莱斯勒公司	DEXRON, DEXRONⅡ	75W,80W 80W-90,GL-5 85W-90,90	75W,80W 80W-90,GL-4 85W-90,90
福特	80W, ESW-M2C83-C	90,ESP- M2C154-A	80W,ESW- M2C83-C
通用汽车公司	3 速,4 速 80W,80W-90 GL-5 5 速 DEXRON, DEXRONⅡ	80W,90 80W-90,GL-5	
日产汽车	75W,80W,85W GL-4 90,140	75W,80W,85W GL-5 90,140	
本田技研汽车			10W-40,机油

续表 5-12

制造厂	手动变速器	后车轴	传动轴
富士重工汽车		80W,85W GL-5,GL-4 80W-85W,90	80W,85W GL-4,GL-5 90
丰田汽车	80W,85W,90 GL-4 80W-90	80W,85W,90 GL-5	
奔 驰	10W,20W-20,机油	90,GL-5	
菲亚特	75W,80W,90, GL-1	90,GL-5	75W,80W GL-1,GL-5 90
大众		90,GL-5	80W,80W-90 GL-4, 90 GL-5
福特载货汽车	80W,ESW- M2C83-C 30,50,SE 机油	90,ESP- M2C154-A 75W-90,83W-90 GL-5 80W-140, 85W-140 140	
麦克载货汽车	30,40,50,机油 80W,90,140,GL-1 80W-90,90, GL-5	80W-90,GL-5 90,140	

后车轴润滑油一般用 GL-5 齿轮油,但也有一部分车型使用 GL-4或 GL-6 齿轮油的。装用限滑差速器的后轴,使用含摩擦改进剂的 GL-5 齿轮油。

传动轴多推荐用 GL-4 或 GL-5 齿轮油,但也有适合用 GL-1 齿轮油、发动机润滑油和自动变速器油的结构。

手动变速器除了使用 GL-3 ~ GL-5 齿轮油外,GL-1 齿轮油、自动变速器油或发动机润滑油也被使用。另外,手动转向装置适用 GL-3 或 GL-4 齿轮油。

黏度等级若按外界气温区分,则后车轴多用 SAE90 齿轮油,手动变速器多用 SAE80W 或 SAE90 齿轮油。最近基于低温性能要求和节能的关系，需同时考虑低温的流动性和高温的润滑性，以及齿轮的噪声等问题，70W－90、80W－90、80W－140等多级齿轮油在后轴、传动轴和手动变速器等总成中已开始得到广泛的使用。

汽车制造商和用户对20世纪90年代车辆齿轮要求是延长换油期，甚至使车辆使用期间无维修。同时，汽车的设计和制造有了许多重大发展；增加汽车载重负荷和拖车数；后桥变小以减轻重量；采用大马力柴油机等。以上这些改进措施导致后桥温度升高达149 ℃，对油品使用要求更高了。

汽车制造商认为，GL－5质量水平已不能适应重型货车的要求，必须在GL－5油的基础上改进以下性能：热稳定性、氧化安定性、对密封件的适应性、齿轮抗擦伤能力、对铜合金在无水或有水条件下的抗腐能力。特别是热稳定性，它表明在高温使用条件下，齿轮油热稳定性好可减少在重要部件的沉积和油泥，延长油品使用寿命。为此，SAE、ASTM、API三方面共同开发了两个新牌号齿轮油：PG－1和PG－2。

PG－1用于工业货车和客车的手动传动机构，改进的使用性能是：油品热稳定性使部件清净、对密封件的适应性、对青铜部件的适应性、抗磨性、抗氧性、同步啮合适应性、抗泡沫性。

PG－2用于重型车的后桥传动机构，包括螺旋伞齿轮和双曲线齿轮，改进的使用性能有：油品安定性使部件清洁、对密封件的适应性、齿轮表面抗疲劳性（剥落）、铜合金抗腐蚀性（干和湿）。

上述两个牌号的试验方法已于1990年6月确定（见表5-13、表5-14）。

表5-13　API PG－1使用性能要求及试验方法

使用性能要求	暂定试验方法
热稳定性—部件清洁性	CRC－L－60
油封适应性	改进ASTMD471浸渍试验
铜、青铜腐蚀适应性	ASTMD130
抗磨性	FZG或CRCL－20
氧化安定性	CRC－L－50
泡沫倾向性	ASTMD892
同步啮合性	全尺寸台架

表 5-14 API PG－2 使用性能要求及试验方法

使用性能要求		暂定试验方法
GL－5		GL－5 各种试验
防止表面疲劳(剥落)		马克 GD－G 剥落试验
热稳定性—部件清净性		CRC－L－60
油封适应性		改进 D471 浸渍试验
铜片试验	干法	ASTM D130
	湿法	方法正在研究中

5.4 我国汽车齿轮油的分类和规格

5.4.1 我国汽车齿轮油的分类

ISO 尚未公布车辆齿轮油的分类，但目前世界各国都采用美国 API 使用性能分类，从 GL－1 到 GL－5。它是根据齿轮形式和负载情况对齿轮油进行质量等级分类。黏度分类都采用美国 SAEJ306－91 后桥齿轮及手动变速器润滑剂黏度分级。

5.4.1.1 质量分类

我国车辆齿轮油质量分类等效采用国际上通用的 API 分类。API 将车辆齿轮油分成 5 个质量等级，简介如下。

GL－1 油——低齿面压力、低滑动速度下运行的汽车螺旋伞齿轮、涡轮后桥及各种手动变速器的规定用油。不加极压剂。

GL－2 油——汽车涡轮后桥齿轮，由于其负荷和温度、滑动速度情况，使 GL－1 油不能满足要求的涡轮齿轮所规定的用油。通常加脂肪类物质，不加极压剂。

GL－3 油——速度和负荷比较苛刻的手动传动器和螺旋伞齿轮的后桥所规定用油。含少量极压剂。

GL－4 油——在低速高扭矩、高速低扭矩下操作的各种齿轮，特别是客车和其他各种车用的双曲线齿轮所规定的用油。含较多极压剂。

GL－5 油——在高速冲击负荷、高速低扭矩、低速高扭矩条件下操作的各种齿轮，特别是客车和其他车辆的双曲线齿轮所规定的用油。含较多极压剂。

GL－6 油——极高冲击负荷下运转的汽车高偏置双曲线齿轮用油。目前仅有美国福特（Ford）汽车公司使用，未得到推广。含有多量的极压剂。规格为 Ford ESW－M2C105A。

我国车辆齿轮油按质量分为普通车辆齿轮油、中负荷车辆齿轮油、重负荷车辆齿轮油三类。制定了 GB 7631.7—89 国家标准，具体内容如下：

CLC 油——普通车辆齿轮油。由精制矿物油加抗氧剂、防锈剂、抗泡剂和少量极压剂等制成。适用于中等速度和负荷、比较苛刻的手动变速器和螺旋伞齿轮的驱动桥。性能要求：解放牌后桥台架或解放汽车行车试验通过。相当于 API 使用分类 GL－3。

CLD 油——中负荷车辆齿轮油。由精制矿物油加抗氧剂、防锈剂、抗泡剂和极压剂制成。适用于在低速高扭矩、高速低扭矩下操作的各种齿轮，特别是客车和其他车辆用的准双曲面齿轮。使用部位：手动变速器、螺旋伞齿轮和使用条件不太苛刻的准双曲面齿轮的驱动桥。性能要求：抗极压性能试验、高速低扭矩、低速高扭矩齿轮台架试验通过。相当 API 使用分类的 GL－4 油。

CLE 油——重负荷车辆齿轮油。由精制矿物油加抗氧剂、防锈剂、抗泡剂和极压剂等组成。适用于在高速冲击负荷、高速低扭矩、低速高扭矩下操作的各种齿轮，特别是客车和其他车辆的准双曲面齿轮。使用部位：操作条件缓和或苛刻的准双曲面齿轮及其他各种齿轮的驱动桥，也可用于手动变速器。性能要求：抗极压试验、高速低扭矩试验、低速高扭矩试验、高速冲击负荷等齿轮台架通过。相当 API 使用分类的 GL－5。

5.4.1.2 黏度分类

目前我国等效采用美国汽车工程师协会标准 SAE J306—91《驱动桥和手动变速器润滑油黏度分类》，制定出我国车辆齿轮油的黏度分类 GB/T 17447－4998（见表 5-15）。

表 5-15　驱动桥和手动变速器齿轮润滑油黏度分类(GB/T 17447－4998)

黏度牌号	黏度为 150 000 mPa·s 时最高温度(℃)①	运动黏度(100 ℃)(mm^2/s)②	
		最小	最大
70W	－55	4.1	
75W	－40	4.1	—
80W	－26	7.0	—
85W	－12	11.0	—
90	—	13.5	小于 24.0
140	—	24.0	小 41.0
250	—	41.0	

注:①低温黏度用 GB/T 11145 进行测定。
②100 ℃时运动黏度用 GB/T 265 进行测定。

该分类分 W 和非 W 两个等级系列,有 W 的黏度等级要求动力黏度达 150 000 mPa·s 时的最高温度、100 ℃时的最小运动黏度,非 W 的黏度等级要求 100 ℃时运动黏度范围。

车辆齿轮油的详细分类是参照美国 API 汽车变速器和驱动桥润滑剂使用分类并结合我国车辆齿轮油分类情况,分为 CLC、CLD、CLE 三类,其对应关系见表 5-16。

表 5-16　车辆齿轮油的详细分类与 API 使用分类的对应关系

车辆齿轮油的详细分类	相当的 API 使用分类
CLC 普通车辆齿轮油(SH/T 0350—92)	GL－3
CLD 中负荷车辆齿轮油(GE4)	GL－4
CLE 重负荷车辆齿轮油(GL－5)(GB 13895—92)	GL－5

5.4.2　我国车辆齿轮油规格(技术要求)

5.4.2.1　普通车辆齿轮油(SH 0350—92)

普通车辆齿轮油(相当 GL－3)分为 80W/90、85W/90 和 90 三个黏度牌号。具体规格与技术要求见表 5-17。

5.4.2.2　中负荷车辆齿轮油(GL－4)

中负荷车辆齿轮油有 75W、80W/90、85W/90、90 和 85W/140 五个

牌号,适用于在高速低扭矩和低速高扭矩工况下使用的齿轮,特别是客车和其他车辆的准双曲面齿轮驱动桥,也可用于手动变速器。其规格(技术要求)见表5-18。

表5-17　普通车辆齿轮油(SH 0350—92)技术要求

项目		质量指标			试验方法
		80W/90	85W/90	90	
运动黏度(100 ℃)(mm^2/s)		15~19	15~19	15~19	GB/T 265
表观黏度[①] 150 Pa·s时(℃)	不高于	-26	-12	—	GB/T 11145
黏度指数		—	—	90	GB/T 1995 或 GB/T 2541
倾点(℃)	不高于	-28	-18	-10	GB/T 3535
闪点(开口)[②](℃)	不低于	170	180	190	GB/T 267
水分(%)	不大于	痕迹	痕迹	痕迹	GB/T 260
锈蚀试验15号钢棒A法		无锈	无锈	无锈	GB/T 11143
起泡性(mL/mL)	不大于				GB/T 12579
24 ℃ ±0.5 ℃		100/10	100/10	100/10	
93 ℃ ±0.5 ℃		100/10	100/10	100/10	
24 ℃ ±0.5 ℃		100/10	100/10	100/10	
铜片腐蚀试验(100 ℃、3 h)(级)	不大于	1	1	1	GB/T 5096
最大无卡咬负荷(PB)(kg)	不小于	80	80	80	GB/T 3142
糠醛或酚含量(未加剂)		无	无	无	SH/T 0076 或 SH/T 0120
机械杂质[③](%)	不大于	005	0.02	0.02	GB/T 511
残炭(未加剂)(%)			报告		GB/T 268
酸值(未加剂)(mg KOH/g)			报告		GB/T 4945
氯含量(%)			报告		GB/T 0161
锌含量(%)			报告		GB/T 0226
硫酸盐灰分(%)			报告		GB/T 2433

注:①齿轮油表观黏度为保证项目,每年测定一次。

②新疆原油生产的各号普通车辆齿轮油闪点允许比规定的指标低10 ℃出厂。

③不允许含有固体颗粒。

5.4.2.3　重负荷车辆齿轮油(GB 13895—92)

重负荷车辆齿轮油(GL-5)有75W、80W/90、85W/90、90、140和85W/140六个牌号。适用于高速冲击负荷、高速低扭矩和低速高扭矩工况下使用的车辆齿轮。特别是客车和其他各种车辆的准双面齿轮驱动桥,也可用于手动变速器。其规格(技术要求)见表5-19。

表5-18 中负荷车辆齿轮油(GL-4)暂定技术条件

项目		75W	80W/90	85W/90	90	85W/140	试验方法
运动黏度(100 ℃)(mm^2/s)		不小于 4.1	13.5 ~ 24.0	13.5 ~ 24.0	24.0 ~ 41.0	GB/T 265	
黏度指数	不小于				90		GB/T 2541
闪点(开口)(℃)	不低于	150	165		180		GB/T 3536
成沟点(℃)	不高于	-45	-35	-20	-17.8	-20	SH/T 0030
表观黏度,150 000 mPa·s,(℃)	不高于	-40	-26	-12		-12	GB/T 11145
机械杂质(%)	不大于			0.02			GB/T 511
水分(%)	不大于			痕迹			GB/T 260
泡沫倾向性/泡沫稳定性(mL)							GB/T 12579
24 ℃	不大于			20/0			
93 ℃	不大于			50/0			
后24 ℃	不大于			20/0			
台架性能评定				待定			

表5-19 重负荷车辆齿轮油(GB 13895—92)技术要求

项目		质量指标						试验方法
黏度等级		75W	80W/90	85W/90	85W/140	90	140	
运动黏度(100 ℃)(mm^2/s)		≥4.1	13.5 ~ 24.0	13.5 ~ 24.0	24.0 ~ 41.0	13.5 ~ 24.0	24.0 ~ 41.0	GB/T 265
倾点(℃)		报告	报告	报告	报告	报告	报告	GB/T 3535
表观黏度达150 Pa·s时的温度(℃)	不高于	-40	-25	-12	-12			GB/T 11145
闪点(开)(℃)	不低于	150	165	165	180	180	200	GB/T 3536
成沟点(℃)	不高于	-45	-35	-20	-20	-17.8	-6.7	GB/T 0030
黏度指数	不低于	报告	报告	报告	报告	报告	报告	GB/T 2541
起泡性(泡沫倾向)(mL)								GB/T 12579
24 ℃	不大于			20				
93.5 ℃	不大于			50				
后24 ℃	不大于			20				
腐蚀试验(铜片,121 ℃,3 h)(级)	不大于			3				GB/T 5096

续表 5-19

项目	质量指标	试验方法
机械杂质(%)　　不大于	0.05	GB/T 511
水分(%)　　不大于	痕迹	GB/T 260
戊烷不溶物(%)	报告	GB/T 8926A 法
硫酸盐灰分(%)	报告	GB/T 2433
硫(%)	报告	SH/T 387 GB/T 388 GB/T 11140 SH/T 0172①
磷(%)	报告	SH/T 0296
氮(%)	报告	SH/T 0224
钙(%)	报告	SH/T 0270②
储存稳定性③ 液体沉淀物(%)　　不大于 固体沉淀物(%)　　不大于	 0.5 0.25	SH/T 0037
锈蚀试验③ 盖板锈蚀面积(%) 不大于	 1	SH/T 0517
齿面、轴承及其他部件 锈蚀情况　　不大于	无锈	
抗擦伤试验③	通过	SH/T 0519④
承载能力试验③	通过	SH/T 0518⑤
热氧化稳定性③ 100 ℃运动黏度增长(%) 不大于 戊烷不溶物(%)　　不大于 甲苯不溶物(%)　　不大于	 100 3 2	 SH/T 0520 GB/T 265 GB/T 8956A 法 GB/T 8926A 法

注:①生产单位可根据添加配方不同选择适合的测定方法。

②如果有其他金属,应该测定并报告实测结果,允许用原子吸收光谱测定。

③保证项目,每 5 年评定一次。

④75W 油在进行抗擦伤试验时,程序Ⅱ(高速)在 79 ℃开始进行,程序Ⅳ(冲击)在 93 ℃下开始进行。喷水冷却,最大温升不大于 5.5 ~8.3 ℃。

⑤75W 油在进行承载能力试验时,高速低扭矩在 104 ℃下进行,低速高扭矩在 93 ℃下进行。

5.5 汽车齿轮油的应用

5.5.1 齿轮、轴承的损伤和润滑

如果手动变速器和后桥等总成的齿轮及轴承损坏，就会产生噪声和振动，进而导致齿轮的轮齿折断，轴承不能转动，使汽车无法运行。齿轮和轴承的损坏与润滑有关，除齿轮油的质量外，还有油温、油量和混入异物等方面的影响。

5.5.1.1 齿轮损伤的种类

AGMA（American Gear Manufacturers Association，美国齿轮制造协会）规定的齿轮主要损伤形态有挤光、擦痕、磨损、表面疲劳（剥裂、脊状、皱折、点蚀、剥落）、刮伤（见表 5-20）。有关齿轮损伤形态的分类、称谓等，目前尚未完全统一。

表 5-20 齿轮的磨损和损伤的主要形态

磨损	正常磨损、磨合磨损、中等磨损、破坏性磨损、磨料磨损、擦伤、刮伤、黏着、胶合、咬死、腐蚀磨损
表面疲劳	初期麻点、破坏性麻坑、剥落
塑性流动	滚光、敲击、剥裂、脊状皱折
折断	疲劳折断、磨损折断、过载折断、溶断、研磨折断

由于齿轮（尤其是主减速器齿轮）工作条件十分苛刻，金属黏着引起严重的齿面擦伤及烧结并不罕见。齿面的疲劳点蚀、穴蚀及表面剥落是常有的现象。塑性流动造成的齿面伤痕多为辗压或锤击状痕迹、波纹及高压隆起。

严重的磨损、腐蚀、疲劳点蚀及过高的负荷都可能引起齿折断。图 5-2 表示齿轮损伤类型与运转条件的大致关系。双曲线齿轮在高速下容易产生擦伤，在低速高扭矩下，容易出现塑性流动的波纹、高压隆起和疲劳点蚀、表面剥落等损伤。

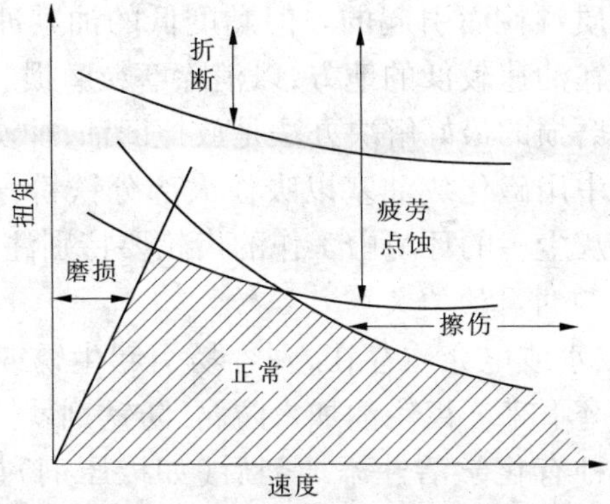

图 5-2　齿轮损伤类型与运用条件的关系

5.5.1.2　轴承损伤的种类

滚动轴承与润滑有关的主要损伤为:由于材料疲劳产生的剥落和断裂;由于混入固体颗粒产生的损坏;由于润滑不良产生的咬粘;腐蚀磨损等。

滑动轴承的损伤有油膜过薄产生的咬粘和轴承合金被腐蚀等。另外,还有因轴承配合面过松和微小振动而产生的微动磨损。

5.5.1.3　齿轮的磨损和润滑油的关系

1)破坏性磨损和油的关系

一般润滑油能延缓或降低磨损的能力决定于润滑油的承载能力,而承载性能是随油的黏度提高而增加,所以说是随黏度的增加,油的降低磨损的能力也在增大,这已为实践所证明。

在齿轮油中,油膜将受到高压作用,压力能提高油的黏度,从而提高了油的承载能力,有助于降低磨损。

当处在较高压力下的边界润滑状态时,采用加有动植物油脂的复合矿物油润滑,能降低磨损。动植物油脂是一种极性添加剂,它能吸附在金属表面上形成吸附层,提高了油膜强度也就提高了油的承载能力,可以降低磨损。在极压润滑条件下,加有极压剂的齿轮油,能减少磨损,并能提高传动效率。含磷化合物是优良的极压抗磨剂。

2)粒磨损与润滑油的关系

齿轮油本身是不能改变磨粒磨损的,因为这种磨损是由于啮合着的两表面间有硬质颗粒而引起的。但黏度低的油其冲洗作用好，可使较大的粒子沉积在油速较低的地方，以消除磨粒磨损。

对齿轮磨粒磨损的最好解决办法是放掉旧油，冲洗齿轮箱，换上新油。在汽车齿轮中用磁化放油塞以吸住大部分铁粉，这也是防止磨粒磨损的措施。在灰尘多的环境中工作的齿轮要特别注意这种磨损。

3）腐蚀磨损和润滑油的关系

如果有空气、水或电介质存在，则容易引起生锈或腐蚀，这些锈在啮合面就容易被磨下来。齿轮油加入防腐、防锈剂就能减少这种作用。在齿轮油加入各种有化学活性添加剂后（如极压剂）最易产生腐蚀磨损。好的极压齿轮油必须能控制住它的腐蚀性，以使它既能防止烧结又能降低磨损。大部分齿轮油（极压齿轮油）的腐蚀磨损不会太大，而在苛刻条件下能延长齿轮的使用寿命。

5.5.1.4　胶合和润滑油的关系

1）胶合的产生

胶合是油膜被破坏而引起的金属熔融后产生的损伤。胶合程度轻的是在油滑动方向有撕裂的痕迹，严重的是齿面的损坏，不能继续使用。易引起胶合的部位是啮合面的开始和终止处，即减速时在小齿轮齿根和大齿轮的齿顶，或小齿轮的齿顶和大齿轮的齿根。这是因为这些地方滑移速度大，而且啮合开始时一般有很大的力。

关于产生胶合的条件有负荷、滑移速度、摩擦系数、材质、制造误差、应力集中和润滑油等多种因素，非常复杂。

热比机械力更容易削弱油膜强度。齿轮负荷中相当大的部分是以边界摩擦传递的，所以负荷和速度增加，接触部分的发热也增加，胶合的危险性大。接触部分的发热与 pvT 成比例（p 是最大接触应力，v 是齿面相对滑移速度，T 为节点到啮合的距离）。

齿面啮合的瞬间可以达到相当高的温度，接触点油膜破裂是由于这种高温引起的。几种油的 pvT 安全极限值见表 5-21。

2）胶合与润滑油的关系

黏度对胶合有较大的影响。油的黏度高难以引起擦伤，因为黏度越高，油膜越易形成，油膜也越厚，使负荷在流体润滑领域中的比例就大。这就是黏度大的油抗胶合性能好的原因。

表 5-21　*pvT* 的安全极限值

pvT(MPa·m/(s·mm))	润滑油
8×10^4	纯矿物油
11×10^4	齿轮油(中负荷)
20×10^4	双曲线齿轮油(极压)

表 5-22 中表示出的是五种齿轮油的黏度和用 CRCL－42 冲击试验评定出的抗胶合性能之间的关系。各种齿轮油在 100 ℃运动黏度不同,但都按 API 分类的 GL－5 水平加入同量的硫—磷—添加剂。黏度越低,在进行 CRCL－42 冲击试验时测出的胶合面积也越大。低黏度的 SAE75W 齿轮油(100 ℃,5.2 mm^2/s)虽和其他齿轮油加有同量的极压剂,但终因黏度太小而通不过 CRCL－42 高速冲击试验。

表 5-22　CRCL－42 试验结果与齿轮油黏度的关系

SAE 黏度等级	运动黏度 100 ℃(mm^2/s)	CRCL－42 胶合面积(%)		评定
		主动齿轮	环齿轮	
80W－140	27.5	0	0	合格
90	17.2	0	0	合格
80W－90	14.1	2(轻)	蓝色痕迹	合格
80W	8.8	5(轻)	5(轻)	合格
75W	5.2	15(严重)	12(严重)	
		85(轻微)	63(轻微)	不合格

注:按 GL－5 标准量加入硫－磷添加剂,添加剂是 Anglamol 6004,添加剂量为 7.5%。

润滑油种类和添加剂对胶合的影响很大,极压油比非极压油抗胶合性好得多。极压添加剂也因其种类不同和往油中添加量不同而异,一般添加量大的,抗胶合性好。不同抗极压水平的油其抗胶合性不同。抗极压水平高的油其抗胶合性好。图 5-3 为极压剂添加量与实车试验抗擦伤关系的示例。极压剂添加量愈多,齿轮油抗擦伤性能愈好。

油量和润滑方法对胶合亦有较大影响。在齿轮啮合区油量供应不

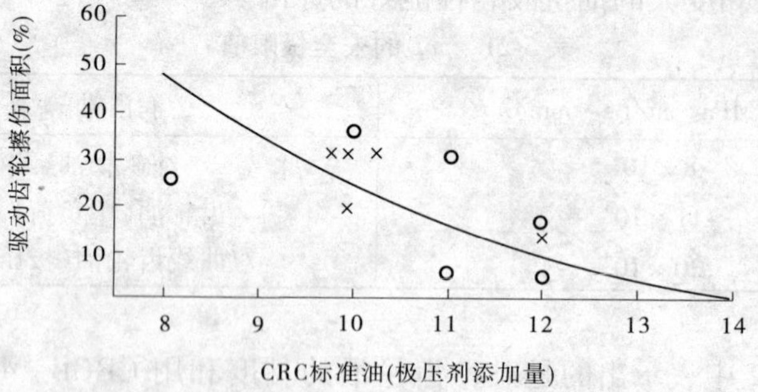

图 5-3　高速冲击试验与 CRC 标准油的关系

足时，引起齿轮发热，抗胶合性能下降。随着油量的增加，抗胶合负荷增加，循环喷油比油浴润滑好。

5.5.1.5　金属表面疲劳和润滑油的关系

1）润滑油黏度的影响

黏度对齿轮疲劳寿命影响很大。大多数都认为黏度越大，产生疲劳所需的时间越长。这是由于在滚动接触中于齿面间介入油膜，则压力分布就变得平缓；滚动面上的微观凸凹由于油膜的存在而被覆盖；对外部的负荷变化有缓冲作用等原因引起的。

2）润滑油种类的影响

润滑油种类不同，对滚动疲劳的产生有相当大的影响，如同一黏度的环烷基油比石蜡基油产生疲劳所需的时间要长。另外分子结构与寿命也有关系，即黏度相同的油，分子中环数越多者，使用寿命越长。润滑剂分子极性和活性增大，一般有缩短滚动疲劳寿命的作用，例如，同醇中的 OH（羟基）被极性强的 COOH（羧基）取代，则疲劳寿命降低 1/4；酯比羧酸和醇的寿命长。这些都是化学表面活性不同对裂纹的产生和发展影响不同的原因。

3）润滑油添加剂的影响

添加剂的影响很复杂，在不同条件下结果不一致。下面举一些实验室研究成果来说明添加剂对滚动疲劳寿命的影响供参考。用滚动四球机研究的结果表明，添加二丁基亚磷酸酯和氯化石蜡则寿命降低，而加元素硫则寿命延长。

添加剂种类和添加量不同,对寿命影响有相当大的差别。硫化萜烯和二烷基二硫化磷酸锌添加2%左右时能显著提高疲劳寿命。但添加量再增加,延长寿命的作用逐渐变小;而当到某一添加量以后,寿命反而降低。

表5-23是添加剂不同的几种双曲线齿轮油,可以看出极压添加剂中的元素不同,滚动疲劳寿命也不同。除了添加剂C(Pb—S)外,加其他极压剂的齿轮油其滚动疲劳寿命都低于纯矿物油。

表5-23 几种商品齿轮油的滚动疲劳寿命

润滑油和添加剂	运动黏度(99 ℃)(mm^2/s)	50%寿命(min)
石蜡基矿物油	20.0	55
商品齿轮油 A ZnSPCl	16.8	44
B ZnSPCl	17.4	36
C Pb—S	16.1	72
D S—P	8.8	33
E S—P	10.4	39
F ZnSP	23.9	30

注:四球式滚动疲劳试验8.28 GPa,1 580 r/min, 99 ℃。

5.5.2 齿轮油的油温

如果油温上升,则齿轮油黏度下降,易引起齿轮、轴承的烧坏,以及塑性流动、疲劳破坏等故障。如长期在高温状态使用时,又会促使齿轮油黏度增大和油泥的生成,导致向润滑部位供油不足,同时也会引起齿轮、轴承的损坏;在齿轮和轴承的滚动部位进入硬质油泥,会发生磨粒磨损和滚动疲劳。

油温上升是由于摩擦部位的发热和油遭到机械搅拌而产生的。除了齿轮箱的构造、位置、气温能使油的冷却性变差外,齿轮油的黏度和极压剂对油温也有影响。

通常是油的黏度越低、抵抗搅拌的力越小,冷却效果越好,油温上升越小。当大气温度为7.2 ℃时,保持车速88 km/h,使用SAE 75W 齿轮油比使用 SAE 85W－140 齿轮油时后桥油温要低10 ℃。但是,当在特重负荷条件下行驶时,如黏度过低,因油膜破裂而使摩擦面的发热变大,反而会使油温上升。

关于摩擦面的发热情况,对齿轮油来说是随极压剂的种类和加量不同而异,特别是当齿轮走合时,摩擦面间的两金属易直接接触,而添加剂的这种影响更大。

汽车后桥齿轮箱在走合运转时油温的上升,主要是主动齿轮轴承发热而引起的(扭矩越大,温升就越快)。当使用环烷酸铅－活性硫作极压剂时,走合运转的温升小。在油中加入摩擦改进剂时会使滑动摩擦降低,油温上升更小。

处在寒冷地区或严冬时,因气温太低,一旦高黏度齿轮油凝固,启动时,齿面和轴承上的油膜被破坏,会引起齿轮损坏。

在研究齿轮油黏度和低温启动时向主动齿轮轴承供油的时间关系时发现:由于黏度不同,当油温降到某一温度以下时,传动轴虽已开始旋转,但向主动齿轮轴承供油的时间已急剧延长,使轴承损坏的危险增加。这时齿轮油黏度不能超过150 Pa·s。

5.5.3 齿轮油的油量

如齿轮箱中的油量少,由于向润滑部位供油不足而使齿轮发热,并且使齿面的冷却性变差。齿轮箱中的油应有一定的数量,这个量不致使油由齿轮箱中溢出,而且搅油的阻力也不致太大。油量不足,一般都是因密封不良引起漏油而造成的。

作为密封不良的原因,大多是由于热和氧化的作用使密封材料老化,齿轮油的基础油或添加剂的作用使密封性能变差,油中的固体杂质使密封材料磨损等。

在密封材料中,丁腈橡胶或丙烯橡胶都被广泛应用,但使用的最高温度不同,丁腈橡胶在100～110 ℃,丙烯橡胶在150 ℃。如在以上温度长期使用时,密封性能下降,由于漏油将使油量减少。丁腈橡胶还会受到油中含硫和含氯添加剂的作用而硬化,易产生龟裂。油中添加剂对丙烯橡胶的影响比较小，但极压剂的量越多，对密封材料的影响越大。

5.5.4 混入了杂质和水

磨损的金属粉、切屑、灰尘等固体杂质能促使齿轮、轴承产生磨粒磨损，而且进入滚动磨损面，会使局部应力集中，引起滚动疲劳而造成点蚀或剥落。关于锥形滚动轴承的磨损，是随尘埃混入量的增加而显示出直线上升，并且杂质越硬，轴承的磨损也越大。

齿轮油中混入多量水分时，因油膜破裂而易发生胶合。水分的混入也是引起锈蚀，造成磨损、材料强度下降等多种损坏的原因。

为了改善齿轮油的防锈性而添加了防锈剂，由表5-24可以看出，这样会使油的抗载荷性能变差，因此必须注意防锈剂的选用。

表5-24 防锈剂对齿轮油抗载荷性能的影响

防锈剂种类	防锈性			抗载荷性		
	改进的透平油防锈试验			CRC－L－33	CRC－L－37	CRC－L－42
	液相	液相叠加	气相			
金属清净剂	良	很好	差	合格	不合格	不合格
亚磷酸盐	良	良	很好	不合格	合格	不合格
酯＋烷基胺醇	差	差	很好	不合格	合格	合格
酯＋胶	很好	良	良	不合格	合格	合格
氨盐	良	良	良	合格	合格	合格

混入水分，还会促使极压剂分解而形成腐蚀磨损，特别对含有氯极压剂的齿轮油这一点尤为重要，而且即使是有微量水分也会导致齿面产生疲劳点蚀。

5.5.5 噪声

对变速箱和后桥齿轮箱来说，除因齿轮和轴承的损坏而出现噪声外，其他如加工精度、齿隙、转动阻力也是噪声的起因。另外就是摩擦片的黏着－滑动也能产生噪声。

齿轮出现的噪声，有连续的啮合声和间断的咔嗒声，特别是变速箱，当车内嘈杂声小时，发动机怠速、能听到清晰的咔嗒声就是出了故障。这种咔嗒声是在发动机运转时，变速箱中的主动齿轮和被动齿轮产生碰撞而发出的敲击声（油温高时易出现这种响声）。

出现上述异常响声的原因是齿轮油的黏度太低，使搅油的阻力变小，被动齿轮转动的阻力也降低了，易产生撞击。为了防止咔嗒声，要求在高温使用齿轮油的黏度大一些好。一般使用大于 SAE90 的黏度（我国 90 号车辆齿轮油黏度）是不会出现敲击声的。

对于限滑差速装置，因摩擦片黏着－滑动的原因而发出的噪声和振动，受齿轮油的黏度、极压剂和减磨剂的种类、添加量、油温、摩擦片的粗糙程度、表面处理、压力、滑移速度、车轴形式等因素的影响。

表 5-25 列出了极压剂和摩擦调整剂对限滑差速器噪声的影响。由表 5-25 中可看出，加有环烷酸铅－活性硫添加剂的油噪声最大。

表 5-25　极压剂和摩擦调整剂对限滑差速装置噪声的影响

极压剂，摩擦调整剂	噪声评定（实车）
环烷酸铅活性硫	20
SCl（MIL－L－2105）	75
SP（MIL－L－2105）	75
SPCl Zn（MIL－L－2105B）	20
SP（MIL－L－2105B）	30
SP（MIL－L－2105B）＋油酸 4%	98
棕榈油 3%	95
二硫磷酸盐 1.5%	70
磷系添加剂 0.5%	95
磷系添加剂 5.0%	100

注：评定 100 为没有噪声；20 为噪声最大。

5.5.6　低温操纵性

在冬季，特别是严寒地区，因气温太低，齿轮油黏度变得很大，汽车变速器的变速杆的操纵沉重，变速困难。90 号普通车辆齿轮油在 0 ℃

以下操纵性急剧变差。

在一般情况下，齿轮油运动黏度增加到 20 000 mm^2/s 以上时，再进行换挡是不可能的。而实际上当动力黏度达 15 Pa · s 以上时就已出现了操纵性问题。为了改善机械变速器的低温操纵性，使用低黏度齿轮油比较好，但如果综合考虑高温时的润滑性能、齿轮噪声等问题，最好使用多级齿轮油（稠化齿轮油）。在国外通常使用 80W－90、SAE75W－90，目前我国还没有 75W－90 这一黏度级别的车辆齿轮油。

对汽车机械变速器，如使用的齿轮油的低温黏度大，要注意解决在冬季或严寒地区使用时变速操纵的问题。

5.5.7 齿轮油的使用期

由于车速的提高、负荷的增加、高偏置双曲线齿轮的出现等原因，使油温不断上升，但齿轮油的使用期却在逐年延长，使齿轮油的工作条件过于苛刻。为了改善齿轮油的热氧化安定性及防止由于油泥生成而消耗极压剂，可复合使用内燃机油的清净分散剂，这在我国 20 世纪 70 年代研制的 18 号馏分型双曲线齿轮油（相当于 GL－4）的某些配方里已经出现。通常是加高碱性石油磺酸钙盐（T103）1.0%，或加中碱性石油磺酸钙盐（T102）1.5%。必须注意，在添加清净分散剂后，将使油的抗载荷性能（极压性能）有所下降。

齿轮油经长期使用后，由于热的作用、氧的作用、极压剂的消耗、金属粉末和混入杂物的沉积、剪切后黏度下降等会使齿轮油的性能变差。但最近在使用硫－磷型极压剂的齿轮油时，因其热氧化安定性好，在美国，当使用条件苛刻时，推荐的换油里程为 24 000～54 000 km，硫－磷型齿轮油在缓和的使用条件下时，汽车变速器和后桥齿轮箱都不需要换油。在日本，几乎所有汽车厂齿轮油的推荐换油里程都是 40 000 km，今后还有再延长的趋势。我国目前使用的硫－磷和硫－磷－氯－锌馏分型双曲线齿轮油，推荐换油里程为 25 000 km。

5.5.8 燃料经济性

齿轮油的低黏度化、多级油化减少了搅油阻力，可减少汽车的燃料消耗。而燃料消耗的数量又和汽车的车型及行驶条件有关。通常齿轮传动时黏度低的油其扭矩损失小,所以在低温使用时,齿轮油所能节约的燃料比高温时多。

美国 Goodwin 等对小客车在市内至郊区冷启动行驶时,后桥用齿轮油黏度和燃料消耗关系的调查结果认为,如果使用 0 ℃运动黏度 360 mm^2/s 的 75W 油,虽然也受发动机润滑油黏度的影响,但仍比当外界气温为 0 ℃时用 SAE 90 油节约燃料 2.6% ~5.1%。O′connor 等对冬季载货车由启动到油温正常时的燃料消耗调查的结果说明,后桥使用 SAE 80W－140、SAE 75W－90、SAE 75W 等多级油或低黏度齿轮油,要比用 SAE 85W－140,40 km 内当油温上升时可节约燃料 2.2% ~5.2%;行驶 40 ~160 km 而油温正常时可节约燃料 1% ~2%。有关齿轮油黏度和燃料消耗的关系见表 5-26。

表 5-26　齿轮油黏度与燃料消耗的关系

黏度等级	极压剂量(%)	运动黏度(100 ℃)(mm^2/s)	相对于 85W－140 的燃料节约(%)	
			油温上升时(0 ~40 km)	油温正常时(40 ~160 km)
85W－140(矿油)	7.5	29.66	—	—
80W－140(矿油＋VⅡ)	7.5	27.60	2.2	1.2
80W－90(矿油)	7.5	13.66	0.6	0.2
75W－90(合成油＋VⅡ)	11.25	14.74	2.8	0.7
75W(合成油)	11.25	5.50	5.2	2.0
75W(矿油)	11.25	5.74	3.4	2.0

注:VⅡ为黏度添加剂。

汽车变速器和后桥的情况相同,当使用多级或低黏度齿轮油时,特别是在低温时能够节约燃料,但使用低黏度油时在高温时其润滑性差,易产生磨损,并易引起齿轮噪声。

当往齿轮油中添加作为摩擦改进剂的二硫化钼、石墨及其他油溶性有机化合物时,它们对燃料消耗的影响正在探讨,尚未得出结论。

5.5.9 车辆齿轮油的选用

车辆齿轮油的选用,一方面要根据最低使用环境温度和传动装置的运行最高温度来确定黏度等级;另一方面根据齿轮类型和工作条件来确定齿轮油的质量档次。

5.5.9.1 车辆齿轮油质量档次的选择

一般来说,在汽车传动机构中后桥主减速器的工作条件较为苛刻。在齿轮工作过程中,影响摩擦的因素除众所周知的啮合面承受的压力和滑动速度外,齿面滑动方向也很重要。如果齿面接触线与滑动方向垂直,则轮齿滚动的挤压作用和黏附着润滑油的齿面滑动都有利于油楔的形成;齿面滑动方向与齿面接触线交角愈小,愈不易形成流体(低负荷)或弹性流体(重负荷)润滑膜。双曲线齿轮,特别是高偏置双曲线齿轮不仅负荷重、速度快,而且齿面侧向滑动,与接触线交角很小,所以在负荷下运转时主要靠油内的极压抗磨剂的作用来减少摩擦和磨损。主减速器是双曲线齿轮的后桥,必须根据工作条件选用相当于APIGL-4(L-CLD)或GL-5(L-CLE)级的双曲线齿轮油,决不可使用极压抗磨性很低的普通车辆齿轮油(L-CLC)。国产汽车东风EQ1090、北京BJ1440、北京BJ2020等的后桥为单级双曲线齿轮减速器,齿面压力不到2 000 MPa,齿面滑动速度在1.5~8 m/s,GL-4级齿轮油便可以满足其润滑要求。红旗CA770轿车、进口的高级轿车及载货汽车、工程汽车的后桥双曲线齿轮齿面负荷在2 000 MPa以上,滑动速度多超过10 m/s,油温最高达120~130 ℃,必须使用GL-5级重负荷车辆齿轮油。

国产解放CA10B、CA10C和黄河JN1150等汽车后桥为双级减速,一对是螺旋伞齿轮,另一对是斜齿圆柱齿轮;跃进NJ1040、上海SH380及解放CA30A等汽车采用螺旋伞齿轮单级减速。以上这些汽车后桥齿轮的负荷不比变速器齿轮重,应当用普通车辆齿轮油。但是并不是说一切螺旋伞齿轮都只需要抗磨性低的普通车辆齿轮油。由于合金材料机械强度的增加,汽车传动系结构日趋紧凑,许多高性能汽车的螺旋伞齿轮主减速器工作条件也相当苛刻。1974年调查的近万辆进口载货汽车中，多数后桥的主减器采用螺旋伞齿轮。它们都使用 GL－4 级双曲线齿轮油。这类车辆中有些后来因为换用普通车辆齿轮油很快磨损毁坏，并且发生过多次故障。

我国及进口载货汽车多为手动变速器。重型汽车有主、副两组变速器；两个驱动桥的汽车装有分动器。变速机构的齿轮都是圆柱形直齿轮或斜齿轮，负荷一般低于 2 000 MPa，转速较快，容易形成流体（轻负荷）或弹性流体（重负荷）润滑膜；同时各挡齿轮交替工作，所以工作条件比主减速器齿轮（尤其是双曲线齿轮）缓和，含有非活性抗磨剂的或少量极压抗磨剂的普通车辆齿轮油即能满足其润滑需要。为了简化用油品种，管理方便，有些汽车制造厂推荐手动变速器和后桥使用同一种齿轮油。国外汽车后桥都用 GL－4 或 GL－5 级双曲线齿轮油，而手动变速器则有用 GL－3 和 GL－1 级齿轮油的，也有用自动变速液或发动机油的。我国东风 EQ1090 汽车变速器 20 世纪 70 年代使用渣油型普通齿轮油，后来改用含少量兼具抗磨性的抗氧抗腐剂 ZDDP 的 150 号工业齿轮油，不但润滑状况正常，并且延长了换油期和齿轮的寿命，比用 26 号齿轮油降低功率损失 1.6%～2.0%。

有的变速机构有含铜机件，要求用柴油机油，不允许使用对铜有腐蚀作用的极压型齿轮油。汽车转向机构多为涡轮涡杆式或滚珠螺旋式。进口重型汽车和牵引汽车转向机构均有液压助力装置，齿轮传动部分一般和手动变速器使用一种润滑油。

表 5-27 是根据我国汽车传动系统齿轮类型及工作条件推荐的车辆齿轮油质量档次。

5.5.9.2 车辆齿轮油黏度牌号的选择

车辆齿轮油的低温黏度决定传动机构低温下的操作性能。在用的解放、跃进类汽车后桥齿轮油的黏度小于 400 000 mPa · s 便能起步，因而过去把普通齿轮油达到这一黏度的温度，作为其最低使用温度。对于国外典型的汽车后桥双曲线齿轮减速机构，如果汽车起步后、后桥的齿轮油被激溅到后轴箱上部然后流入小齿轮前轴承的时间太长，轴承便可能烧结损坏。试验证明，后桥齿轮油布氏表观黏度小于 150 000 mPa · s，汽车起步后齿轮油能够在 15 s 以内流进小齿轮轴承而保证其正常运转。SAE 汽车齿轮油黏度分级规定冬用油布氏黏度为150 000 mPa·s 的最高温度就是这个缘故。由此可知,SAE 75W、80W 和 85W 黏度级双曲线齿轮油的最低使用温度分别约为 -40 ℃、-26 ℃和 -12 ℃。后桥主减速器不是双曲线齿轮的汽车,以上各黏度级油的最低使用温度必然比前述相应的数值要低。

表 5-27 我国车辆齿轮油质量推荐

汽车类型	代表车辆	用油等级
汽油车		
小轿车	奥迪、标致、桑塔纳、夏利、雪铁龙	GL-5
微型车	大发、吉林、长安、伟健	LG-4 或 GL-5
轻型载重车	CA120、BJ130、NJ131、金杯	GL-4
中型载重车	CA141、EQ140	GL-4
吉普车	212、213、切诺基	GL-4 或 GL-5
柴油车		
轻型载重车	依维柯、五十铃、庆铃	GL-5
中型载重车	解放、东风	GL-4
重型载重车	斯台尔、奔驰、台脱拉、新黄河	GL-5 或 GL-4
大客车	丹东 680	GL-4
矿山车	本溪 LN-392	GL-4

抗磨性较低的普通车辆齿轮油,最高工作温度下的黏度不宜低于 10~15 mm^2/s,否则可能增加齿轮的磨损。过去使用渣油型普通齿轮油的经验表明,在南方地区炎热季节,后桥油温最多高于环境气温 60 ℃,即油温不会超过 100 ℃。馏分型齿轮油的冷却作用优于渣油型油,油温必然还要低一些。所以从润滑角度考虑,SAE 90 号齿轮油完全可以满足我国南方炎热地区汽车的需要。过去国产汽车传动系密封性很差,齿轮油黏度低到 30 mm^2/s 便出现渗漏现象,因之渣油型齿轮油规格里,100 ℃的黏度指标很高(冬用 20 号,夏用 30 号)。现在变速器及后桥密封性已有改善,但与国外汽车仍有差距,所以 90 号齿轮油黏度下限比 SAE 90 号指标高 1.5 mm^2/s。

国外硫－磷型齿轮油氧化安定性高，负荷承载能力持久，后桥换油期都在一年或24 000 km以上，基于只定期补充而不更换。我国解放CA10B型汽车后桥及变速器换油里程制造厂规定5 000～7 000 km，东风EQ1040规定为两个一维周期，北京BJ1040规定季节换油。实际汽车运输单位传动系齿轮油多在高级保养(3万～4万km)时更换或实行季节换油。馏分型齿轮油氧化安定性及抗磨性均优于渣油型油，换油期不应比以前缩短。营运汽车每年行程4万～5万km。社会车辆一般不到2万km。为避免季节换油造成浪费，各地选用齿轮油的黏度级号最好能够冬夏通用。根据普通车辆齿轮油的黏度分级，长江以南冬季气温不低于－10 ℃的地区，可以全年使用90号油；东北及西北寒冷地区可以全年用80W/90号油；其余地区可以全年用85W/90号油。

馏分型双曲线齿轮油具有良好的氧化安定性和极压抗磨性，后桥最高油温虽然可能达120～130 ℃，仍可按普通齿轮油同样的原则选用黏度级号。例如长江以南地区，新黏度级90号或老黏度级18号及15号双曲线齿轮油可供轻型越野车、轻型及中型载货车全年通用，功率大、负荷重的牵引车或工程车，炎热夏季可以使用新级号90号齿轮油。除东北、西北气温在－30 ℃或－40 ℃以下的寒区及严寒区冬季需要用75W或80W外，其余地区冬季夏季都可以用80W/90号合成双曲线齿轮油，黏温性好，凝点低，甚至华北地区亦可冬夏通用。

为减少传动机构的摩擦损失，国外倾向采用低黏度的SAE 75W号油及用增黏调配的75W/90或80W/140号多级齿轮油。高跨度多级齿轮油必须使用剪切安定性很高的增黏剂，目前我国尚无这类产品。近年试制的7号和9号双曲线齿轮油黏度性质近似75W。台架和行车试验表明，在一般运行条件下低黏度油确有明显的节油效果。值得注意的是，后桥双曲线齿轮油在重负荷下的传动阻力与齿轮油黏度的关系和手动变速器不同，如图5-4所示，当油温超过65 ℃后，75W号齿轮油的传动效率开始下降，75 ℃后反而低于85W/90号油。在这种情况下油耗和磨损将同时增加。图5-5是以SAE 90号双曲线齿轮油为比较基准，SAE 75W号双曲线齿轮油在改变转速、扭矩和油温时能够获得提高传动效率的范围。从图5-5中可以看出，在利于流体润滑的低油温、低扭矩、高转速条件下效果大，趋向边界润滑的高油温、高扭矩、低转速条件下无效。

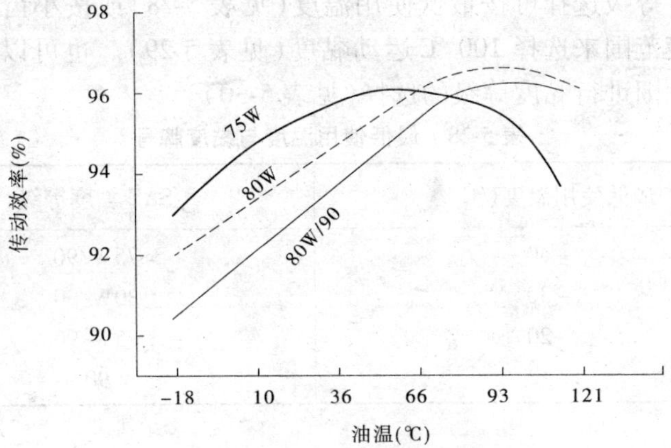

图 5-4 后桥传动效率和油温

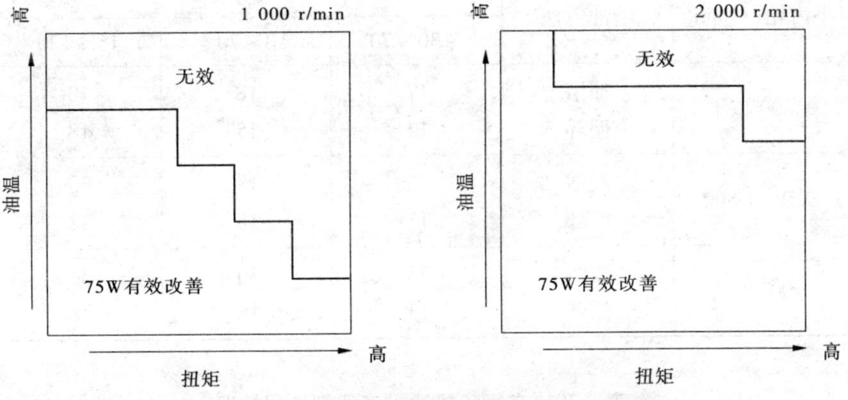

图 5-5 75W 双曲线齿轮油提高后桥效率的范围

（和 SAE 90 双曲线齿轮油比较）

可见，低黏度双曲线齿轮油的节油效果与后桥运行条件密切相关。在缺乏可靠的试验结论前，不宜采用黏度太低的油，夏季长途运行的载货汽车和工程汽车更要慎重。

变速器、转向器靠近发动机，工作条件比后桥齿轮温和，冬季油温一般比后桥高，夏季油温比后桥低，所以可以与后桥使用黏度级号相同的或低一号的齿轮油。

黏度等级选择可按最低使用温度（见表 5-28）或按小齿轮转速及工作温度范围来选择 100 ℃运动黏度（见表 5-29）。也可以根据环境气温的范围进行黏度等级的选择（见表 5-30）。

表 5-28　最低使用温度与黏度牌号

最低使用温度（℃）	SAE 黏度等级
-40	75W/90
-30	80W/90
-20	85W/90
-10	90

表 5-29　小齿轮转速与 100 ℃运动黏度　（单位：mm^2/s）

小齿轮（r/min）	给油方法	工作温度（℃）		
		-30 ~ 70	0 ~ 70	15 ~ 120
1 800 以上	油浴	17	18	18
	循环	14	15	18
900 ~ 1 800	油浴	15	18	30
	循环	13	18	18
900 以下	油浴	18	30	30
	循环	13	18	18

表 5-30　车辆齿轮油黏度级别选用情况

环境温度（℃）	黏度级别	环境温度（℃）	黏度级别
-57 ~ 10	75W	-12 ~ 49	90
-25 ~ 49	80W - 90	-15 ~ 49	85W - 140
-15 ~ 49	85W - 90	-7 ~ 49	140

第6章 汽车液力传动油

6.1 液力传动油概述

随着汽车工业的飞速发展，汽车结构不断得到改善。传动系统操纵自动化是改善汽车结构的主要方向之一。操纵自动化会大大减轻驾驶员的劳动程度。许多试验表明，汽车每行驶100 km，驾驶员须换挡和踩离合器踏板数百次。目前在一些高级汽车上都装有液力自动传动变速装置。它除了减轻驾驶员的劳动强度外，还可使汽车起步平稳和平稳而连续地加速，因而提高了汽车的舒适性。装置普通变速器的汽车是靠离合器的磨滑而以低速行驶或起步的，此时易引起汽车的“抖震”。因此，当汽车在沙地上行驶时，与车轮接触的沙土被剪切，车轮即被陷住。而装有自动传动装置的汽车，能保证车轮上得到稳定的牵引力，从而提高了汽车的通过性。装有液力自动传动装置的汽车必须使用汽车液力传动油。

在液力变矩器与液力偶合器中用的传动介质称为液力传动油。液力传动油被泵轮带动旋转并吸收由泵轮传递的机械能而变成液体能。当油流经涡轮时又将体能转换成机械能，由涡轮输出，实现能量的转换与传递。传递功率的效率与油的黏度、起泡程度有关，因此对油的黏度和其他性能有一定的要求。在液力传动系统内工作温度可达70～140 ℃，油的流速可达20 m/s，并不断地与有色金属、空气接触，所以要求油的抗氧性能好，故要求油有一定的润滑性能。此外还要求油的比重要大，因为对同一尺寸的液力元件，在相同工作条件下(指转速)，工作油的密度愈大，所能传递的功率就愈大。在相同转速和传递相同功率的条件下，工作液体的密度愈大，变矩器的尺寸就可以愈小。

随着电子液压控制技术的发展，高性能自动变速器装车率越来越广泛，因此要求油品具有充分的抗咬合和抗磨性能、良好的低温流动及与橡胶密封的相容性等，同时又要求具有适当的摩擦特性，符合汽车制造商相应的技术规格。

6.2 液力传动油的主要质量要求及组成

6.2.1 主要质量要求

汽车液力传动油也称为汽车自动变速器油（以下简称 ATF 油）。ATF 不仅作为传递能量的工作介质，同时还具有润滑摩擦副的作用，作为热传递介质控制摩擦的表面温度，防止烧结。在扭矩转换器中 ATF 转换流体动压能，在伺服机构和逻辑回路中转换静压能，在离合器中转换滑动摩擦能。

ATF 的主要特性有 8 种，在美国通用公司（GM）的 Dexronll 和福特（Ford）公司的 Mercon 这两种最有代表性规格中给出了具体的性能指标和要求，即黏度和低温流动性、抗磨性（AW）、热氧化安定性、防腐性、抗泡性、密封材料适应性、储存安定性和摩擦特性。

6.2.1.1 适当黏度

ATF 油的使用温度为 -25 ~ 170 ℃，范围很宽，又因自动变速器的工作对油的黏度很敏感，所以黏度是 ATF 油量重要的性质。ATF 油的作用分为动力传动介质、自动控制的液压油、齿轮和轴承的润滑等三部分。作为动力传动介质其黏度对变矩器的效率影响极大，一般说来，黏度越小，效率越高。但黏度过小又会导致液压系统的泄漏增加，特别是变速器在高速工作时，铝制阀体膨胀量大，若采用黏度过小的油品时，会引起换挡不正常。ATF 油的另外两个作用则要求保持一定黏度，但采用黏度过大的油品，不仅影响变矩器的效率，而且还会造成低温启动困难。低温黏度除要考虑低温启动性及泵送性外，还要注意离合器烧伤的危险，一般规定在 -23 ℃时为 4 000 MPa · s。

为兼顾上述两方面对黏度的不同要求，现在的 ATF 油其 100 ℃时的运动黏度一般在 7 mm^2/s 左右，同时还要综合考虑低温启动性、传动效率、离合器片的烧损等问题。对低温黏度要特别注意，而且还要求ATF油有很高的黏度指数和低的凝点，所以就必须加入黏度添加剂(黏度指数改进剂)，这样就又带来了剪切安定性的问题。自动变速器的剪切条件较发动机更为苛刻，如前所述，因油的黏度变化对自动变速器的特性影响很敏感，如经剪断，油的黏度变化很大，则使变速器工作不稳定，所以规定了ATF油在耐久试验后的最低黏度(见表6-1)。目前国内外常用自动变速器油的黏度特性见表6-2。

表6-1　液力传动油的黏度极限

油温	新油	旧油
100 ℃黏度(mm^2/s)	不低于7	不低于5.5
-40 ℃黏度(mPa·s)	不高于4 000	不高于6 000

表6-2　常用自动变速器油的黏度特性

黏度特性		Dexron	Dexron Ⅱ	F型	Mercon	8号液力传动油
运动黏度(mm^2/s)	40 ℃	41.43	34.81	32.57	42.03	
	100 ℃	7.521	6.941	6.910	8.021	7.5~8.5
黏度指数		150	165	180	167	

6.2.1.2　热氧化安定性

汽车用液力传动油的热氧化安定性是使用中一个极为重要的问题，因ATF油的使用温度高，如热氧化安定性不好，则会导致形成油泥、漆膜、沉淀物，影响自动变速器的性能，甚至堵塞滤油器，造成离合器片和制动蹄打滑、控制系统失灵等故障的发生。

美国测定了出租轿车和自用小轿车的自动变速器中的油温。自用车在高速公路上行驶时的油温为82.2~87.8 ℃，而出租车在市区内停停开开时油温却很高，一般在93.3~111.7 ℃范围内。

在日本，有关ATF油温的测定尚没有正式的报告。但在一般情况下油温保持在100 ℃左右，极端条件下可达150 ℃，而在离合器片表面其温度可达393 ℃,在这个部分严重地存在着油的热变质问题。如发动机油一样,也可以由外部混入异物。总的看来,ATF油的氧化条件没有发动机苛刻。在油压操纵的管路中即使存在着微量的油泥沉积物也会导致产生制动故障,所以要注意氧化变质的最小允许值。油氧化以后酸值增高,会对金属产生腐蚀,因此美国各汽车公司对液力传动油均要求作专门的氧化试验,如美国通用汽车公司的DexronⅡ规定要进行透平液压氧化试验(THOT)。

6.2.1.3 良好的抗泡沫性

液力自动传动油的泡沫,是自动变速器使用中的严重问题。它不仅影响自动控制系统的准确性,还影响变扭器的性能和破坏正常润滑件,是离合器滑动、烧坏等故障产生的原因。

泡沫的形成主要是气体的掺入和油品少量水分在一定温度下蒸发所造成的。但最主要的原因是气体的掺入,如:

(1)油泵的吸油道密封不好,在吸油过程中把气体吸入。

(2)阀孔节流和液压系统在高速溢流时,周围产生低压涡流区,使空气卷入油中形成气泡。

(3)油泵吸油管周围的油被吸入油泵后,吸油管外围的油受黏度的影响,油的流速大,使油面不能保持成水平状,因此在油面上出现凹穴和油一同流动时,凹穴被油包围起来,形成气泡进入油路中。

(4)机械搅拌而产生的泡沫,在低传动比的变扭器中,泵轮和涡轮间有较大的转速差。在变速器处于低挡或倒挡时,前后制动鼓之间也存在着较大的转速差。这些转速差都是机械搅拌产生泡沫的原因。

液力自动传动油产生泡沫,对传动系统危害极大,这是由液力自动油工作性质所决定的。目前普遍采用的结构变扭器和变速器是由同一油路系统供油的。因此,它既是变扭器传递功率的介质,又是变速器自动控制的介质和润滑冷却的介质。不同的工作介质对油的要求不同,有的甚至对控制系统来说,由于黏度过小,泄漏增加,会导致控制失灵。但对油在工作过程中不起泡沫的要求却是一致的,因为泡沫可导致变扭器传递功率下降。泡沫的可压缩性还可导致液压系统压力波动和油压下降,严重时可使供油中断。油中混入大量空气,实际是减少了润滑油量，这些气泡在压缩过程中，温度升高，又加速了油品老化，影响了油品使用寿命，还使机件早期磨损。

为了提高 ATF 的使用性能，往油中加入清净分散剂、油性剂、极压剂等各种添加剂，这些添加剂又都是些表面活性物质，能促使泡沫的产生。

为了防止泡沫的产生，广泛地使用了抗泡沫添加剂。它的主要作用是降低油品表面张力，使气泡迅速溢出油面，从而减少了泡沫的形成。常用的抗泡沫剂是烷基聚硅氧烷类（也称硅酮类）。国产各种油品中一般加二甲基硅油，代号 T901，添加量极少，一般在 5 ~ 20 μg/g。加入后不但有好的抗泡沫作用，同时对油品的热稳定性和清净分散性都有明显的提高。

6.2.1.4 好的抗磨性能

在自动变速器中使用了很多诸如星形齿轮一类的各种齿轮，为满足齿轮润滑的需要，油要有好的抗磨性能。抗磨性还和离合器的传动问题、自动变速器的寿命及特性有关。在液力传动油的规格中，是用四球式摩擦试验机的试验结果来表示的，国产 8 号液力自动油规定其四球机临界负荷（P_B）不小于 800 N。美国福特汽车厂的 M2C33 - F（FYPEF）型汽车 ATF 油的抗磨性也是用四球机试验表示。用新油或试验 8 000 个循环（泵试验台）后的油，在四球机上以 600 r/min、负荷 400 N 试验 2 h 后，球上磨斑直径要小于 0.45 mm。

6.2.1.5 与橡胶密封材料的作用小

关于要与橡胶密封材料相匹配的问题，主要是自动变速机构中多使用丁腈橡胶、丙烯橡胶、硅橡胶等作密封材料，在油的作用下才能有明显的膨胀和收缩。如果这一点考虑不好，将会产生漏油及其他危害。

6.2.1.6 良好的摩擦特性（换挡性能）

自动传动液要求有相匹配的静摩擦系数和动摩擦系数，以适应离合器换挡时对摩擦系数的不同要求和满足油品对耐用度的需要。摩擦特性是一个复杂的和涉及面最广的综合平衡性能，它包括换挡时间要短、热车不掉挡和换挡平稳、不打滑脱挡，还包括动力矩负荷（离合器转换力矩的能力）、静态分离（汽车停止时真正的最大离合能力）、摩擦界面寿命等。与摩擦特性有关的常见问题是震动、打颤、摩擦系数增大造成扭矩增大而使金属间发出“嘎嘎”尖叫声。另一个问题是打滑，也就是摩擦表面被磨光造成离合器啮合延长及失灵。

6.2.1.7 防腐(防锈)性能良好

防腐性是对有色和黑色金属而言。生锈及铜腐蚀是我们日常所关心的两个问题。在传动装置和冷却器中安装有铜接头、黄铜轴瓦、黄铜过滤器、止推垫圈等部件均含有大量黄色金属，因此青铜、紫铜的氧化腐蚀是一个值得关注的问题。

6.2.1.8 储存安定性优良

含有多种添加剂混合组分的 ATF 其相容性是主要的，保证在一定温度范围内和一定时间应该均相，且没有分解。显然良好的储存安定性是非常必要的。

6.2.2 液力自动传动油的组成

自动传动液像许多其他油品一样是由基础油和添加剂所组成的，各添加剂间的相互作用对油品性能的影响是相当复杂的，这给 ATF 配方的研制增加了相当大的难度，综观 ATF 的化学组成体系，正确合理地选用添加剂并且平衡每一种添加剂作用效能和对其他性能影响的关系是成功调配 ATF 所必须掌握的关键技术。

液力自动传动油常用的添加剂见表 6-3，此类油的发展趋势是要有较好的氧化安定性和较长时间的油性作用。由于既要作润滑剂、冷却剂和抗磨剂，又要在复杂的液压控制系统中传递动力的介质，要求在 -40 ~ 170 ℃范围内工作，故液力传动油多采用溶剂精制或加氢精制的基础油。加入黏度指数改进剂、抗氧剂、油性剂、极压剂、抗泡剂、防锈剂、清净分散剂、金属钝化剂和抗橡胶溶胀剂等调合而成，其组成的复杂程序超过了一般的润滑油。

ATF 油特有的添加剂是抗橡胶溶胀和摩擦调整剂。在 ATF 油中对一些橡胶件规定其体积膨胀率为 1% ~5%，但基础油如仅从单一的石蜡基原油制得的，则对橡胶溶的试验结果并不好，最好是加入环烷基原油或者加入点苯胺。

近年来,因环烷基原油出现世界性的不足,不能用它来生产 ATF 油,解决的办法是研究橡胶的抗溶胀剂,一般加入 2% ~5% 即可有很好的效果。

表 6-3　液力传油(ATF)常用的添加剂

添加剂类型	化合物名称
抗氧剂	二硫磷酸盐,烷在酚,芳香胺
清净分散剂	金属磺酸盐,烯基丁二酸酰胺,烷基硫代磷酸盐
金属钝化剂	二硫代磷酸锌,烷基硫化物,有机氯化物
黏度指数改进剂	聚异丁烯,聚甲基丙烯酸酯,聚正丁基乙烯基酸
抗磨剂	二烷基二硫代磷酸锌,磷酸酯,有机硫氯化合物,胺类
防锈剂	十二烯基丁二酸盐,咪唑啉盐,金属碘酸盐,胺
抗腐剂	二硫代磷酸锌,高碱性金属碘酸盐
抗泡剂	硅油
抗橡胶溶胀剂	磷酸酯,芳香烃化合物,氯化烃类
油性剂	脂肪酸,酰胺,豚脂,硫化鲸鱼油,磷酸酯

要达到 GM 型(通用汽车公司规格)ATF 油所需求的摩擦特性,必须加入摩擦改进剂(油性剂)。美国一直是使用硫化鲸鱼油。

ATF 的抗磨性是由液体黏度因素(基础油提供)和抗磨剂共同实现的,从而保证 ATF 的弹性流体动压润滑和边界润滑的性能。一般基础油黏度越高,抗磨性越好,由于 ATF 的使用黏度低,抗磨性主要是由添加剂起作用。满足自动传动设备和工业设备要求的抗磨剂主要为含硫、磷的化合物。如二烷基二硫代磷酸锌(ZDDP)、有机磷酸酯、亚磷酸酯及它们的混合物。在选择合适的抗磨剂时,必须考虑热氧化安定性。许多ZDDP化合物表现出极差的热氧化安定性,它的分解产物将对腐蚀性、摩擦特性、密封材料适应性、颜色、控制阀的正常操作产生影响。

影响 ATF 热氧化安定性主要是基础油。石蜡基基础油通常比环烷基好，亚磷酸酯或磷酸酯的氧化安定性比 ZDDP 好。一般情况下加入小于 1% 的芳香胺或屏蔽酚便可满足要求。另外，由于传动装置中的金属（主要是铁）的催化作用，扭矩传动离合器表面呈现的高温，将产生油泥或沥青质等产物，还需加入清净分散剂以保护传动设备的清洁。它通常是琥珀酸胺型，加剂量很大，为 2% ~3%。

ATF 中使用的两种抗腐蚀剂是用于黑色金属防锈的长链胺、琥珀酸或其半酯和有色金属防腐蚀的噻二唑、苯三唑及其衍生物或其他含氮杂环化合物。两者加量均小于 0.5%。

ATF 所用抗泡剂通常是高黏度的硅化物。因其属非油溶性化合物，所以要特别注意加剂量，一般在 5 ~10 μg/g。

基础油对密封材料适应性影响很大，环烷基的基础油使密封圈特别是丁腈橡胶类膨胀。而在石蜡基、加氢裂解合成型基础油中必须使用密封材料溶胀剂才能使密封圈能得到足够的膨胀。此类添加剂主要是芳香族化合物、磷酸酯、砜等。在 ATF 中加剂量 0 ~3% 抗磨剂如磷酸酯或二烷基二硫代磷酸锌在长时间高温加热情况下对硅橡胶类密封圈非常有害，含氟橡胶受琥珀分散剂侵蚀，因此氧化安定性、抗磨性、清净性都与密封材料适应性有关。

ATF 的摩擦性是目前为止最苛刻和最难实现的一种性质，它是由极性化合物分子在金属表面的吸附来控制的。短而粗的极性分子如短链的羟酸、胺和二醇类易于产生黏—滑现象，使自动传动装置离合齿轮换位时产生振动和音响；而长链的极性物质亦即是摩擦改进剂，易于产生平稳移动，无黏—滑现象产生。例如长链烷基胺、羧酸、亚磷酸、磷酸酯、硫代磷酸酯、酰胺、亚胺等。这类添加剂通常的加剂量小于 1%。其他添加剂如抗磨剂、清净剂、分散剂等与摩擦改进剂争夺传动装置的摩擦表面，以致影响其摩擦性能及耐久性。这里特别指出，氧化作用不仅会产生短链的酸，而且还破坏摩擦改进剂的作用，因所产生的油泥和沉积物会破坏传动装置的摩擦特性，因此抗氧性能对保护摩擦表面是有益的。

6.3 液力传动油的使用性能

6.3.1 低温特性

作为 ATF 油最初的规格 GM TYPEA，经低温室内发动机带动的 Hydra - Matic变速器试验结果规定，其能引起离合器烧损的温度要在 -23 ℃以下。为了能在室内通过对 ATF 油低温黏度的测定而预测离合器烧损的温度，提出了 Hydra - Matic 试验的离合器烧损温度和布洛克弗尔德(Brookfield)低温度间的关系。经试验证明，二者相关性很好。以后的 ATF 规格中，都用布洛克弗尔德黏度来表示油的低温特性。-23 ℃时黏度达 4 500 mPa · s 时是不会出现烧损问题的，但当离合器烧坏时，泵的油压仍未超出正常范围，主要是离合器打滑而引起的。

从油的低温黏度和离合器压力的关系来看，由于黏度高的油经油泵时易吸入空气而引起油压的明显的波动。当 ATF 油低温黏度是 4 500 mPa · s 时，虽压力波动小，但油压的绝对值太小，不能使用。

为使自动变速器充分发挥作用，要求 ATF 油黏度必须在 4 500 mPa · s 以下。从这个事实出发，各种规格的 ATF 油都规定其 -23 ℃的黏度最大为 4 500 mPa · s。

6.3.2 高温黏度

ATF 油的高温黏度直接影响换挡特性，当黏度低时，在液压系统中的阀门、活塞、密封处都造成泄漏，使管线压力和离合器压力下降。在汽车加速时，因离合器的扭矩太小而使换挡时间延长，如换挡时间太长，离合器的能量及由于各种原因使离合器的表面温度升高，最终导致离合器烧坏。

如仅仅考虑换挡时间，当 ATF 油的黏度为 1.6 mm^2/s 最好，可是当 ATF 油黏度在 3 mm^2/s 时会造成离合器压力迅速降低，所以要得到良好的换挡性能，ATF 油的高温黏度必须大于 3 mm^2/s。

当黏度低于 4.5 mm^2/s 时,汽车低速行驶使液压管路中的压力急剧下降。对新油不仅要注意其黏度,而且要注意它的剪切安定性,如剪切安定性差,虽然新油的黏度能满足换挡性能的要求,但一经使用,黏度下降很多,反而不能使用。大部分 ATF 油 100 ℃黏度通常在 7 mm^2/s 左右,这时当油在 177 ℃时能保持 3 mm^2/s 的黏度值。当然达到 177 ℃的高温是不现实的,这里包括了安全系数。

6.3.3 摩擦特性

多片离合器是由驱动和被驱动的环状离合器片相互交替叠加而构成的。由于油缸里活塞的压缩而传递压力,离合器片是驱动和被驱动各 3~5 片。被动片一般是碳素钢材料,驱动片一般是砂纸型。

图 6-1 是换挡时扭矩变化的实例,1—2 是离合器断开阶段,2 是扭矩变为 0,3 是离合器达到最高油压。在这以后经过扭矩最大点 4 而到 5。由 1 到 5 所需的时间称为换挡时间。

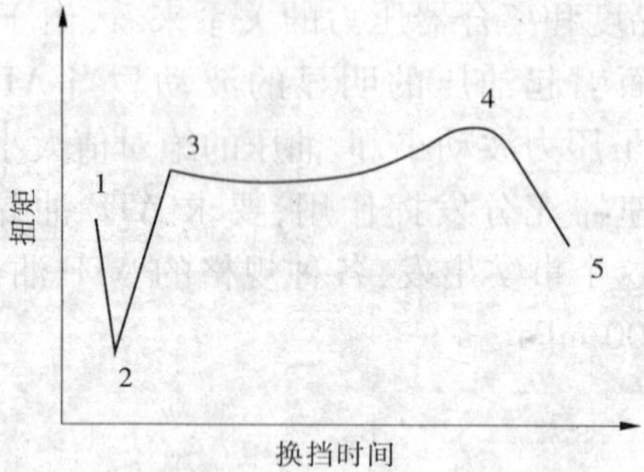

图 6-1 扭矩特性曲线

从图 6-2 可以看出,ATF 油的摩擦状态对其扭矩特性影响很大,由动摩擦系数(μ_k)和静摩擦系数(μ_s)的数值不同而产生了如同图 6-3 中的差别。通常 GM 型、Ford 型油摩擦特性的区别是 GM 型静摩擦系数值低,而 Ford 型则相反。

从这些摩擦特性可以设想,对重型的换挡,GM 型 ATF 油的性能好,而 Ford 型 ATF 油的耐久性好。要获得 GM 型 ATF 油的摩擦特性,必须添加摩擦调整剂(油性剂)。但 Ford 型 ATF 油不加油性剂,希望接近基础油的摩擦特性。因此，对 GM 型 ATF 油在使用中有消耗摩擦调整剂的缺点，而 Ford 型由于要消耗油性剂，所以到现在仍推荐 161 000 km换油。如使用类似 Ford 型摩擦特性的 ATF 油时，减少离合片数是比较经济的。

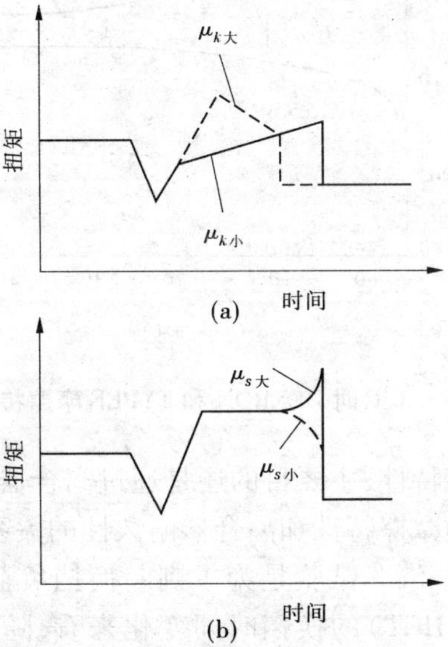

图 6-2　扭矩特性与 ATF 的动摩擦系数 μ_k、静摩擦系数 μ_s 曲线

最近在福特汽车厂内生产 C－6 型变速器时，使用 Ford M_2C_{33}－F（又称 TYPEF）已不能满足要求，而要使用类似 GM 型摩擦特性的新规格油 M_2C138－CJ。

测定 ATF 油的摩擦特性和时间的关系所用的方法大致有如下三种：

（1）循环试验台试验。仅用自动变速器的离合器部分，用压缩空气来断续，求出扭矩曲线，和图 6-1 部分相当，SAE №2 摩擦试验机是测定油的摩擦特性中有代表性的设备，已被 DEXRON Ⅱ（HEFCAD）和 TYPEF 规格采用。

（2）传动循环耐久试验。在台架上用发动机来驱动自动变速器，频繁的进行升挡和减挡试验，得出如图 6-1 的扭矩曲线。从这个试验

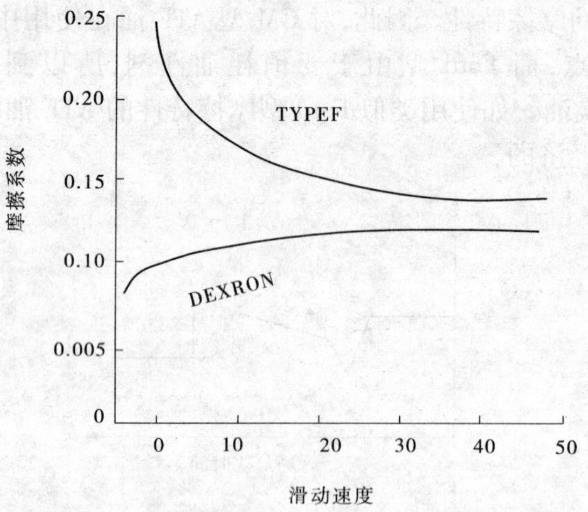

图 6-3　93.3 ℃时 DEXRON 和 TYPEF 摩擦特性的区别

看出 ATF 油的摩擦特性，主要目的还是通过离合器 10 000 次以上的断续可以观察 ATF 的摩擦特性和离合器耐久性的关系。

(3)汽车试验。汽车试验是为了判断换挡负荷及换挡时间，从传动循环耐久试验(THCT)的换挡时间变化来看，随着循环次数的增加而使换挡时间延长。当用 DEXRON 油试验循环过 15 000 次左右时，换挡时间超过允许值 0.7 s。DEXRON Ⅱ 油在循环次数延长至 20 000 次以上时显示出优越的耐久性。

6.3.4　氧化安定性

自动变速器和 ATF 油有关的故障，大多是由于油的氧化变质而引起的，氧化的结果生成油泥和漆状物，使离合器的摩擦特性明显变差。用 DEXRON Ⅱ 通过 THOT 法来评定 ATF 油的氧化安定性，但这个试验是在自动变速器无负荷、油温 163 ℃、吹入空气的条件下，用马达驱动运转 300 h，由运转过程中油的性能变化情况及 300 h 运转后自动变速器内被沉淀物污染情况来评定。

参 考 文 献

[1] 汪德涛. 润滑技术手册[M]. 北京:机械工业出版社,2002.
[2] 颜志光. 润滑材料与润滑技术[M]. 北京:中国石化出版社,2001.
[3] 中国机械工程协会摩擦学分会. 润滑工程[M]. 北京:机械工业出版社,1986.
[4] 机修手册(第3版)委员会. 机修手册第八卷. 设备润滑[M]. 3版. 北京:机械工业出版社,1994.
[5] 刘家浚. 材料磨损原理及其耐磨性[M]. 北京:清华大学出版社,1993.
[6] 彼得森 M S,怀纳 W O. 磨损控制手册[M]. 汪一麟等译. 北京:机械工业出版社,1994.
[7] 张晨辉,林亮智. 润滑油应用及设备润滑[M]. 北京:中国石化出版社,2003.
[8] 北京联合润华科技公司. 车用润滑油宝典[M]. 北京:中国石化出版社,2003.
[9] 黄文轩. 润滑剂添加剂[M]. 北京:中国石化出版社,2003.
[10] 张景河. 现代润滑油与燃料添加剂[M]. 北京:中国石化出版社,1991.
[11] 黄文轩,韩长宁. 润滑油与燃料添加剂手册[M]. 北京:中国石化出版社,1994.
[12] 樱井俊男. 石油产品添加剂[M]. 北京:石油出版社,1978.
[13] 欧风,李晓. 应用摩擦化学的节能润滑技术[M]. 北京:中国标准出版社,1991.
[14] 王毓民. 汽车燃料、润滑油及其应用[M]. 北京:人民交通出版社,1994.
[15] 黄文轩. 润滑剂添加剂应用指南[M]. 北京:中国石化出版社,2003.
[16] 吕北岐. 润滑油品研究与应用指南[M]. 北京:中国石化出版社,1997.
[17] 董浚修. 润滑原理及润滑油[M]. 2版. 北京:中国石化出版社,1998.
[18] 西安公路学院. 汽车燃料与润滑油[M]. 北京:人民交通出版社,1983.
[19] 颜志光. 润滑剂性能测试技术手册[M]. 北京:中国石化出版社,2000.
[20] 中国石化总公司标准处. 石油及石油产品标准汇编[M]. 北京:中国标准出版社,1998.
[21] 中国石化总公司标准处. 石油及石油产品试验方法[M]. 北京:中国标准出版社,1998.
[22] 关子杰. 内燃机润滑油应用原理[M]. 北京:中国石化出版社,2000.
[23] 中国石油化工总公司技术开发中心,石油化工研究院标准化管理室. 石油及石油产品标准汇编[M]. 北京:中国标准出版社,1990.

[24] 张继德. 汽车润滑油脂[M]. 北京:中国石化出版社,1992.
[25] 海戈. 燃料、润滑油添加剂的化学与工艺学[M]. 北京:化学工业出版社,1978.
[26] 液压油编写小组. 液压油[M]. 北京:石油工业出版社,1982.
[27] 冷观俊,等. 汽车制动液[M]. 北京:化学工业出版社,2003.
[28] 中国石油化工总公司技术开发中心,石油化工科学研究院. 石油及石油化工产品标准汇编[M]. 北京:中国标准出版社,1998.
[29] 林济猷. 液压油概论[M]. 北京:煤炭工业出版社,1986.
[30] 王汝霖. 润滑剂摩擦化学[M]. 北京:中国石化出版社,1994.
[31] 中国石油化工总公司技术开发中心,石油化工科学研究院. 石油及石油化工产品试验方法汇编[M]. 北京:中国石化出版社,1998.